Heibonsha Library

鎌倉武士の実像

フリー

Heibonsha Library

鎌倉武士の実像

合戦と暮しのおきて

石井進

平凡社

本著作は一九八七年六月、平凡社より刊行されたものです。

はしがき

真暗な部屋だった。目がなれてくると、僕が座っている椅子の前には巨大な機械がおいてあり、五、六人の人がその機械のまわりをせかせか動きまわっているのが知られた。「それでは始めます。」という声と共に、機械の脇にとりつけられたスクリーンがパッと明かるくなり、画面に異様な姿をした連中が活動しだした。まもなく彼等が、僕になじみの深い連中であることがわかったが、彼等の活動は全く僕の想像を絶したものであった。その恐しい現実の再生に、僕はしばらく耐えていたが、ついに「違う、全く違う！」という悲鳴をもらしてしまった。
……

今から二十余年も前、主に大学院在学中の日本中世史専攻の若者たちが集まって刊行していたタイプ印刷の同人雑誌『中世の窓』一二号（一九六三年四月三十日刊）の、ある頁に載った無題の一文の前半である。署名は（S）としか記されていないが、同人の一人であった私は、久しく、わが畏友勝俣鎮夫氏の筆になるものとおもいこんでいる。

ところでそれ以来、私の頭のなかにはこの文章が住みついてしまったらしい。なにか「論文」らしきものを書いてしてやったりとおもった途端、「僕になじみの深い連中」があらわれてきては、「違う、全く違う！」との悲鳴をあげさせようとするのだ。

今度、平凡社の加藤昇氏のおかげで、成立期から鎌倉時代にかけての武士社会について、これまでに書いた論考を選び出し、書き直しや若干の新稿を加えた一冊として出版していただくこととなった。書名を考えあぐねていたところ、これもまたわが畏友の笠松宏至氏がすばらしい題をつけてくださった。

この題名では「なじみの深い連中」がいったいなにを言い出すことか、いささかの不安を感じないでもないが、とにかく今は嬉しさのほうが先に立つ。

さて前口上の最後に本文について。本文はどこから読んでいただいても結構、最初の「中世成立期の軍制」が、学会誌発表の論文をもとにしたため少し固すぎるかもしれないので、敢てどこからでもと申し上げておきたい。

著者

一九八七年五月五日

目次

はしがき……5

I

中世成立期の軍制……16

一　国衙軍制の実体……16

A常陸守の軍　B平惟基の軍　国衙軍制の外枠　国衙軍制の二重構造

二　院政期の歴史的位置……63

相武の武士団……76

一　武士団の成長……76

大きな転換期　坂東の「兵」　武士団のあり方　辺境の争乱
武家の棟梁と相武の武士　鎌倉権五郎と三浦為次　三浦氏のおこり
三浦介の役割　三浦氏の発展　三浦氏の本拠地　中村氏一族　鎌倉党の武士たち

相模の武士たち　武蔵の大武士団　横山党の武士
二　荘園・公領と武士団の生態……116
大庭御厨の開発　東国の大開拓時代　荘園への道　大庭御厨の成立
大庭御厨の実態　大庭御厨の産業　稲毛荘の場合　相武の荘園　相武の公領
平安時代末期の情勢　新しい国府　国府祭　大庭御厨の侵入事件
三　平安時代末期の相武地方……164
源義朝・義平の活躍　保元・平治の乱　平氏全盛時代の相武

武家政権の成立……181
一　鎌倉幕府の生誕……181
幕府の誕生　幕府成立の背景　成立期の幕府機関　治承から寿永へ　源平の決戦
二　鎌倉幕府と相武地方……196
天下の草創　幕府の確立　富士の巻狩　相武の武士団の変動　幕府支配下の相武
三　執権政治への道……211
北条氏の勢力伸張

志太義広の蜂起は果して養和元年の事実か……220

『古今著聞集』の鎌倉武士たち……225
武士の置文と系図——小代氏の場合……231

II

相武の農村……260
なお残る中世の村のすがた　武士の農業経営　中世村落の復原　掘り出される中世
地頭の開発……280

III

『蒙古襲来絵詞』と竹崎季長……306
霜月騒動おぼえがき……328
一　安達泰盛の政治的立場について……330
二　霜月騒動の原因と経過について……331

三　泰盛派の構成について……333
金沢文庫と『吾妻鏡』をめぐって……338
『吾妻鏡』の欠巻と弘長二年の政治的陰謀（?）……343
鎌倉に入る道・鎌倉のなかの道……347
『一遍聖絵』にみる鎌倉入り——小袋坂の情景……347
境界のもつ属性の表現——北の主要通路、化粧坂……349
墓地・葬地としての遺構——名越坂の「やぐら」……351
神聖な神の道と軍事道路——中心を走る若宮大路……353
内の道路の「無縁」的性格——長勝寺遺跡の意味……355

Ⅳ

中世武士とはなにか……360

はじめに …… 360
一　鎌倉幕府下の武士と武士団 …… 362
(1)諸身分　(2)御家人と武士の属性
二　武士と武士団の実体 …… 368
(1)地頭の収益と職権　(2)武士の所領支配の図式化
三　武士と武士団の形成 …… 372
おわりに …… 378
あとがき …… 381
解説——戦後世代による歴史学の構築　大隅和雄 …… 390

横濱港
藤澤
江ノ島
神奈川

●——相武地方の関係主要部分地図（明治初期の輯製二十万分の一図）

わが父母と妻にささげる

I

中世成立期の軍制

　中世社会の属性の一つが軍事専門階級の優越する軍事的社会である点にもとめられているのは、すでに周知の事実である。にもかかわらず、日本中世社会の研究に際して、軍事的側面の検討がこれまで比較的おろそかにされてきたことは、大きな問題といわねばならない。本章は日本中世社会の権力構造の再検討を試みるための準備作業の一つとして、ほぼ十一世紀はじめから十二世紀末にいたる間の軍制のあり方を、私なりの観点から把握しようとするものである。

　この時代の軍制といえば、よく「院の北面武士」など、京都中心に院と結びついた武士のことがとりあげられているが、本章ではまず当時の地方社会における、より一般的で基礎的な武力のあり方を国府の政庁である国衙《こくが》を中心にとらえてみることからはじめたい。

一——国衙軍制の実体

ほぼ十一～十二世紀段階の軍制を大観するための一つの素材として、まず『今昔物語集』巻二十五の「源頼信朝臣平忠恒を責《せ》めたる語《こと》」をとりあげよう。竹内理三氏のいわれるように、この説話は、長元元年（一〇二八）より四年（一〇三一）にいたる平忠常の叛乱以前、十一世紀初頭におこった頼信と忠常との戦いを対象としたものと考えられるが、[*1]『今昔物語集』の成立年代は十二世紀初頭とされており、この説話の内容自体が、そのまま十一世紀初頭の史実であるという保証はない。しかし説話であるだけに、かえって当時の国衙の軍制を一般化してとらえるには好適であるともいえよう。

その内容とは――

頼信、常陸守《ひたちのかみ》に成《なり》て、其《その》国に下《くだり》て有《あり》ける間、下総国《しもつさのくに》に平《の》忠恒と云《いふ》兵《つはもの》有《あり》けり。私《わたくし》の勢力極《きはめ》て大きにして、上総《かむつさ》・下総を皆我《わが》まゝに進退《しんだい》して、公事《くじ》をも事にもせざりけり。亦、常陸守の仰《おほせ》ぬる事をも、事に触れて忽緒《いるかせ》にしけり。守《かみ》大きに此れを咎《とが》めて、下総に超《こえ》て忠恒を責めむと早《はや》るを、其《その》国に左衛門大夫《さゑもんのたいふ》平《の》惟基《これもと》と云《いふ》者有り。此《この》事を聞《きき》て、守《かみ》に云《いは》く、「彼《か》の忠恒は勢有る者也。其の栖《すみか》輙《たやす》く人の寄るべき所に非ず。然れば少々にては世《よ》に責められ侍《はべ》らじ。軍《いくさ》を多く儲《まうけ》てこそ超《こえ》させ給はめ」。守《かみ》、此れを聞《きき》て「然りと云《いふ》とも、此《かく》ては否《え》あるまじ」と云《いひ》て、只出立《いでたち》に出立《いでたち》て、下総国へ超ゆるに、惟基、三千騎の軍《いくさ》を調へて、鹿嶋《かしま》の御社《やしろ》の前に出来 会《いできたりあひ》たり。然許《さばかり》白く広き浜に、井町計《ばかり》が程に、朝《つとめて》の事なれば、弓の限り朝日に鑭《きら》めきて見へけり。守《かみ》は、館《たち》ノ者共《ども》・国ノ兵共《つはものども》打具《うち》して、二千人計《ばかり》ぞ有《あり》ける。

（後略）

図式化すれば、このときの平忠常攻撃軍の構成は以下のようになる。

A常陸守の軍 ｛ a「館ノ者共」 a′「国ノ兵共」｝

B平惟基の軍

次にほぼ同時代の関係史料をも参照しながら、それぞれの構成単位の特色を検討してみることにしよう。

A常陸守の軍

a「館ノ者共」

常陸守の軍において、「国ノ兵共」と区別された、この「館ノ者共」とは、いわば国司の直属軍といえよう。『今昔物語集』をはじめ、当時の文献にしばしばあらわれる「御館人《みたちびと》」「館ノ人」「館ノ侍」などは、まさしく国司の館に出仕する者であり、「民間」と対照される身分を構成していた。*2「館」は国司の私的な宿舎であり、正式の執務所である「庁」とは明らかに区別されていた、と一応は考えられるかもしれないが、実態においては決してそのような差別のなかったことは、次の史料の物語るところである。

今は昔、陸奥《むつ》の国に勢徳《せいとく》有る者、兄弟有《あり》けり。兄は弟よりは何事も事の外に増《まさり》てぞ有《あり》ける。国の介《すけ》にて政《まつりごと》を取《とり》行ひければ、国の庁《チ》に常に有《あり》て、家に居《ゐ》たる事は希《まれ》にぞ有《あり》ける。家は館より百町許《ばかり》去《さり》てぞ有《あり》ける。字《あざな》をば大夫《たいふ》ノ介《すけ》となむ云《いひ》ける。（『今昔物語集』巻二十六、陸奥《の》国の府官の大夫《の》介の子の語《こと》）

ここで「庁」に「チ」のすてがなのあることや、すぐ下の「館」との対応関係からすると、「庁《チ》」＝「タチ」＝「館」であることは明らかであり、これを一般化すれば「御館人」＝「在庁官人《ざいちょうかんにん》」という等式がなり立つことになる。もとよりここでいう「在庁官人」†とは広義の用法であって、そのなかには（α）国司の私的従者と、（α′）国衙の在庁官人・雑色人《ぞうしきにん》とを区分しなければなるまい。それは理念的にいえば、（α）国司の私的宿舎としての「館」と（α′）国司の公的な執務所としての「庁」の区分に対応するものである。

† α′の在庁官人については、少し説明を加えよう。彼らは国府の政庁の国衙につとめる役人たちで、役所にいる役人という意味で「在庁官人」とよばれたのである。遥任《ようにん》といわれて国司の長官らが現地の国府に赴任せず、京都に残留し、代わりに目代《もくだい》とよばれる代理人を派遣して国内を支配する場合が多くなるにしたがって、彼ら在庁官人たちの役割は重要になり、国府の政庁の実務を握るようになった。彼らの組織する国府の政庁は、国司の留守をあずかる意味で「留守所《るすどころ》」と

よばれ、国内の田地の調査などをつかさどる田所《たどころ》、租税の徴収などにあたる税所《さいしょ》、文書類を管理する公文所《くもんじょ》、国内の治安警察権をもつ検非違所《けびいしょ》、職人たちを支配する細工所《さいくしょ》、あるいは国内の馬を管理する御厩別当《みうまやべっとう》など、職務によって多くの分課的な「所」に分かれ、在庁官人たちがそれぞれの職務を分掌していた。その総勢がどのぐらいになるか、国によってはっきりしないが、常陸国の場合には、六十一名という相当の人数であった（二三―二六頁参照）。そのなかでもとくに検非違所などは武士でなくてはつとまらぬ役であるが、すべてが荒々しく、武力優先の色を濃くしていっていた当時、その他の在庁官人たちもいずれも武士となっていたようである。彼らは「所」の職務を代々世襲する場合が多く、国府か、その近くに館をかまえ、所領をもち、地方社会の有力者となっていた。在庁官人たちが、これまた有力な軍事力となっていた理由は、これで明らかになろう。

（α）国司の私的従者

『今昔物語集』では、たとえば「而《しかる》に、其の国の司《つかさ》□と云ふ人の子也《なり》ける若かりける人、未《いま》だ妻《め》も無《な》くして有《あり》けるに、此の家の嫗《おうな》の娘、館《たち》に宮仕《づかえ》して有《あり》けるに」（巻十六、鎮西《ちんぜい》に下《くだ》りし女、観音の助けに依り賊難を遁《のが》れ命を持《たも》てる語《こと》）と記されているような女性が、国司の私的従者に数えられることは明らかであるが、なんといってもこの種の従者としては、かの永延二年（九八八）の『尾張国郡司百姓等解文《げぶみ》』にあらわれるものがもっとも著名である。尾張守藤原元《もと》命《なが》が京より下向のたびに引率してくる「有官散位従類《うかんさんいじゅうるい》・同不善輩《ふぜんのやから》」や元命の「子弟郎従」の所業を「その為体《ていたらく》、夷狄に異ならず、なほ豺狼《さいろう》の如し、人肉を屠りては則ち身体の粧《かざり》となし、民物を奪ひては京洛の宅に運ぶ、目に見る好物、乞ひ取らずといふことなし、耳に聞く珍財、使を放ちて誣《し》ひ取る」、あるいは「郎従の徒、雲の如く部内に散漫し、屠膾《とくわい》の類、蜂の如く府辺に移住す」として糾弾することが、この解文の強調点の一つとなっていることは、ここにあらためていうまでもあるまい。彼ら「子弟郎等」が、郡司百姓の手から「雑物」を「乞取」り、また郡司百姓に「預作」せしめた「佃」は国内に満ちているとされ、「監《(ママ)》悪之子弟郎等」「不調之有官散位」が「検田使」「収納使」以下の「雑使」として諸郡に入部して「雑物」を「責取」ったり、入部した使者は「騎馬」のまま「郎等従者」に命じて強引な徴収を行うなどの事例は、この解文に詳述されている。解文作成の主体の一翼をになった国衙《こくが》の書生《しょしょう》・雑色人《ぞうしきにん》と、彼ら国司の郎従たちの間に対立があったことも、その二十一条からうかがわれるのであった。

しかしながら、こうした国司の私的な従者たちが、国司にとってもっともたよりになる存在であったことはいうまでもない。永久四年（一一一六）に成立し、以後、天承年間（一一三一〜三二）ごろまでの増補があるという三善為康編『朝野群載《ちょうやぐんさい》』巻廿二「諸国雑事」の項に載せる四十二ヵ条の国務条々事書《ことがき》のなかには、国司の「郎等従類」に関係する箇条が多く、彼らの選任、統制が重要な問題だったことを示している。「能書者二三人」「験者《げんざ》幷智僧侶一両人」と並んで「堪能《かんのう》武者一両人」を「随身」すべきことが国司にとって必須の用意であるとされ、赴任の途中からおこりがちの「郎等従類」らの「闘乱」をとりしずめるための「清廉の勇士」の必要や、前使に立てるべき「吏幹勇堪《りかんゆうたん》の郎等一両人」のことが述べられるなど、十二世紀初頭ともなれば、国司の私的武力としての側面は明白であり、国司直属軍の中核を構成したであろうことは容易に推察されるところである。当面の問題である常陸守源頼信の場合、もちろんその性格はとくに強かったと思われる。

(α)国衙の在庁官人・書生

一九頁に引いたような『今昔物語集』の「陸奥国の府官の大夫介」の叙述などは、まさしく国衙の有力在庁とよぶにふさわしい内容であるが、彼もまた「御館人」の類型の一つを構成していたであろう。国の書生については、『今昔物語集』に、次の例がある。

今は昔、肥後の国に一人の書生《しよしやう》有《あり》けり。朝暮《てうぼ》に館《たち》に参《まゐり》て、公事《くじ》を勤《つとめ》て年来《としごろ》を経《へた》る間に、急《いそぐ》事有《あり》て、早朝《つとめて》に家を出《い》で丶館《たち》に参《まゐり》けるに、従者《ともの》無《な》くして、只我れ一人馬に乗《のり》て行く。書生《しよしやう》が家より館《たち》の間、十余町の程なれば、(後略)(巻十二、肥後国《の》の書生、羅刹《らせつ》の難を免《まぬ》かれたる語《こと》)

ところでこうした在庁官人が武士発生史に果した大きな役割については、すでに竹内理三氏の著名な論文「武士発生史上に於ける在庁と留守所の研究」[*3]に詳らかであって、さらに蛇足を加える余地はほとんどなく、当時の在庁官人がその職務執行上、いずれも武士化し、国衙領を分割して自己の在庁名とすることによって在地領主化していたことについては、ほとんど異論をみないと思われる。

したがってここでは、いささか時代はくだるが、問題の常陸国における十四世紀初頭の国衙在庁の構成を示す史料を紹介し、若干の考察を加えておきたい。

それは元応元年（一三一九）十月日、常陸国府中の車田をめぐる貞□大夫子孫と在庁の一人大春日《おおかすが》光家との相論に際して、光家を支援する在庁・供僧ら合計六十一名が連署した申状[*4]であるが、その差出書は次のようになっている。

国舎人四人（花押）（花押）
国雑色二人（花押）
国掌（花押）
国承仕（花押）
御子八人（花押）
一分　清原家久
清原弘成（花押）
藤原氏頼（花押）

藤原近行（花押）
源　行弘（花押）
書生
伴　家親（花押）
平　忠親（花押）
藤原光氏（花押）
大中臣親光（花押）
藤原家重（花押）
源　頼行
藤原親光（花押）
藤原延安（花押）
藤原末重（花押）
藤原正依（花押）
左兵衛尉藤原重久（花押）
中座
大中臣行綱（花押）

大中臣成正（花押）
大中臣為正（花押）
百済（平岡）家成（花押）
藤原親能（花押）

掾官

清原師近（花押）
大中臣親成（花押）
大春日光家（花押）
左衛門尉大中臣盛光
清原師幸（花押）
右衛門尉藤原宗重（花押）
左衛門尉平氏幹（花押）
大掾平時幹（花押）

庁供僧

僧隆覚（花押）
僧永春

僧幸明（花押）
僧豪空（花押）
僧尭範
惣社供僧并最勝講衆
僧慶誉
僧行源（花押）
僧快智（花押）
僧覚円（花押）
僧良円（花押）
僧祐円（花押）
僧源聖（花押）
同社最勝講衆
僧業術
僧頼源
僧隆専
僧了弁（花押）

合計六十一名の在庁供僧《ぐそう》が、

Ⅰ　在庁　(a)国舎人《くにとねり》・国雑色・国掌《こくしょう》・国承仕《しょうじ》・御子《みこ》ら。(b)一分＝史生《ししょう》。(c)書生。(d)中座。(e)掾官《じょうかん》。

Ⅱ　供僧　(f)庁供僧。(g)惣社供僧・最勝講衆。(h)惣社最勝講衆。

というグループ別に記載されていることは明白である。

まずⅠの在庁官人からみていくが、これまで国衙の在庁官人を論ずる場合には、その内部構成の差異をあまり問題とせず、ただ在庁官人というだけでみなひとしなみに扱ってきた傾向があった。しかし、それが誤りであることはいうまでもなく、この史料では明らかに五つのグループの存在が判明する。その最高位を占めるのが(e)の掾官で、なかでも末尾の「大掾平時幹」が、在庁機構の総師の地位にある。次位の「左衛門尉平氏幹」は、その同族であり、あるいは国衙内の分課たる税所職の地位にあったものではないかと考えられる。[*5] この(e)グループ八名のうち、清原師幸は、正和五年（一三一六）十月七日の譲状[*6]で、「常陸国惣社神主職・同物申職・同敷地名田畠□」「在庁職・同米吉名田畠等」を子の師氏に譲っている人物である。清原師近もまた同族であろう。大春日光家は、この相論の一方の当事者で、在庁職の一つ椙《すぎ》大夫職を世襲したらしく、永仁六年（一二九八）正月日の光家申状[*7]では「常陸国在庁稲富名主散（ママ）大春日光家」と名乗っている。[*8] 左衛門尉大中臣《おおなかとみ》盛光・大中臣親成の二人はどのような地位にあったのか明らかでないが、同族であろう。

第二にランクされる(d)中座のグループのなかでは、百済家成が元徳三年（一三三一）三月日常陸国司庁宣案[*9]によって「重代相伝之証文等之旨」に任せ、「常陸国府中元久名田畠等健児所検断」を永代管《かん》領《れい》すべき旨を命ぜられている。国衙の分課では健児所《こにしょ》と検断の職を掌り、これに付属した在庁名《みょう》として元久名を知行《ちぎょう》していた人物である。他の四人については、大中臣姓三人が同族であろうと推定されるほかは不明である。

第三のランクである(c)書生のグループ十一人については、ほとんど明らかにしがたい。最高位の左兵衛尉藤原重久が一人だけ官を帯しており、これら書生たちの代表者なのであろう。

第四のランク、(b)一分は、宮田俊彦氏の指摘されるように、[*10]公廨稲《くがいとう》の分配率によって史生のことをこうよんだもの。この五人については知るところがない。

第五に位する(a)グループは、これまでのように総括的な記載がないが、国舎人・国雑色・御子など、いずれも四人・二人・八人とのみ記して一々の人名を明らかにしていないところからみても、もっとも下級の事務担当者クラスと考えられる。

すなわちこの時点の常陸国衙在庁機構は、大掾・税所《さいしょ》を頂点に、惣社神主職・椙大夫職などの在庁職をふくむ(e)掾官グループ―健児所・検断の職をふくむ(d)中座グループ―(c)書生グループ―(b)一分＝史生グループ―(a)国舎人らの下級官人グループという階層的構成を示していたわけである。その内部が税所・健児所などの各分課ごとに、さらに縦断的な構造をなしていたことは十分に考えられるが、それを明示する史料はない。

IIの供僧は、(f)庁供僧、(g)惣社供僧・最勝講衆、(h)惣社最勝講衆の三グループに分かれるが、(f)は国庁の、(g)は惣社の、それぞれ供奉僧であろう。(g)中に名のみえる快智が元徳二年（一三三〇）十月廿三日の譲状で、[*11]養子である椙《すぎ》大夫の子息とくばうに相伝の在庁名三郎丸名内の田地を譲与していることからもわかるように、その多くはIの在庁の家の出身者か、深い関係にある人物であったと考えられることは、すでに宮田俊彦氏が指摘されたとおりとおもわれる。[*12]彼ら在庁官人・供僧・講衆たちが実質上一体化していたことは、惣社・庁供僧らもまた在庁機構の一環として、その支配体制の内に重要な位置を占めていたことの反映とみなければならないが、その点の解明にはさらに他日を期したい。[*13]

以上、十四世紀初頭の常陸国衙在庁機構の内部構成を物語る史料を紹介・分析してきたが、当面の課題である軍制史の立場からみるとき、健児所・検断をつかさどる分課の存在が注目される。いうまでもなく、一般公民を徴発する軍団制・兵士制から、郡司層のみに制度的武力を公認し、彼らを国衙など重要拠点に結番させる健児《こんでい》制への転化は、八世紀末葉における軍制上の大転換であり、従来も軍団制から健児制への転換として定式化されている。だが健児制そのものの推移についてはこれまでほとんど明らかにされておらず、早く廃滅に帰したと考えられているようである。しかし、十四世紀初頭にいたってもなお、健児所の存在をみることは、その意味についてあらためて考え直す必要を示唆するのではあるまいか。

次に管見に入った健児所関係の史料を列挙してみるならば——

(a)『朝野群載』の「諸国雑事」中の国務条々事書が、国衙の「所々」として「所謂、税所・大帳所・朝集所・健児所・国掌所等也」と述べていること、

(b)藤原明衡《あきひら》の『新猿楽記《しんさるごうき》』の「受領《ずりょうの》郎等《ろうどう》」四郎君の条に「是《ここ》を以て凡そ庁の目代、若しくは済所《さいしょ》案主《あんず》・健児所・検非違所《けびいしょ》・田所《たどころ》・出納所・調所《ずしょ》・細工所・修理等」と記されていること、

(c)久安六年(一一五〇)九月十六日の伊予国弓削荘百姓等解《げ》*14には、当国国衙留守所が、勅事と号して「健児所史官俊清朝臣」を使者とし、「数多従類」を「曳率」して雑事《ぞうじ》を責め取ったと記され、同時に彼を「幹了《かんりょう》之使者」ともよんでいること、

(d)やや疑わしい点がないではないが、元暦元年(一一八四)五月日の梶原景時下文案*15には、国衙の健児所・検非違所の両直人をさすとおもわれる「健児・非違両直」の表現のみえること、

(e)年月日未詳の散位多々良経貞申状(「上司文書」)では、周防国衙で「経貞・右田八郎は、検非違所・健所(ママ)両兄部《このこうべ》職なり、爰に八郎は三ヶ所書生職を知行し、経貞も同じく三ヶ所書生職を拝領せしむ」という状態であったと記され、同じく年月日未詳の多々良貞能申状(同文書)に「□八郎弘俊お健児所□知行三ヶ所書生職」とみえるのを参照すれば、これも

「検非違所・健児所両児部職」をさすとおもわれること、

などの例をあげることができる。

ここから、(a)(b)に明らかなように、国衙内の分課としての健児所が重要な地位を占めていたこと、(b)(d)(e)、それに常陸国の健児所の場合もふくめて、「検非違所」または「検断」と併列・連称される例の多いことが判明するが、その具体的表現としては(c)の国衙収取を強行する際の軍事力発動が好個の事例といえるであろう。

これらの例からみても、健児所が国衙在庁の軍事・警察的機能の主たるにない手の一人であったことがうかがわれるが、今一つ考えておかねばならぬのは、国衙に蓄積されていたと考える武器の問題である。『将門記』には、平将門の襲撃をうけた常陸国府では、常陸介藤原維幾の息男為憲が、「三千余の精兵を率ゐ、恣《ほしいまゝ》に兵庫器仗《ひやうごきぢやう》・戎具并楯《じうぐならびにたて》等を下して、挑み戦」ったと記されている。律令制以来、地方の手工業生産をおさえていたと考えられる国衙には、優秀な武器が蓄蔵されていたはずであり、国司軍の武装にあたって大きな利点を与えたであろう。

a′「国ノ兵共」

上にみてきたような「館ノ者共」に相対する「国ノ兵共」とは、いったいなんであろうか。国司の直属軍そのものではないとしても、国司の軍勢のなかに数えられる存在であった。

『今昔物語集』には、次のような叙述がある——

今は昔、実方中将と云《いふ》人陸奥守に成て、其の国に下たりけるを、其の人は止事無《やんごとな》き公達《きんだち》なれば、国の内の然《しか》るべき兵共、皆前々《さきざき》の守にも似ず、此の守を饗応して、夜る昼る館《たち》の宮仕怠る事无《な》かりけり。(巻二十五、平維茂、藤原諸任を罸《うち》たる語《こと》)

ここにえがかれている「国の内の然るべき兵共」こそ、a′の「国ノ兵共」であって、aの国司直属軍とは一応異なる、国司の下に組織されつつあった地方豪族軍であった。彼らの実態といえば、もちろんBの平惟基のような地方豪族であり、その小型版であったにちがいないが、彼らと国司との関係はどのようなものであり、国司が彼らを組織するための手段・方法にはどのようなものが考えられるであろうか。以下、この点を検討しよう。

(i)国司の館への結番　ここには、「国の内の然るべき兵共」が「夜る昼る館の宮仕怠る事无かりけり」と記されている。国司の館、あるいは国庁そのもの(上述したように「館＝庁《チ》」であることに注意したい)の警衛に動員されたのである。それが奉仕であると同時に栄誉でもあったことは、たやすく考えられるところである。

こうした形態を物語る史料としては、ほかに戸田芳実氏から御教示をうけた『春記』の次の一節がある。

関白殿御使を申し下し、国に遣すべきの由、北の方に示す、これ国人のために傍輩を戒むるなり、物の実を子孫に均分するのことに至りては思ひかくべからざるか、彼国宿人等并国侍等、葬送を過ぎ、下向すべきの由、これを陳ずと云ふ（長暦三年〔一〇三九〕十月七日条）

これは三河守経相が京都で死去した日の記事であるが、「彼国宿人等并国侍等」が、在京中の国司に従って上京していたことを示しており、これこそ国司のもとへの結番《けちばん》・宿直《とのい》であろう。すなわちそれが、決して単に国司の任国だけでなく、京都においてまで実行されていたことを知りうるのである。

なお鎌倉時代の例としては、正治二年（一二〇〇）八月、大宰権帥藤原宗頼の申請により、陣定《じんのさだめ》を経て、宣旨《せんじ》によって決定された「二十一箇条」のなかには、

管内諸国幷神社仏寺権門勢家庄薗を論ぜず、平均一同に兵士を充て、次第結番して、宰府を守護する事（『猪隈関白記』同年七月十二日・八月廿三日条）

の一箇条がある。これがただちに実行されたかどうか、確証はないが、平安時代以来の制度の伝統を考えさせる傍証にはなるであろう。弘長二年（一二六二）当時、肥前国御家人の負担として、「大番役」とならぶ「宰府守護」の役の存在を確認できることも*16、ここに参照さるべき事実である。

以上、地方豪族軍を国司の下に組織化しようとする手段としての、国司の館への結番につい

て、事例若干をあげながら述べたが、これと関連するものに「館侍」と「国侍」の問題がある。すでにaで「館ノ者共」について述べたとき、「御館人」と同種の存在としての「館ノ侍」について触れたことがあった。天仁二年（一一〇九）七月十日の丹波国在庁官人解案[*17]には、前丹波守高階為章の使者、「館侍前内舎人為保」がいったん収公されていた大山荘の再興に果した役割について記しているが、それは国司の腹心としての行動であり、「館侍」なるものの性格を示している。

しかし「館侍」の史料としては、平安末期の因幡守平時範の任国下向についての貴重な記事をふくむことで著名な『時範記』[*18]のそれを、まず第一にあげねばなるまい。[*19]

（承徳三年（一〇九九）二月）廿六日（中略）、今日神拝なり、（中略）次に出て幣殿に着す、館侍十人を以て使となし、相分ちて遠社の幣帛・神宝に発遣す、或いは告文あり（中略）、／（三月）六日（中略）、今日、宇倍宮において百座仁王会を修せしむ、これすなはち世間閑《しづ》かならざるによりてなり、新たに百の仏像を図し、百の経巻を写して、在庁官人らをして監臨せしむ、呪願文あり、細布百（端脱カ）を以て布施とす、ことに精誠を致し行はしむるところなり、館侍ら参仕し、在庁官人ら香を行ふと云々、（中略）／十九日、（中略）今日館侍幷国侍を以て競射せしむ、

これによれば「館侍」は少なくとも十人以上おり、国司の使者として国内神社へ幣帛・神宝

を発遣する役に従ったり、一宮宇倍《うべ》宮での百座仁王会での布施を与える際などに参仕するだけではなく、「国侍」とともに「競射」を行っているから、軍事的・武的色彩をもっていたことが明らかである。国司の使者としての行動や、在庁官人と書き分けられている点などからみると、「館侍」はやはりａ「館ノ者共」のうち、（α）の国司の私的従者に属するとみるべきであろうが、ここで注意されるのは、「館侍并国侍を以て競射せしむ」という記事である。冒頭の史料「館ノ者共」と「国ノ兵共」の対応に同じく、「館侍」と「国侍」が相応じているわけである。[20]

では「国侍」とはなにか。これについての史料はかなり豊富にありそうにおもえるが、『春記』のほか私の気づいたものは意外に乏しかった。

> 周防国在庁官人ら／言上二箇条／一　得善・末武地頭筑前太郎家重として、都乃《つの》一郡に横行せしめ、官庫を打ち開き、所納米を押し取り、狩猟を宗となし、公民を駈り寄せ、城墎を掘り、自由に任せ勧農を押し妨ぐること、／（中略）農業の最中、人民を駆り集めて、城墎を掘り営ましめ、鹿狩・鷹狩を以て業となし、更に院宣を恐れず、此の如くの公物を押し取り、食物を売りて、濫悪を張行す、何ぞ況んや居住の在庁・書生・国侍らを家中に服《ぶく》仕《じ》せしめて、公役を勤仕せしめず、造寺の営み、永く以て忘れをはんぬ、（『吾妻鏡』文治三年（一一八七）四月廿三日条）

これは鎌倉初期の事例であるが、公領に居住していた「国侍」の存在が、在庁・書生と併列して明らかにされている。[21]

また建久九年(一一九八)三月十三日の大隅国御家人交名注進状(『建久図田帳』)では、当国御家人を「国方」十四名と「宮方」十九名とに分類して記しているが、ここで「国方」に分類されているのは、国衙の税所・田所・執行、郡司など、そのほとんどは在庁・郡司の地位にある者で、一方、「宮方」というのは大隅国一宮正八幡宮の政所・御供所・修理所・権政所などの地位にあるか、あるいは宮領を知行する御家人であった。ところで弘安十年(一二八七)七月日宮侍守公神《しゅこうじん》結番々文[22]には「宮侍」という表現があるが、すでに五味克夫氏も述べられたように、[23]これは正八幡宮に属する侍、宮方の侍のことであろう。してみれば、「宮方」と対比されている「国方」の御家人とは、すなわち「国侍」とよばれる存在であったに相違あるまい。

以上にあげた史料だけでは、十分に適確な判断はくだしえぬとしても、私は「館侍」と「国侍」の対比は、上述したa「館ノ者共」とa′「国ノ兵共」の対比にほぼ相応ずるものと考え、a′の組織方式の一つとしての国司の館への結番・参勤を行った在地武士をもって「国侍」と考えておきたい。

もっとも大隅国の場合、「国方」御家人のなかには在庁官人をもふくむのであるが、その辺についてはなお考えてみなければならぬ問題が残っている。

最近、戸田芳実氏は、『平安遺文』未収の、書陵部所蔵『医心方』裏文書中の一書状によると、「白河院政期の国衙には国侍・国雑色・国舎人らが所属しており、その本数（定員）が定められ、国司交替のときに人数を改めるのが定例となっており、彼らの本数と子孫を尋ね、交名を注進させたことがわかる」と指摘された。重要な新史料と考えられるので、その全容の紹介を期待したい。*24

(ii)国司の主催する大狩への参加　『高山寺本古往来』†には、次の一節がある。

鹿岡謹言《かのをかきんけん》、（中略）然而《しかれとも》、壮男《しやうなむ》の時《とき》より始《はし》めて、射手《いて》の名《な》を得《え》たり、老《おい》の今《いま》に至《いた》るまて、代々《たいたい》の国宰《こくさい》、其《そ》の役《やく》を免《ゆる》されす、召《め》し仕《つかわ》ふるる事有《ことあ》り、就中《なかんつくに》、当時《たうし》殿《との》に、昼夜《ちうや》朝夕《てうせき》に、この事《こと》を嘉《この》まるること、余人《よにん》に勝《すく》れ給《たま》へり、而《しか》るを、来《きた》る十九日《しふくにち》より廿一日《にしふいちにち》に至《いた》るまて三箇《さむか》日《にち》の間《あひた》、国内《こくない》の人挙《ひとこそ》んて、大狩《おほかり》をせしめられ可《へ》き由《よし》、昨日《さくしつ》を以《も》て定《さた》め被《ら》れ給《たま》ふ（後略）

† 同書は堀池春峰・田中稔共編『高山寺遺文抄』（一九五七年）において、「書札礼」と題してはじめて公刊されたものであるが、むしろ「古往来」とよぶべきものとされている。平安末―鎌倉初期と推定される「表白集」の紙背文書で、書写は平安末期をくだらないと解説されているが、戸田芳実氏は内容から「平安中期ごろ」のものと推定され、その一節を当時の「田堵経営」を「農奴主経営」とみとめるべき史料として援用された（戸田『日本領主制成立史の研究』一九六七年刊、六二、三九八頁）。以来、多くの歴史家によって注目されている著名な史料であるが、その成立年代は平安中期ごろをさらに限定して、十世紀末〜十一世紀初頭とみることができるよ

うにおもう。次にその点について述べてみたい。

同書の一節には、次のように記されている。「抑《そも》〱明年御前《みやうねんこせん》の相撲《すまい》左右《とにかく》に以《も》て殊《こと》に撰定《せんちやう》せらる可《へ》し云々左方《ひたりかた》の致芸《むねき》多世《おゝよ》右方《みきかた》の豊堪常世《とうたうつねよ》等《ら》是《これ》高名《かうみやう》の強力《かうりき》の世間《せけん》に殊勝《しゆしよう》の者也《ものなり》各《おの》〱身力《しんりよく》を竭《つく》して勝負《しようぶ》を決《くえつ》す可《へ》し云々近代希有《きんたいけう》の事也《ことなり》、若《も》し便宜《ひんき》有《あ》らは校書殿《けうしよてん》の辺《あたり》に候《さふら》はんと欲《おも》ふ、案内《あんない》を示《しめ》し給《たま》はれは幸甚《かうしん》々々」、と。ここに「高名の強力と世間に殊勝の者」といわれている相撲人の多世と常世は、大江匡房の『続本朝往生伝』の一条天皇（在位九八六〜一〇一一）の条に「時之得人也、於斯為盛、（中略）異能、則（中略）伊勢多世・越智経世」と記された人物であろう。『二中歴』の「一能歴」に「相撲（中略）勢多世・常世」の名のみえることからも、この二人が名高い相撲人だったことがうかがわれる。『権記』正暦四年（九九三）七月廿八日条、長徳三年（九九七）七月卅日、八月一日条、長保二年（一〇〇〇）七月廿七日・廿八日条、寛弘三年（一〇〇六）八月一日条などにあるいは右の最手として、あるいはその業の「神妙」を賞される相撲人として「越智（あるいは小智）常世」の名があらわれることも参照されよう。したがって同書の内容は十世紀末〜十一世紀初葉の事実を反映したものであり、成立の年代もほぼそのころと考えられるのである。

なお本章の原形公表後、高山寺典籍文書綜合調査団編『高山寺資料叢書第二冊　高山寺本古往来・表白集』（東京大学出版会、一九七二年）として詳密な翻刻と研究が公刊された。今は、この刊本の訓み下しに従って引用した。

「射手の名」を得て、代々の国司に召仕われていた「鹿岡」と名のる人物が、国司により、「国内の人」をあげて挙行される「大狩」に動員されたことを物語っている一節であるが、これが(i)でみた国司の館への結番・参勤の、いわば実践形態の一つであることは容易に判断される。

鎌倉時代後期にいたって、守護が「守護御狩」「守護狩」「国廻《くにめぐり》狩」を行い、国内の御家人たちをこれに動員していたことを示す史料が、大隅・薩摩両国について現存しているが、[*25]これもかつての国司の「大狩」を継承したものとみることができよう。

(iii)一宮などの頭役や神事・儀式奉仕の体系への組み入れ　鎌倉時代には、諸国の一宮などを中心として、各国ごとに一国におよぶ神事の頭役勤仕や儀式を奉仕する組織が成立しており、なかでもその一環としての軍事的儀式の奉仕は、国内地頭御家人の所役とされ、幕府が守護を通じて実質上これを主宰していたことは、出雲大社や信濃の諏訪社においてもっとも顕著であった。

出雲大社では、守護佐々木泰清・在国司朝山昌綱の二人に命じて、「当国の田数・頭役の注文」を召し出した幕府が、新たに国内の荘園・国衙領を二十番に編成し、大社三月会の相撲・舞頭役の結番を決定した長文の文永八年（一二七一）十一月一日関東下知状の写が今に伝わっている。[*26] 当時、この結番の番文は守護人の所持するところであり、守護代の証言によれば、二ヵ荘をのぞく以外の「其の外諸庄園郷保等、皆以て地頭名字に就き、神事勤仕の条、結番帳分明候ふ哉」ということであった。[*27] こうした体制が決して文永八年から新たに開始されたものでないことは、すでに宝治元年（一二四七）十月日杵築大神官等連署解状に、[*28]「当社三月会は、山陰無双の節会、国中第一の神事なり、其の会は、五方の頭人を差し定むるの内、左右相撲頭并舞頭、是の三方は、国中地頭役として、之を勤仕せしむ」とみえることで明らかであるが、それ以前いつまでさかのぼりうるものか。直接の明証はない。[*29]

信濃国の一宮諏訪社についても、五月会《さつきえ》や御射山頭役《みさやまとうやく》が国内の地頭御家人によって勤仕され、幕府がこれに特別の配慮を加えたり、勤仕者にはその年の鎌倉番役を免除したりしている事実が明白である。[*30] 一方、出雲大社の結番々文と類似する点の多い嘉暦四年（一三二九）三月日関東下知状の写が伝わっており、[*31] 国内の地頭御家人を十四番に編成して、上宮の五月会や御射山頭役を勤仕させる旨の内容が記されている。写として事書・差出書などに多少の疑点があるためであろうか、『信濃史料』の編者はこれに「ナホ研究ノ余地アリト雖モ、姑クココニ掲グ」という按文を付せられたけれども、すでに伊藤冨雄氏は「諏方上社中世の御頭と鎌倉幕府」(一)―(七)[*32] において、事書などに若干の竄入をみとめられながらも、頭人として記載されている地頭の人名について精細な考証を行われ、同時代の文書史料などと一致する場合の多いことを明らかにしておられるし、また渡辺世祐氏の『諏訪史』第三巻も、この史料を多く利用されている。私もまたこれら先学の明らかにされたところに従って、この文書の語る内容自体は真実であると考えたい。

では、こうした国内の地頭御家人を主体とする一宮の神事頭役勤仕の組織の成立は、果していつにさかのぼるであろうか。直接、幕府の関与を示すものではないが、上の出雲大社・諏訪社の場合に相似た例として、肥前国一宮河上宮においても、承元三年（一二〇九）四月廿五日肥前国留守所定文案*33は、国内六郡の「大領」をふくむ合計三人の名を列記して、「先例并御示現旨」に任せて「河上宮五・八月会流鏑馬《やぶさめ》」を「勤行」すべきことを命じている。まさにその「先例」としては、応保二年（一一六二）三月廿三日肥前国司庁宣案*34に、「一　五・八月流鏑馬事／右、流鏑馬・相撲・村田楽・一物《ひとつもの》に於ては、国内名々を以て、勤行せしむるの事、先例限り有るの処、彼の神事有名無実たるの由、訴へ申す、事実たらば、冥顕に附き、其の恐れ少からざる者なり、早く社家・国衙相共に、彼の流鏑馬以下神事を勤行せしむべきの由、諸郡名々等に充て催すべし」とあるのをあげることができるから、一国、もしくはその大半部分におよぶ祭祀組織はすでに平安時代末期には成立していたとみることができよう。

平安時代中期以降、神社制度史の注目すべき事象として一宮の発生とともにならび説かれるのは、国内の国司崇敬諸社の神霊を国庁付近に合祀した総合的な遥宮としての総社の成立であるが、すでにaのα′の項で常陸国について明らかにしたように、惣社神主職をもつ者は同時に在庁官人中の首位に立つ第一グループに属する有力在庁であり、惣社の供僧・講衆は「在庁供僧」とよばれて、事実上一体化した政治的勢力を形成していた。また曾根地之氏の指摘されたように「惣社神主は専ら国衙管轄内の有力神社の神事を担当する在庁官人でもあった」ことは明らかであり、[*35]惣社の発生はまさしく、信仰面における国衙在庁支配機構の成立としてとらえられねばなるまい。

諸国一宮の成立は、総社に比較して、宮地直一氏のいわれる「民衆の信仰を背景とする考へ方」「一般の信仰に基いて起れる神社に対する等差的観念」[*36]が反映していることは確かであるとしても、結局は国司の諸社待遇上の等差・国司の管内諸社祭祀の順位としてあらわれるのであり、これもまた国衙在庁支配機構の成立との関連で解かれねばならぬ問題なのである。

そしてまた在地における領主制支配の根源と、地域社会における神祇信仰との深い連関についておもいをいたすならば、こうした一宮・惣社の成立の背景に、国衙在庁機構の支配領域として編成されつつあった国衙領の形成という問題がからみあっていることに注目する必要があるだろう。宮地直一氏が、平安時代の延喜以降、「すべての社会現象に於て、一個の有力なる中心点が出現し、他の比較的微力なるものがそれに吸収せられ、大は愈々大となり、小は増々小となる当代の全体的趨勢」としての「集中的傾向の作用」として、一宮・惣社の成立を説明された[*37]ことは、この点からも示唆に富む指摘と考えられるのである。

上で問題としてきた、一国、もしくはその大半におよぶ神事奉仕の体系の成立[*38]もまた、これと表裏一体をなす現象なのであり、一宮のはじめてあらわれる十一世紀末ごろまで、こうした祭祀組織の成立をさかのぼらせることが可能なのではなかろうか[*39]。

鎌倉時代になって、それが地頭御家人のみの所役と考えられ、その役を勤仕したか否かが、地頭であるかどうかの標識として争われるにいたったのは、前代以来の神事奉仕の体系を再編・利用した幕府の政策の結果であるが、それ以前においても一国の一宮の神事を奉仕することは、一種の身分的栄誉であったにちがいない。とくに諏訪社の五月会頭や御射山頭などの狩猟儀式・流鏑馬などの軍事的儀式の奉仕は、まさに奉仕者の武士としての身分の外的表示として大きな意味をになったであろう。こう考えてくれば、一宮などの頭役や神事・儀式奉仕の体系への組み入れもまた、上述した国司の館への結番・参勤と同じく、「国ノ兵共」を組織するうえの有力な方法だったことが確認されるのである。

(iv)国衙の「譜第図《ふだいず》」　上述したような国衙あるいは一宮を中心とする結番や軍事的儀式奉仕と関連して、『朝野群載』の「諸国雑事」中の国務条々事書に、国衙の雑公文として、

詔書、勅符、官符、省符、譜第図、風俗記文、代々勘判

をあげる一節があり、「譜第図」なるものの存在したことに注目したい。その内容は未詳であ

るが、名称からみて、国内の有力豪族の家系を国衙に登録したものではないかと考えられる。

また『高山寺古往来』に

謹言《きんけん》 京上《きやうしやう》の官米《くわんまい》の押領使《あふりやうし》を差《さ》し定《さた》めらるゝ由《よし》、只今《たゝいま》、税所《さいしよ》の判官代《はんくわんたい》の許《もと》より申来《まうしきた》れり、松影《まつかけ》、寔《まこと》に武者《むしや》の子孫《しそん》なりと雖《いへと》も、専《もは》ら其《そ》の業《けふ》を継《つ》かさる上《うへ》に、年老《としお》い、身《み》貧《まつ》しくして、一人《いちにん》の随兵《すいひやう》を儲《まう》けす、若《も》し非常臨事《ひしやうりむし》有《あ》らは、必《かなら》す嘲哢《ちようろう》を招《まね》く可《へ》き歟《か》、早《はや》く申停《まうしとゝ》められは、天幸《てんかう》々々謹言《きんけん》

謹言《きんけん》 示《しめ》されたる滑《よ》き米《よね》の押領使《あふりやうし》の事《こと》、国前《こくせん》に洩啓《もらしけい》すること已《すて》に了《をは》んぬ、則《すなは》ち仰《お》せられて云《いは》く、代々《たい〳〵》運米《うんまい》の押領使《あふりやうし》と為《し》て、公事《くし》を勤仕《きんし》する由《よし》、郡司《くんし》書生《しよせい》の間《あひた》に伝《つた》へ言《い》ふ所有《ところあ》り、仍《よ》て撰定《せんちやう》する所也《ところなり》、敢《あ》へて対捍《たいかん》を致《いた》す可《へ》からす、但《たゝ》し従兵《すいひやう》に至《いた》ては、諸郡《しよくん》の兵船《ひやうせん》、苟《いやし》くも其《そ》の員《かす》有《あ》り、既《すて》に将軍《しやうくん》と謂《い》はむに、豈《あん》に其《そ》の命《めい》に随《したか》はさらむ哉《や》、速《すみや》かに此《こ》の趣《をもふき》を以《も》て重《かさ》ねて仰《お》せ遣《つかわ》す者《てえ》れは、国宣此《こくせんかく》の如《こと》し、乞《こ》う也之《またこれ》を悉《つく》して謹言《きんけん》

とあって、国衙から「押領使」に任命された「武者」について、補任の理由に「代々」の「押領使」であることの強調されている事実、あるいは『平家物語』『源平盛衰記』などにしばしば記されている、戦闘開始に先立って、みずからの家系を誇示し、先祖の栄誉を列挙する「氏文よみ」の慣習などをあわせ考えるなら、先祖以来の家系と、武士の家にふさわしい過去の経歴とが、武士身分の徴憑《ちようひよう》として重要視されており、国衙にその記録があったことは十分に考

えられるとおもう。そしてそれは、武士であるか否かの認定が、結局は国衙との関連によってなされるのではないか、という推定をみちびくのである。

以上四点にわたって、国司のもとに組織されつつある地方豪族軍としての「国ノ兵共」の組織方法について考えてみたが、なんといってももっとも中心的な役割を果すのは、国司の館への結番・参勤であったろう。平時における結番・参勤が、一朝ことあるときに戦闘への参加となることは当然であり、冒頭にひいた源頼信麾下《きか》の「国ノ兵共」が、平時において、頼信の館への参勤を行っていたことは容易に推論できるのである。

ところでaの（α′）の項で、常陸国の健児所《こにしょ》について述べた際、(a)〜(e)の他国の例証をひきながら（三〇〜三一頁参照）、国衙在庁の軍事的機能の中心をなす分課としての健児所の残存が案外に多いこと、軍団制から健児《こんでい》制へといわれているだけで、その実体の明らかにされていない健児制について、今少し検討を加えてみる必要のあることを指摘したのであるが、ひるがえっておもうに、本項で問題とした「国ノ兵共」の組織法と、こうした体制の前段階にあたるはずの健児制との間には、一脈の連関が感じられはしまいか。

今、諸国の兵士、辺要地を除くの外、皆停廃に従へ、その兵庫・鈴蔵及び国府等の類、よろしく健児を差して以て守衛に宛て、よろしく郡司子弟を簡《えら》び差して、番を作り、守らしむべし[*40]

上に引いたように、国府以下兵庫などの軍事的要点を、結番によって防備させるという健児制の延長線上に、「国ノ兵共」の組織法をおいてみることは十分に可能であるように、私にはおもわれるのである。

B平惟基の軍

以上に検討を加えてきた国司の軍に対応して、平忠常討伐軍の重要な一翼、むしろ主力（『今昔物語集』の記述では、国司頼信の軍が「二千人許」であるのに対し、惟基の軍は「三千騎軍」であった――一七－一八頁参照）をなしていたのが、「其国に左衛門大夫平惟基と云者有り」とされている平惟基の軍であった。降伏を勧告された忠常の「守殿《かうのとの》、止事《やむ》無《な》く御坐《おはしま》す君也。須《すべから》く参《まゐ》るべしと云《いへ》ども、惟基は先祖の敵《かたき》也。其れが候はむ前に下り跪《ひざまつ》きてなむ否《え》不候《さぶらふ》まじき」（『今昔物語集』）という返事によれば、惟基は忠常と「先祖の敵」であったという。すでに『新編常陸国誌』（巻十、人物など）の著者も指摘されているように、『尊卑分脈』『常陸大掾系図』等に、平貞盛、もしくは弟繁盛の子、のちの常陸大掾家の祖として示されている「平大夫惟幹イ五下」という人物こそ、まさに惟基にあたるであろう。

『尊卑分脈』などの諸系図の示すように、平忠常の父を国香の弟平良文の子、忠頼であるとすれば、寛和三年（九八七）正月廿四日太政官符（『続左丞抄』所収）にみえる事件――平維幹の父繁盛が大般若経一部六百巻を写して延暦寺に献納しようとしたところ、「陸奥介平忠頼・忠光等、武蔵国に移住し、伴類を引率し、運上の際、事の煩を致すべきの由、普く隣国に告げ、連日絶えず」「忠光等の暴逆いよいよ倍し、姧謀尤も甚し、彼の旧敵を遂げんがため、此の善根を断たんと欲す」という事態に立ちいたったという——によって、維幹（惟基）と忠常（忠恒）が「先祖の敵」であった理由も説明がつく。

ところで『小右記』長保元年（九九九）十二月九・十一日の両日条には、次のようにみえている。

> 九日、（中略）常陸介維幹（叙カ）朝臣先年申し給はる所の華山院御給の爵料不足料の絹廿六疋及び維幹名薄（簿）等之を送る、維幹を以て栄爵に預からしむべしてへれば、維幹は余の僕也、馬三疋毛付を進め、院判官代為元を以て絹及び維幹の名薄（簿）等を奉らしむ
>
> 十一日、（中略）為元朝臣来る、院仰て云く、常陸介維叙朝臣の進むる絹を納めしめ給ひ了んぬ、但し明年の御給栄爵を以て、維幹に給ふべきの由、仰せ遣すべしてへり

ときの中納言藤原実資の従者となり、「余の僕」といわれていた維幹が、実資の斡旋によって花山院に名簿《みようぶ》をささげ、院御給の栄爵《えいしゃく》にあずかろうとしていた事実が記されている。かの平将門が、少年の日に名簿を太政大臣藤原忠平にささげ、以後数十年間、彼を「私君」としていた事実は『将門記』にみえて著名であるが、維幹の父にあたる繁盛も「幼若の時より、故九条

右大臣に仕え奉り、独り殊恩を戴く」[*41]と記されているように、忠平の子師輔に「奉仕」関係を結んでいた。維幹もまた中央の権力者たる藤原氏一門との私的主従関係下に入り、その庇護によって栄爵を得ようとしていたのである。

ところで十二世紀前半ごろの成立かといわれている『古本説話集』(『宇治拾遺物語』にもほとんど同文が載せられている)には「伯の母の事」と題して、常陸国の豪族多気《たけ》大夫が、訴訟のため上京し、越前守高階成順の宅の仏事供養の席で、成順と妻伊勢大輔との娘の大姫君を見そめ、ついに金百両で、乳母を買収して、娘をひそかに連れ出したまま下国してしまう物語がある。後年になって、大姫君の妹の伯の母が常陸守の妻として任国に赴いたとき、大姫君はすでに二人の娘を残して他界したあとであった。そこで、

女二人ありけるが、かくと聞きてまゐりたりけり。田舎人とも見えず、いみじくしめやかに、はづかしげに、よかりけり。常陸の守のうへを「むかしの人に、似させたまひたりける」とて、いみじく泣きあひたりけり。四年が間、名聞にも思ひたらず、えうじなどもいはざりけり。/任はてて上らるるをりに、常陸の守、「むげなりける者どもかな。かくなむ上ると言ひにやれ」と夫に言はれて、姫の母、上るよし言ひにやりたりければ、「承りぬ、まゐりさぶらはむ」とて、「明後日上らむ」とての日、まゐりたりけり。えもいはぬ馬の、一を財にするほどの馬十疋づつ、二人して、また革籠負ほせたる馬も百疋づつ、二人して

進りたり。なにとも思ひたらず、かばかりの事したりとも思はず、うち進りて帰りにけり。常陸の守の「ありける常陸四年が間の物は何ならず、その革籠の物どもしてこそ、万の功徳も、何事もしたまひけれ。ゆゆしかりける者どもの心の大きさ、広さかな」と語られけるとぞ

と、多気大夫の富豪ぶりを示す叙述がつづくのである。

この説話は、ちょうど十一世紀初頭の事実として物語られているが、すでに『新編常陸国誌』の著者以下の先学が指摘されているように、この多気大夫こそは、平維幹その人にほかなるまい。時代的な一致からも、『常陸大掾系図』に維幹を「多気大夫、亦水漏《みもり》大夫」と記していることからも、そういえるのである。

その称呼からみて、彼は筑波山の西南麓にあたる水守《みもり》・多気（現在、茨城県筑波郡筑波町内）付近を拠点として土着していた豪族と考えられるが、すでに『将門記』には平氏一族の軍事的拠点として「水守営所」の名があり、将門の「石井営所」と同じく、豪族の居館であると同時に、開拓・農業経営の基地であり、軍事上の要塞としての役割を果していたことは明らかである。

現在、筑波町水守には、水守城址と称される中世の城館址がある。小貝川と桜川の中間にひろがっている海抜三十メートル程度の台地の突端、桜川沿いの低地帯一面にひろがる水田からほぼ十五メートル以上の比高をもつ地点に位置を占め、台地の側は空堀によって掘り切られ、

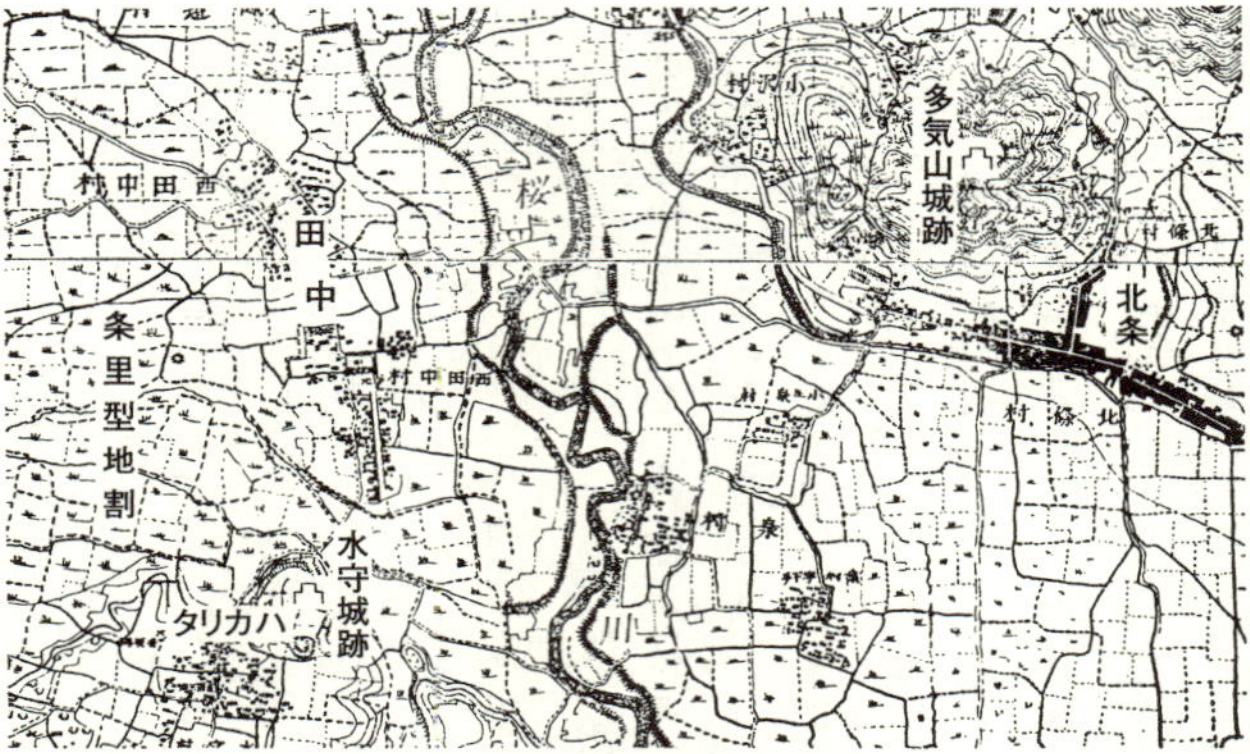

●── 水守と多気山（明治17年測量迅速測図「筑波町」「北条村」による，縮尺4万分1）

『新編常陸国誌』巻八故蹟の記述では「物見台」といっている高みなど、今もありありと城館の址を残しており、現在の小字名でも館ノ内、館堀、館ノ下、狭間《はざま》、あるいは殿坪など城館だった当時をしのばせる地名が残っている。現在の城館址は、おそらく中世後期の状況を残したものと思われるが、その地形からみても『将門記』のいう「水守営所」がこの付近にもとめられるべきことに異論はあるまい。台地の末端には何ヵ所かの湧水点があり、その一つはタリカハとよばれて、日本武尊の飲まれた泉であると地元では言い伝えている。水守、あるいは水漏とも書くミモリの地名も、この泉からきたものではあるまいか。これらの湧水は城館のすぐ下の低地一帯にひろがる水田地帯の灌漑にも使用されており、その水田は現在においても明らかな条里型地割を示している。このタリカハと城館址との間もごく近距離であり、いずれにしても現在の水守の集落のある台地尖端、低地との境界点付近に、維幹の館＝営所があったことは確実とみてよい。*42

この水守の地から桜川両岸の低地をへだてて東北東にほぼ二キロメートル強のあたり、今の筑波町北条の裏山付近が、維幹の直系多気義幹の根拠地とした多気山城である。維幹もまた、将門らの平氏一族と同様に、所領内の各地に営所＝館を所有していたとおもわれ、水守・多気の両地が、なかでももっとも主要な根拠地だったと考えられるのである。

「維幹は陸奥守繁盛の二子にて、大掾国香の孫なり、平太夫と称す、(尊卑分脈 大掾系図)初め伯父貞盛其孫及姪等を収めて子とす、凡十五人、(今昔物語)維幹亦其内にあり、貞盛常陸にある所の田園を挙て維幹に譲る、維幹因て本国に留り、水漏営に居る、故に水漏大夫と称す、(大掾伝記、村上氏所蔵大掾系図)又多気営に移る、因て多気大夫と称す、(大掾系図、宇治拾遺物語)(後略)」という『新編常陸国誌』巻十、人物の所説は、ほぼ正鵠を得たものとおもわれるが、『将門記』に記されたところから推断すると、常陸大掾・鎮守府将軍を歴任して土着した国香の勢力圏は筑波山の西麓地方一帯、真壁・筑波・新治三郡を中心にひろがっており、多気・水守の北方約五キロメートル、桜川右岸の台地縁辺部の石田付近が主たる根拠地と考えられる。国香と、前の常陸大掾源護らの「同党」が将門の攻撃をうけた際の『将門記』の記事には、

> 其の四日を以て、野本・石田・大串・取木等の宅より始めて、与力の人々の小宅に至るまで、皆悉く焼き巡る□（中略）又筑波・真壁・新治三箇郡の伴類《ばんるい》の舎宅五百余家、員《かず》の如く焼き掃ふ（後略）

とみえ、その勢力圏は①野本・石田・大串・取木など四ヵ所の「宅」を中核とし、②その周辺部に「与力の人々の小宅」があり、③さらにひろく「三箇郡」内に「伴類の舎宅五百余家」が散在するという、いわば、宅―小宅―舎宅の三重構造を原形として成立していたことがうかがわれるが、維幹は貞盛からこれらの勢力圏をうけつぎ、その上に立っていたものとおもわれる。『古本説話集』のなかで「心の大きさ、広さ」を讃嘆されている維幹の豪富ぶりの基盤も、このように考えればおのずから明瞭となろう。

問題の平忠常討伐軍における彼の軍勢も、国司のひきいる軍そのものではなく、いわば国司とは対等の、一応別の系列に属するもの、地方軍事貴族の軍ということができよう。『将門記』のなかで国衙から互通文書としての「移牒」をうけとっている彼らが、一箇の自立的な権力であり、一種の辺境軍事貴族として位置づけられることは、まさに戸田芳実氏の指摘されたごとくであるが、将門も、繁盛も、維幹もまたそうであったように、彼らは同時に中央の有力貴族と私的従属関係を結び、位階官職を獲得していたのであり、まさにそれゆえに、国衙からの互通文書をうけとる存在になりえたのであった。

† 律令以来の公文書の制度で「移牒」とは、直接に上下の支配関係にない官庁や人の間でとりかわされる文書の形式をさし、支配系統下に対して出す文書の「符」とははっきり区別されていたものである。

†† 研究の蓄積のきわめて乏しいこの分野にあって、戸田芳実氏の「中世成立期の国家と農民」(『日本史研究』九七、一九六八年)における論述は、最近の大きな収穫であった。人民闘争と国家権力との相互規定関係から、十世紀の政治的社会的転換の意味をさぐろうとされたこの論文では、問題解明の一環として、延喜年間にはじまる軍政改革がとり扱われ、

(1)『将門記』によれば、平将門らが国衙から互通文書である「移牒」を送られており、彼らが一種の公的機関の地位を与えられた一箇の自立的権力であり、いわば辺境軍事貴族ともよばれるべき存在であること、

(2)『高山寺本古往来』の一節(四四頁参照)によれば、国司直属の官僚制的常備兵ではなく、こうした地方軍事貴族が「将軍」の社会的地位をもつ傭兵として、累代押領使に補任されてきた伝統と、「国宣」による任命によって、国衙権力機構の一環として体制化されていたのが、国司支配下の国衙の軍制であったこと、

(3)これら大小の地方軍事貴族(国将軍)以下を組織して登場するのが、中央軍事貴族たる武門の棟梁であったこと、などが指摘されている。本章は、戸田氏の以上の指摘を前提として書かれたものである。

『古本説話集』に語られている維幹の女たちは、亡母の縁につながる常陸守に対しても、「四年が間、名聞にも思ひたらず、えうじなどもいはざりけり」という姿勢を保ち、ついに守に、「むげなりける者どもかな」といわせるにいたったのであるが、そこにうかがわれる国司への距離をもった対し方は、同時に維幹自身の態度でもあったといえるのかもしれない。

維幹の子で「彼（＝常陸）国住人散位従五位下平朝臣為幹」が、寛仁四年（一〇二〇）七月、任国で卒去した常陸守藤原惟通の妻子を奪いとり、妻を強姧したという理由で京都に召喚され、検非違使庁で糾問されたが、ついに翌年十二月に原免されたことがある。[*43] 父維幹と一脈相通ずる行動であり、国司をもしのごうとする彼らの在地における勢威を表現した事件とみられるが、為幹が原免されたのはおそらく朝廷内における有力者を通じての運動の結果であろう。維幹が臣従していた藤原実資は当時大納言の地位にあり、この事件に関しても「指示」を与えていたのである。[*44] してみれば、維幹・為幹らの国司に対する自立的態度自体、実は中央の有力者との直接的主従関係に支えられてのことであったという側面を見のがすわけにはいかない。貞盛の子弟一族のうち、このころ、常陸守（介）に任ぜられた者が維叙・維将・維時・維衡など、多くを数えた事実[*45]もあわせ考えられねばなるまい。自立的な辺境軍事貴族たりうるためには、実は中央の有力者とのなんらかの連繫が必要であったのである。

彼ら平氏一門が、もともと上総介高望王の一族子弟であり、鎮守府将軍・下総介・常陸大掾など、中央国家権力の末端機構の責任者、軍事指揮官を歴任して、ついに常陸・下総・上総などの諸国に土着し、在地に強大な勢力をきずきあげるにいたったという事情を考えるだけでも、その点は明らかであろう。

これら地方豪族の軍事力の構成、ひいてはその支配の実体を究明することは、まさに重要な課題であるが、維幹の場合についてはこれ以上の史料がなく、ほかの類例をもって解明するには、私はまだ準備不十分である。ここでは、すでに多くの先学によって説きつくされたかの観のある『将門記』によりつつ、若干の叙述を行うにとどめたい。

彼らの勢力圏の中核をなすのは、領内の数ヵ所に存在したみずからの館・営所・宅であった。将門の場合、その本郷・本堵とよばれる地は下総国豊田郡内にあったらしく、あるいは「鎌輪之宿」がそれであったのではないかとおもわれるが、その他に幸島郡の「石井営所」あるいは「宿」があり、それ以外なお何ヵ所もの宅をもっていたにちがいない。それは石井営所のごとく、「兵具の置所・将門の夜の遁所」「東西の馬打・南北の出入」を備えた軍事的施設であり、ひそかに将門を裏切った「駈使《くし》丈部子《はせつかべのこ》春丸《はるまる》」は、「豊田郡岡崎の村」の私宅から炭を荷う「荷夫」として営所に赴き、「一両日宿衛」したというから、従者の結番・参勤する拠点でもあった。こうした宅の周辺には「与力」の「小宅」があり、さらに郡内にはひろく「伴類」の「舎宅」が存在する。「与力」「伴類」が戦闘の際の主要な軍事力となることはいうまでもあるまい。

彼らの軍事組織の内部には「乗馬郎党」と差別され、「荷夫の苦役」に従う子春丸のような「駈使」も存在した。「一人当千」の名を得た騎兵隊とともに、『将門記』の戦闘の記述からすれば、「歩兵」の働きもまた大きかった。このような分化とともに、「上兵」「陣頭」とよばれる勇士や、「副将軍」と称する存在もあらわれていたが、内部組織は必ずしも緊密とはいいがたく、離合集散のいちじるしさがとくに将門の場合に目立っている。

こうした軍事力組織の性格と、地方豪族の支配の実体をからめあわせて分析することは他日を期さなければならないが、Aの国司軍がaの国司直属軍とa′の「国ノ兵共」から構成されていたと同じく、Bの地方豪族軍の内部もまた、その直属軍と同盟軍的存在によって構成されていたとみることができ、豪族の「宅」の周辺部に「小宅」のあった「与力」をもって直属軍に、さらに広域に分散していた「伴類」のある者をもって同盟軍に比定することが、あるいは可能かもしれない。その軍の離合集散のいちじるしさという特色も、この点から理解しうる面があるようにおもわれる。[*46]

以上、源頼信による平忠常討伐軍の構成を直接の手がかりとして、その構成単位の特色をある程度検討してみた。その結果を一応一般化し、図式化すれば次のようになろうか。

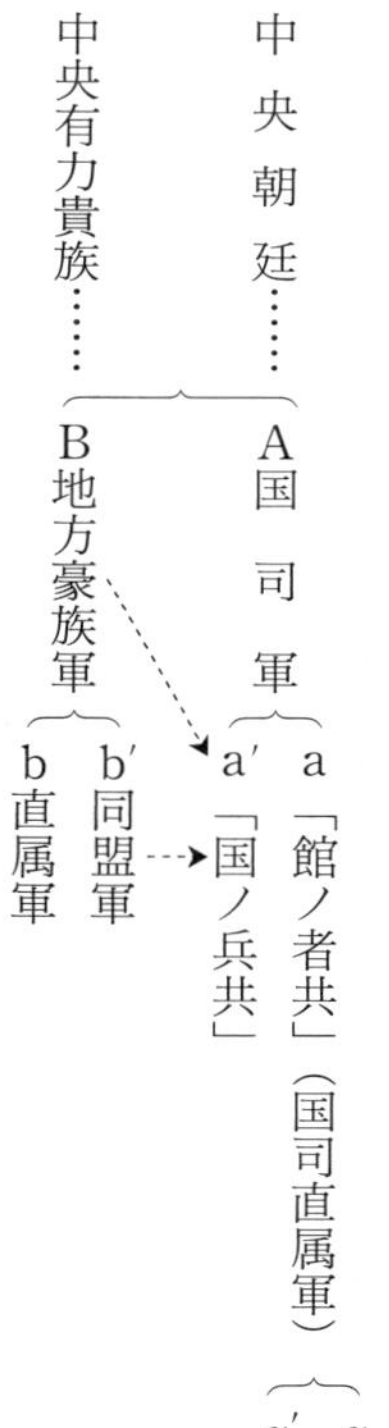

しかし上の図式化は、一国の軍事力を結集して出撃した際の、いわば最高の動員形態を表現したものであり、当時の軍事力がつねにこうした形態をとって発動されていたことを示すものではない。たとえば国衙・国司の館や、その他の要地を防備するためには、平常はa「国司直属軍」やa′「国ノ兵共」の動員による結番・防備でこと足りたであろう。また戸田芳実氏が重視されたように『高山寺本古往来』の示すような「京上官米」「運米」などの重要物資や、あるいは重要人物それ自身の移動を護衛するためには、状況に応じてa「国司直属軍」・a′「国ノ兵共」・B「地方豪族軍」中の適任者を「押領使」などに選任して随行させる方法がとられていたであろう。上に示したような図式が実現することこそむしろ稀なケースだったかもしれず、その図式は当時の地方社会に存在した軍事力のカタログとしての意味の方が大きいかもしれない。しかし冒頭の源頼信の場合、その全体が機能していたとすれば、それは結局、国司がB「地方豪族軍」を動員しえた根拠と状況の問題であろう。このとき「地方豪族」の平維幹が

平忠常攻撃軍に参加した理由は、『今昔物語集』では国司源頼信の企てを聞いての、かなり自発的で主体的な行動のように記されているが、四七頁でみたように忠常の父平忠頼と惟幹の実父平繁盛が敵視しあい。闘争しあっていたことをみれば、この場合、両者の対立関係が惟幹の行動の大きな理由となっていたことが判明する。地方豪族の利害が国司のそれと一致したとき、上に示したような図式が全体として機能しえたのである。

一方、国司の側からすれば、できるかぎりBの協力を確保し、それを恒常化する必要がある。そのための手段としては、必要に応じての中央政府からの命令とともに、国の追捕使・押領使・検非違使などの官職への補任が有効であったろう。これら軍事警察権を握る官職への任命は、『朝野群載』巻廿二などに収められている史料によれば、国司が「部内武芸の輩、其事に堪ふるの者を選び、公家に申し請ひ追捕使と為す」といわれており、太政官符による補任の形式をとってはいても実質上は国司による選定が行われていた。また『高山寺本古往来』によれば、「官米押領使」の任命は「国宣」によってなされていたらしい。

こうした軍事警察権を有する官職への国内有力豪族の任命は、やがて継続し、ついには世襲化されるにいたる。鎌倉時代のはじめ、下野国の守護だった小山朝政は「曩祖下野少掾豊沢当国の押領使として、検断の如きの事、一向之を執行す、秀郷朝臣天慶三年更に官符を賜ふの後、十三代数百歳、奉行するの間、片時も中絶の例なし」[*47]と称しているのが、そのよい例である。

それは同時にBのa'・α'化であり、国衙在庁の有力な地位が、彼ら地方豪族によって占められることを意味する。上述の小山氏の場合、寛喜二年（一二三〇）二月廿日、小山朝政の嫡孫長村に与えた譲状[*48]の第一には、下野国の「権大介職」があげられており、『吾妻鏡』建長二年（一二五〇）十二月廿八日条には、「下野国大介職は、伊勢守藤成朝臣以来、小山出羽前司長村に至るまで、十六代相伝、敢て中絶の儀なし」と記されている。小山氏が「押領使職」とともに有力な国衙在庁のもつ「大介職」をも世襲するにいたっていたことは明白である。

しばしば問題とした平維幹の子孫が、常陸国の大掾職を世襲して、ついに常陸大掾氏を称するにいたり、この国の多くの部分に勢力圏を拡大していたことも同様な例といえるだろう。上にα'の叙述のなかで総社宮文書をひきながら明らかにした十四世紀初頭の常陸国の国衙在庁官人のうち、その首位に立つ「掾官」の最高位に「大掾平時幹」と署名し、それとならんで「左衛門尉平氏幹」と記している人物も、ともに維幹の子孫なのであった（二五頁参照）。

こうして、B「地方豪族」のa'「国ノ兵共」・α'「在庁官人」化が進行した結果として彼らの最有力者による国衙在庁機構の実質的支配の傾向が発生する。とくに辺境地帯において、「地方豪族」から出て有力在庁化した豪族が、かつて国司がa'「国ノ兵共」を組織した方法をうけつぎつつ、α'「在庁官人」をも支配しようとし、国司およびその現地代理人たる目代との間の対立が深まってゆく。十二世紀末におこったいわゆる源平の争乱はその爆発であり、彼ら有力武士団は源頼朝を鎌倉殿におし立て、その下に結集することによって鎌倉幕府を成立させた。幕府によって一国ごとにおかれた守護は、まさにこうした有力武士の発展形態としてとらえることができる。そうであればこそ、われわれは守護による「国廻狩」など大規模な狩猟への国内御家人の動員など、かつての国司によるa′「国ノ兵共」組織方式の継承をみとめうるのである。†

† 以下、私の気づいていた問題点の若干を記して、御批判をいただくためのよすがとしたい。第一は、私のいうような図式とその変動の方向が、国司による「地方豪族」の組織化、いわばその「組み込み」の成功というコースをたどりながら、しかも国司の地方からの「うきあがり」をもたらし、結果として「地方豪族」による国司の遺産の「乗っ取り」に終わってしまう理由はなにか、という点である。これは国司による「地方豪族」組織化の仕方、「組み込み」方の内容とかかわっており、さらに「地方豪族」自体のあり方にもとづいているとおもう。すなわち、「組み込み」といっても、それは郡司郷司の請負制にみられるように「地方豪族」側の要求をうけいれる形でなければありえなかったのであり、それゆえに彼らによる「乗っ取り」をみちびくにいたったのであろう。また「地方豪族」のあり方の変容の問題は本稿ではまったく立ち入れなかったが、かつての石母田正氏による著名な定式化、半奴隷制的直接経営にもとづく私営田領主から、農奴制的・領主制的構造に立つ在地領主への展開という見解を参考にしながらも、あらためて吟味してみる必要があると考えている。それは当然、中央貴族と「地方豪族」との関係の内容を明

らかにすることにつながる。いわば将門・繁盛・惟幹らと中央貴族との関係と、以後の「地方豪族」と中央貴族との関係が、どういう点で同じく、どういう点でいかに異なるかの問題であろう。そしてそれはいわゆる寄進地系荘園成立の問題になる。

さらに「地方豪族」と中央貴族の関係をみてゆくには、とくに中央に近い畿内と、その周辺部で、両者が直接に結びついた場合も考えに入れねばなるまい。「院北面」のなかには、はじめ国司を媒介として北面に組織され、のちにそれをぬきにして直接院の私兵と化した畿内や周辺部の武士も多かったとおもう。一方、藤原氏摂関家と結びついたのが、いわゆる「摂関家大番舎人」であって、その成立はほぼ十一世紀末から十二世紀初頭と考えられる。各国ごとの武士の組織を基盤とした「内裏大番」の制度化も、おそらくほぼ同じころの院政期にもとめられるであろう。

国衙軍制の外枠

ところで十二世紀末の源平の争乱に際して、平氏の側では、国内の荘園・国衙領一円に、ひろく兵士役・兵糧米を宛課し、国衙機構を媒介にしてこれを徴収しようとした。それはまさしく戦時における国衙軍制の作動した形態を示すのであるが、たとえば山城国和束杣《わづかのそま》では、弓箭刀兵を帯しない杣工《そまこう》三十六人に対して二十七人の兵士が催された。[*49] 一方、鎌倉幕府側でも、紀伊国の「守護人」豊嶋有経の元暦元年（一一八四）八月廿九日に出した次の請文（「根来要書」所収）によって、同様な事態を想定することができる。

高野伝法院庄領においては、兵粮米幷びに雑事を仰せ下されざるの以前、免除せしめ候か。兵士に至りては、御庄住人として鎌倉殿御家人幷びに器量に堪ふる輩を除くの外は、同じく以て免除せしめ候をはんぬ。

これによれば、伝法院領においては、一般荘民に対しては「兵士」役を免除し、「鎌倉殿御家人」および「堪器量輩」のみにこれを賦課したというのであり、通常は一般荘民に対する「兵士」の賦課をもって前提としていたことがわかる。

こうした「兵士」とは、これまでみてきた「国ノ兵共」としてはおそらくとらえられまい。その外延部に存在した補助的兵力とみるべきであろうが、先に図式化した国衙軍制の実体を内にふくみこむ外枠として、いわば律令制的な公民の兵士《ひょうじ》制にも似た兵士役・兵糧米徴収の体系の実在したことを忘れてはならないのである。

国衙軍制の二重構造

以上の考察からして、ほぼ十一世紀はじめから十二世紀末にいたる時期、とくに十一世紀中葉以後の院政期の国衙軍制を、

イ　その内実を構成するところの軍事組織、「国ノ兵共」「国侍」などとよばれるいわば「器

量に堪ふる輩」の国司による組織を中心とした形態、と、

ロ　その外枠を構成するところの一般住民への兵士役賦課による体制の二重構造としてとらえることができるであろう。

二――院政期の歴史的位置

さて、院政期はまさに国家権力の分裂・解体の時期であり、同時に荘園・国衙の領域支配に基礎をおく各権門勢家・荘園本所の自立的権力が形成・強化され、分権化の深まりゆくときであった。そしてかかる分権化に対応して、一方の極には諸荘園本所権力の上に立つ専制政権としての院政が形成されたのである。

「九州の地は一人の有《たも》つところ也、王命の外、何んぞ私威を施さん」――わが律令体制を基礎づける王土王民思想の端的な表現として先学によってしばしば引用されてきたこの章句が、実は保元元年（一一五六）、後白河天皇の発布した新制の第一条、天皇即位後の宣旨を帯びない新立荘園整理令の冒頭部分であるということは、いったいなにを物語っているのであろうか。院政期もかなり進んだ時期になってはじめて、いわゆる王土王民思想が純粋な形で表現されるにいたったことを意味するのではないか。

延久荘園整理令の発布や記録所の設置とタイアップする国家公定枡制度の再建の試みとして、後三条天皇による延久宣旨升の制定（一〇七二年）が行われたが、それは白河院政の初政、寛治年間（一〇八七～九四）にもふたたび宣旨によって定められたという。その使用は伊勢神宮の役夫工米など、「勅事・院事・国役」といわれて、一国内の荘園・国衙領平均に賦課された課役を通じて、かなりひろく実現してゆく。こうした「一国平均の課役」の体制化も、まさにこの時期からであった。以上のような、院政期を特徴づける「統一的契機」とは、まさに分権化と分裂の進行がかえって要求するところの統一の表現といえるだろう。その「統一的契機」をになうところの政権こそ、院政政権そのものにほかならなかったのである。

院政の主宰者である院は「治天の君」とよばれ、「朕の心のままにならぬのは、賀茂川の水、双六のサイの目、それに山法師のみである」と白河院が語ったという「天下三不如意」の伝説をはじめ、「雨水の禁獄」や諸国の網八千八百余を焼き捨てたという「殺生禁断令」など多くのエピソードは、まさに「制法」にかかわらぬ専制的君主の相貌を呈しており、デスポットと規定されるのももっともである。

だが一方ではまた院政の主宰者たちの、きわめて「人間」的な行動も多く伝えられている。たとえば後白河上皇の『梁塵秘抄』によくあらわれている、当時の流行歌「今様」への異常な熱中、そのための下層の民衆との交渉の物語が好例である。また赤松俊秀氏のいわれるように、

「似絵」というリアリスティックな画法による生前の肖像画が日本に生まれたのは、ちょうどこの時代の院と近臣の周囲からであり、それは肖像画が呪詛に利用されることへの恐怖から解放されたためであった。[*50] 益田勝実氏の指摘されたように、天皇が夜、寝殿で宝剣とともに必ず寝なければならぬという慣習が破られてくるのも、鳥羽・崇徳天皇以来のことであった。[*51] これらの事例は、タブーやマギーから解放された天皇や院の「人間」的行動の表現と考えられる。

だが、それはまた同時に天皇が貴族層からの仮借ない批判の対象とされることでもあった。「和漢の間、比類少なきの暗主なり」「法皇、白黒を弁ぜず」、という類の批判を貴族たちはその日記に書きつけることができるようになったのである。

そしてこれに対応して、天皇や院自身が、みずからの出生を「神」と結びつけ、彼個人が「神」の恩寵によってこの世に生をうけたことを主張するようになる。あるとき、鳥羽院は藤原頼長に、みずからの出生に際して男子が誕生するであろうとの神のお告げが二回ほどあったという奇瑞談を披露したのち、結論していう、「朕の生まるるは人力に非ざるなり」、と。ここでは天皇家に生をうけたという単なる血統性が問題なのではなく、まさに天皇や院個人が「神の申し子」であることが強調されており、権威づけの方法に変化のおこってきたことが知られるのである。それは明らかに上述した天皇や院の「人間」化に対応する事象なのであった。

ところで先に述べた国衙軍制の二重構造の内側にあり、その実体的支柱であったと考えられる国司と国内武士の関係、とくに国司と国侍との関係は、やはり一種の主従関係といえよう。これは国司の任期によって制約される点で有期的であり、国司を対象とするかぎり選択の可能性がない。しかし、国司への奉仕の代償として、国衙領内の「職」に補任される関係である。そして国衙在庁機構内部もまた、有力在庁を頂点とする人的結合組織によって支えられるようになってゆく。こうした人的結合が国家体制の内部に浸透し、それをになうようになってくるとき、最高の支配者である院や天皇自身もまた、そのあり方を変え、「人間」化せざるをえなくなるのではないだろうか。

そして一方、私のよんだ国衙軍制の二重構造の外枠を構成している一国兵士役徴収の体系の側面に対応するのが、これまで律令制的な王土王民思想の典型と考えられてきたものではなかろうか。だから、それは決して単純に復古的な「律令制的国家意識」などではない。むしろ新たに形成されてきた荘園・国衙の領域支配に即応するものとみるべきであろう。

院政期の国家体制自体のなかに、国衙軍制の二重構造に示されるような二面性が反映している。それはこれまでの諸研究が、院政期を古代から中世への過渡期・転換期であるとし、復古的と革新的、「律令制」的側面と「封建制」的側面の共存・対立・妥協としてとらえてきたものであるが、実はそれは単なる二側面ではなく、「律令制的国家意識」なるものも新たに成長してきたものと把握すべきではなかろうか。

さらにいうならば、院政期における院の地位を過去に投影するところに、天皇親政の王土王民体制を本来的な律令制の盛期に想定する歴史観が成立してきて、それがのちの北畠親房の『神皇正統記』に結晶するのではないか、そして『正統記』が以後の日本史像を構成する場合の「正統」的大枠を形づくってしまい、それが今日までもわれわれの古代国家観を規定しているのではないか、という疑問を感ぜざるをえないのである。

注

＊1——竹内理三『武士の登場』(中央公論社『日本の歴史』6、一九六五年)三七頁

＊2——永承三・四年間(一〇四八・四九)のものと思われる紀伊国某郡収納米進未勘文(「九条家本延喜式紙背文書」、『平安遺文』三巻六七二号)には、しばしば「御館人」「御館人々名」などと記されており、その内容では明らかに「民間」と対比して記載されている。天治二年(一一二五)の伊賀国名張郡検田丸帳のなかには「御館分田三町四段百廿歩」と記され(「根津美術館所蔵文書」、『平安遺文』五巻二〇五八号)、承暦二年(一〇七八)三月日の「御館分」注進承保四年作田官物進未勘文(「千鳥家本皇年代記裏文書」、『平安遺文』十巻補一二号)も伝わっている。『朝野群載』の「諸国雑事」に載せる国務条々事書の一

ヵ条には「一　諸郡に仰せて捕へ進めしむべき、符宣なきに館人と称し、部内に闌入し、濫悪を好む類の事／新任の吏、境に臨むの後、奸徒響に応じ、多く館人と称し、人民を冤凌す（後略）」とみえることも参照されよう。『今昔物語集』に散見する例は省略して、最後に一つ、「熊野山（中略）大衆公門に参入す、尾張国館人大衆等を殺すを訴ふるの状なり、」と『扶桑略記』永保二年（一〇八二）十月十七日条にみえることを指摘しておく。

＊3――『史学雑誌』四八―六、一九三七年。のち「在庁官人の武士化」と改題されて、『日本封建制成立の研究』（吉川弘文館、一九五五年）および『律令制と貴族政権』第II部（お茶の水書房、一九五七年）に再録

＊4――『総社神社文書』四一号。『茨城県史料中世編I』常陸国総社宮文書四一（以下、略して総社宮文書とする）

『総社神社文書』の編者宮田俊彦氏は、この文書の価値に注目され、「私の寡聞なる、これ程に在庁留守所の組織を明示したものに接したことがない」といわれて、詳細な解説をつけておられる。小稿を書くにあたっても裨益をうけたことを記して御礼申し上げたい。

＊5――この当時、常陸国衙の在庁機構の頂点にあったのが、大掾・税所であったことは、たとえば元徳二年（一三三〇）十月廿三日僧快智譲状（総社宮文書二五号）に「ただし快智がでし《（弟子）》、こ《（子）》とがうして、いらんさまたげ候ハヽ、ふしてきたい《（父子敵対）》として、大掾殿・税所殿申、同府中在庁・供僧ゐ彼《（披）》露申て、府中をつい出せらるべく候」と記されていることで明白で

あり、正和四年（一三一五）六月廿一日常陸国留守所下文（同文書一四号）の差出書に「大掾平・税所平」が連署し、永仁五年（一二九七）四月一日常陸国留守所下文（同文書八号）の差出書にも「大掾平・税所左衛門尉」が連署している。

しからばこの掾官グループの最高位の「大掾平時幹」の次位の「左衛門尉平氏幹」を税所と考えることは、決して無理な推定とはいえまい。

＊6——総社宮文書一六号
＊7——同九号
＊8——宮田俊彦氏が『総社神社文書』四号弘安七年（一二八四）七月十七日大春日高家譲状案の注で指摘されたように、「稲富名」は「神主職の一つらしい榀大夫職についた」在庁名と考えられる。
＊9——『茨城県史料中世編Ⅰ』税所文書一一
＊10——『総社神社文書』一七頁
＊11——総社宮文書二五号
＊12——三郎丸名が「在庁名」の一つであったことは「佐竹古証文」所収、嘉元四年（一三〇六）八月十日常陸国大田文に明らかである。
＊13——『総社神社文書』一八頁
＊14——「東寺百合文書」せ、『平安遺文』六巻、二七〇九号

*15――「益田家文書」、『平安遺文』八巻、四一七八号

*16――『佐賀県史料集成』古文書編第一巻「実相院文書」四号、正和元年（一三一二）十一月廿二日鎮西下知状

*17――「東寺百合文書」こ、『平安遺文』四巻、一七〇七号

*18――早川庄八氏の史料紹介、『書陵部紀要』一四

*19――このほかに『宇治拾遺物語』巻三、「狐家に火つくる事」には、「今は昔、甲斐国に、館の侍なりけるものの、夕ぐれに館をいでて、家ざまに行ける道に、狐のあひたりけるを（後略）」という記述がある。

*20――『今昔物語集』には別に巻二十八「伊豆守小野五友目代語」に、「然れば、館ノ人にも国ノ人にも極く被受て、重き者に被用てなむ有ける、」「其の後は館ノ人も国ノ人も、傀儡子目代となむ付て咲ける」というように、「館ノ人」と「国ノ人」とを対照させて記しているところもある。

*21――国侍についての史料としては、ほかに嘉禎二年（一二三六）三月十七日大友親秀譲状写（「大友家文書録」、田北学編『編年大友史料』巻二、一三三頁）に、「譲与　相伝所領田畠所職等事／在／豊後国田北村地頭職・日差庄地頭職／肥後国味木庄内一楽・真万・秋永名、津留木村等地頭職付税所・公文・国侍所司職、（後略）」とあるのと、弘安六年（一二八三）十二月日肥後国野原庄検注目録（「石清水八幡宮文書」、杉本尚雄編『肥後国北部荘園史料』九六

頁）のなかで、「除田」の内訳に「徴使給参段」「田楽給伍段」「国雑色伍段」とならんで、「国侍給陸段」と記載されている事例をあげることができる。

＊22――『薩藩旧記雑録』前編巻六

＊23――五味克夫「大隅の御家人について」（上）、『日本歴史』一三〇号、四〇頁

＊24――戸田芳実「初期中世武士の職能と諸役」、『日本の社会史』第四巻、岩波書店、一九八六年、二五七頁

＊25――正応二年（一二八九）八月廿一日大隅国守護御狩左手右手書分状案・同日大隅国守護御狩踏馬次第注文案・同年八月廿三日大隅国御家人分雇狩人支配状案――いずれも『薩藩旧記雑録』前編巻七所収。元亨四年（一三二四）正月十五日大隅国守護狩歩兵狩人支配状案・同年正月廿七日大隅国守護狩夫支配状案・同年四月十八日大隅国守護狩夫支配状案、および元亨五年後正月廿二日薩摩国守護島津道鑑国廻狩供人数注文案――いずれも同上書巻十所収

＊26――「千家文書」、『新修島根県史』史料編一、二二六―三〇頁

＊27――「集古文書」二八、『信濃史料』四、五六三―六五頁所引、正和元年（一三一二）七月七日六波羅下知状案

＊28――曾根研三編『鰐淵寺文書の研究』（鰐淵寺文書刊行会、一九六三年）一二号

＊29――曾根地之氏は、論文「杵築大社と国衙」（地方史研究所編『出雲・隠岐』平凡社、一九六

三年所収）において、上述した文永八年十一月一日関東下知状を引用され、適切な評価をくだしておられるが、そのとき「従来は国役として国衙領内より負担していた」三月会頭役について「課役の加増を防止するため出雲国全域に賦課の範囲を拡大したもの」と論ぜられた。これは重要な論点であるが、上引の宝治元年十月日杵築大神官等連署解状によれば、このときすでに「明年舞頭役」が「前太宰少弐為佐所領国富庄」にかけられていたことが明らかであるから、曾根氏の指摘は必ずしも単純に一般化しえないであろう。

＊30——伊藤冨雄氏のすぐれた論文「諏方上社中世の御頭と鎌倉幕府」㈡（『信濃』六―二、のち『伊藤冨雄著作集』第一巻、永井出版企画、一九七八年）では、幕府がこれら頭役勤仕の頭に与えた特権として、⑴重科があっても免許されること、⑵鷹狩を公然と免許されること、⑶国司初任検注を免除されること、⑷鎌倉番役を免除されること、の四点について史料をあげ、論述が行われている。

＊31——「守屋文書」、『信濃史料』五、七〇―七六頁

＊32——『信濃』六―一～七。のち『伊藤冨雄著作集』第一巻、＊30所収

＊33——『佐賀県史料集成』古文書編一、「河上神社文書」一号ノ九

＊34——同一号ノ八

＊35——曾根地之氏は上引の論文「杵築大社と国衙」において、常陸総社の神主清原氏が神主職・物申職とともに在庁職をも代々相承していたこと、正和四月三月には同国の一宮鹿島社の

拝殿遷宮に際して、「御幣」を三ヵ月分調達していることから、上のように結論された。

＊36——宮地直一『神道史』上巻（理想社、一九五八年、のち『宮地直一論集』五、蒼洋社、一九八五年）、一八九頁

＊37——同一八二頁

＊38——一宮の文献上の初見として、これまでに知られているのは『今昔物語集』巻十七の「周防の国の一の宮に玉祖の大明神と申す神在ます」という叙述と、『中右記』元永二年（一一一九）七月三日条にみえる因幡国の一宮の記事であり、ともに十二世紀の初頭に属するが、三四頁に引用した『時範記』にあらわれる因幡国宇倍宮は、国司の最初の神拝の対象とされたり、朔幣に際しては目代が惣社と当社に参拝したりしているところからみて、すでにこの承徳三年（一〇九九）当時から、一宮としての実体を備えていたものと考えることができよう。また国の惣社の初見も、この事例までひきあげることができる。以上、一宮・惣社の初見については、『府中市史』一九七・二〇七—〇八頁の所説に教示をうけた。

＊39——伊藤冨雄氏は、＊30所引論文の(二)において、諏訪神社の「五月会・御射山両御頭が鎌倉幕府によりて創始せられた事は、同幕府が其の地頭御家人をして、之を勤仕せしめて居る事により決定的であり、疑問の余地は在しない」とされた。しかし同時に伊藤氏は、「五月会・御射山等の祭祀が鎌倉幕府により創始せられたと云ふ意味ではなく」「両祭の如きは、其の御狩を伴ふ点より推して、遠く其の発生を平安朝以前に溯らしむべきもの」とみとめ

られていたのであり、本文のように考えることは決して誤りではないと信ずる。地頭御家人のみが頭役を勤仕する体制は、まさに鎌倉幕府成立以後に整ったものであろうが、すでにそれ以前から、先行形態としての国内一円におよぶ祭祀組織の存在したことを否定しなければならぬ理由はあるまい。

＊40――『類聚三代格』巻十八、延暦十一年（七九二）六月十四日太政官符

＊41――『続左丞抄』寛和三年（九八七）正月廿四日太政官符

＊42――水守の城館址、および付近の地名・伝説などについては、一九六九年九月、現場で野村誠一・若山義一・中島箇などの諸氏からお話を伺った。筑波町一帯の歴史について種々御教示を賜わった同町教育長遠山都一氏や、以上の方々にあつく御礼を申し上げる。

＊43――『大日本史料』二編之十六、二二七―一九頁所引『小右記』『左経記』『小記目録』、同書二編之十七、四〇三―〇四頁所引『小右記』

＊44――『小右記』寛仁四年（一〇二〇）閏十二月十三日条

＊45――『尊卑分脈』、『小右記』長保元年（九九九）十二月九・十一日条など

＊46――近年発表された吉田晶氏の二つの論文――古代的軍制の変化のなかで将門の乱の軍事的構成を位置づけられた「将門の乱に関する二・三の問題」（『日本史研究』五〇、一九六〇年）と、その叙述をさらに展開され、平安中期の武力の特質を農奴制を基礎とした傭兵的関係に求められた「平安中期の武力について」（『ヒストリア』四七、一九六七年、のちと

もに林陸朗編『論集平将門研究』現代思潮社、一九七五年に収録）――は、主として『将門記』を素材にとりながら豊富な論述がなされている雄編であり、とくに農奴や傭兵としての「従類」と、農奴主と彼にひきいられた農奴の小集団としての「伴類」の区分など。注目すべき指摘といえようが、私にはまだこのような特徴づけを行う自信がないので、以上のような素朴な素描にとどめた。他日の考究を期している。

＊47――『吾妻鏡』承元三年（一二〇九）十二月十五日条

＊48――「小山文書」『大日本古文書』五編之五、六二九―三一頁

＊49――「興福寺文書」所収、寿永二年（一一八三）三月日山城国和束杣工申状

＊50――赤松俊秀「鎌倉文化」『岩波講座日本歴史中世Ⅰ』一九六二年

＊51――益田勝実『火山列島の思想』筑摩書房、一九六八年

相武の武士団

本章では、前章で扱った軍制のあり方を、鎌倉幕府の膝元である相武地方（神奈川県下）の武士団の発展に則して具体的にみていこうとおもう。

一――武士団の成長

大きな転換期

十一世紀のはじめころ、相武地方にも武士団とよばれる軍事にすぐれた強力な社会集団が、すでにその巨大な姿をあらわしていた。武士団はまた田畠の開拓の指導者、大きな農場の経営者でもあり、地方の有力者でもあった。彼らはやがて鎌倉幕府を生み出す主役となり、歴史上、大きな役割を果すことになる。

この十一世紀はじめころから幕府の開創をみるまでの二世紀足らずの時期、すなわち平安時代後期、摂関政治の末期から院政時代をへて平家の全盛にいたるまではまさに、鎌倉幕府の成立の前夜であり、「源平の合戦」に活躍する武士たちの生まれ育ってきた、重要な転換期である。

坂東の「兵」

利根や荒川などの大河の流れる坂東の荒野の一角、ひろびろとした原野に、ある日、それぞれ五、六百人ずつの軍勢が楯をつき並べ、向いあっていた。一方の大将は、東国にその人ありと知られた「兵《つわもの》」の村岡五郎良文、今一方の大将もまたならびない「兵」の箕田《みた》の源二充《げんじみつる》である。良文は十世紀前半におこった例の平将門の乱で有名な平氏の一族で、将門や貞盛らの叔父にあたる。村岡（武蔵国の北部、現在の埼玉県熊谷市の南の村岡とも、相模国の東部、今の神奈川県藤沢市の東の村岡ともいい、どちらが正しいか、まだわかっていない）の村を根拠地として土着した豪族である。充は武蔵国の権介《ごんのすけ》（国司の次官）だった源任《つかう》の子。今の国鉄高崎線、鴻巣駅と吹上駅の中間付近の箕田の地を中心に土着した豪族であった。両人とも我こそは第一の「兵」と自負しあっているうちに争いとなり、ついに合戦で勝負をつけることになったのである。

両軍から一騎ずつの兵が中央に進み出て開戦の趣旨を記した文書を交換する。これを合図に双方から矢が射かけられ、戦闘が始まる。楯をじりじりと前進させて間隔をせばめた両軍は、今や全面的戦闘に突入しようとする。そのとき、良文はいった、「今日の戦いは君とおれとの手並の優劣をはっきりさせるためのもの。二人だけで力の限り戦いあい、勝負をつけようではないか」。充も賛成で、二人はそれぞれ軍勢をひかえさせ、両軍の楯の谷間に、馬にのって現れた。互いに矢をつがえ、馬を走らせてすれちがいざまに相手を射落そうとねらいあう。そしてそれぞれ相手に射当てるが、どちらも巧みに身をそらせて傷はうけない。こうして一騎打の戦いをつづけ、秘術をつくしあうがついに勝負はつかない。とうとう良文も充も、「お互いに手の内はよくわかった。先祖代々の敵でもないのだから、もうやめて引き返そう」といい、戦いをやめた。そして以後は互いに仲良くすごしたという。

十二世紀のはじめ、京都で書き集められた『今昔物語集』の一節である。広大な坂東の原野のただなかで、「兵の道」を争う武士の一騎打、彼らの心情をえがいた見事な物語である。史書によれば充の父の、前武蔵権介源任は、国司離任後もこの地にとどまり、延喜十九年（九一九）に武蔵の国府を襲撃して官舎を焼き打ちし、倉庫に保存されていた大量の官物（年貢）を掠奪したうえ、国司まで殺そうとしたという。将門の乱のはじまる二十年も前のことであり、当時の東国の豪族の荒々しい行動の一端を物語る事件であった。だからこの良文と充の一騎打が行われたとすれば、それは十世紀の半ばころ、物語が筆録される一世紀半も昔の出来事となり、正確な事実を伝えたものかどうか、疑いもありうる。しかしその末尾に「昔の兵はかくありける」と記されているところから、これをもって一時代以前の、古風な東国の武士、「兵」の理想像の物語としてうけとることは十分に可能であろう。そして一方の当事者の村岡良文を相模の村岡に基盤をもつ武士と解すれば、もちろんこの話は十〜十一世紀の相模国の武士の物語であり、そうでなくとも武蔵国の、北部の武士に関する説話ということになる。当時の神奈川県下に活動していた武士たちの行動も、これとほぼ同様なものだったにちがいないのである。

彼らの特徴は、まず第一に「一騎打」に象徴されるような馬上にまたがっての弓射戦を得意とする、いわば弓射騎兵であること、郎従《ろうじゅう》、郎党《ろうどう》・家人《けにん》・伴類《ばんるい》などとよばれる部下を沢山に従えていて騎兵の集団をつくっていたことである。主要な武器は弓矢と大刀であり、原則として個人戦をとうとぶ。当時、彼らを「弓馬の士」ともよんだのは、その特徴をよくつかんでいる。弓と馬とは武士のシンボルであり、もっとも重要な武器でもあった。

由来、日本では「西船東馬」、西国の主たる交通機関が船であるとすれば、東国では馬が主であった、とされている。広大な原野にめぐまれた東国は、まさに名馬・良馬を大量に生み出す地域であり、多くの牧場がならび立っていた。してみれば、この東国の地こそは武士団を成長させる、最良の場なのであった。

神奈川県下でも今の小田原市の南部付近一帯の早川牧や、現在は横浜市内の、石川牧・立野牧(『延喜式』)などの名が知られているが、今や忘れ去られた多くの牧のあったことは想像にかたくない。武蔵国に発展した多くの中小武士団の総称である武蔵七党の中でも横山党・西党をはじめ、牧の管理者から武士になった者は少なくなかった。神奈川県下においてもまた同様であったと考えてよいだろう。

武士団のあり方

では当時の地方社会における武士団のあり方とはどのようなものであったか。先に村岡良文と箕田充の一騎打の話を紹介したが、『今昔物語集』には、まだほかに多くの武士に関する説話を収録している。その一つに、源頼信が平忠常を降伏させた話があるが、前章で省略した話のつづきは次のとおりである。

頼信は、きらきらと朝日にきらめく弓が雲のようにみえる大軍をひきつれて今の霞ヶ浦の浜べを南下した。今の利根川の河口は海のようになっており、その奥には大きな内海がひろがっている。忠常の館はちょうどその対岸にあるが、内海をまわって行こうとすれば、まず七日はかかる。海を渡ろうとしても、忠常は付近の舟をみなとりかくしてしまっているので、軍勢をわたすことはできない。頼信はまず一人の使者を小舟にのせて忠常の館に送った。

使者に会った忠常は、「頼信殿はやんごとない御方ゆえ、当然参上すべきですが、惟基というのは先祖以来の敵ですので、奴の面前で殿にひざまずくことなど私にはできません。それに第一、渡しには舟一艘も見当らないのに、どうやって参上できるものですか」などと空うそぶいて、いっこうにとりあわない。舟はみなかくしてあるので、内海を大まわりして攻めてきたとしても、その間に戦備をととのえればよいとたかをくくっているのである。

使者はそこで合図を送って忠常の降参などしそうもないことを知らせた。それをみた頼信は、「内海を迂回して攻めるよりほかあるまい」という左右の意見を排してこういった、「わが家の伝えに、この海には広さ一丈ばかりの浅瀬が堤のようにつづき、深さは馬の太腹までと聞いている。自分は坂東ははじめてだが、軍勢のなかにきっとその浅瀬を知っている者があろう。その者が先頭に立ってわたれ。私もつづこう。今日中に攻めてこそ、奴の不意をついて驚かせることができるのだ」、と。果して浅瀬の所在を知った者がおり、軍勢は難なく渡海して忠常の館に迫ることができた。相手を甘くみていた忠常は大いにあわて、「今はこれまで」と、自分の名を記した名簿《みょうぶ》（服従のしるしに主人にたてまつる名札のこと）と謝罪状をささげて降伏した。頼信はそれをうけいれて軍をかえし、以後、その武名はおおいにあがって、人々はますます頼信を恐れるようになった。

この平忠常とは先の話の村岡良文の嫡孫にあたり、長元元年（一〇二八）から四年間、房総三ヵ国を支配して東国に将門以来の大叛乱をおこした豪族である。この物語はそれ以前の、ほぼ十一世紀初頭におこった事件にもとづいたもので、この時代の東国における武士団のあり方、とくに国司との関係を示す貴重な材料である。

前章ではこの物語を主要な素材として、当時の地方の軍事制度の実態を図式的に復原してみたが（五七頁図参照）、Aの国司軍のなかでも「国ノ兵共」は、Bの地方豪族のなかから国司に接近し、その下に従属しているが、代々の国司に奉仕する武士で、個人としての国司の従者になっているわけではない。

さて平惟幹とは、将門の叛乱に際してこれと闘い、ついに勝利を収めた従兄弟の貞盛の甥で、のちにその養子となり、常陸一帯の支配権をうけついだ大豪族である。もちろん地方豪族といってもいろいろである。大別すれば、(イ)将門・貞盛らの桓武平氏一門に代表されるように、前国司などの貴族が官を離れたあとも帰京せず、土着して豪族化していった場合と、(ロ)将門の乱に関連していえば武蔵国足立郡司武蔵武芝のように、おそらくは国造以来の古い系譜をひき、地方社会の実質上の支配者になっていた場合に区分できよう。しかし実質上、両者は婚姻関係などを通じて相互に融合し、一体化していた。武士の家の系図などでは、家系を飾るために(イ)の形式をとるものが多いけれど、この種の系図には往々にして偽作や付会が見出されるので、そのまま歴史的事実とみるわけにはいかない。私はむしろ実質上は(ロ)の豪族たちが、主従関係や婚姻関係などで(イ)と結びつき、系図上は(イ)の形式をもってその関係を表現するほうが多かったと考えたい。

Bの地方豪族は中央貴族を主君と仰いでこれに従い、その保護関係を利用してみずからの力をのばしていた。その点からみてもまた国司から独立した存在なのであった。

したがって上の図式のようにAもBもともに協力して戦うためには、忠常と惟幹が「先祖以来の敵」であったというような、いわばB相互間の対立関係にもとづいて、BのAへの自発的協力の行われることが必要であった。またそうでないときには、天皇か朝廷の命令によってBを国司のもとに動員することが必要とされたのであった。

ほぼ十一・二世紀ころの東国の地方の軍事制度を図式化すれば以上のようである。ではそれは以後どのように変動してゆくのであろうか。このときに注目すべきは武士の大親分、ボスとも称すべき「武家《ぶけ》の棟梁《とうりよう》」の役割である。上にあげた源頼信・頼義・義家の祖父から孫までの三代に代表されるような、地方の国司を歴任しつつ地方の叛乱を鎮定して武士の長者とよばれるにいたった、いわば軍事貴族とも称すべき存在が「武家の棟梁」なのであった。彼らはまず地方国司の任にあったときにはA系列の積極的組織化につとめ、B系列にも手をのばして実績をきずく。ついで大規模な叛乱の鎮定を命ぜられるや追討使として多数の国々におよぶ軍事指揮権を獲得して、B系列の地方豪族を動員し、これを利用しつつA・B両系列の構成員との関係を私的主従制にかえてゆく。こうした経験を積み重ね、更新しつつ、一種の軍事的な権門勢家に成長していった者が「武家の棟梁」である。

辺境の争乱

十一世紀の半ば、陸奥国《むつのくに》の北半部を支配するほどの土着の大豪族安倍《あべ》氏一族と、陸奥守源頼義との間で大きな内戦がおこった。通称「前九年の役」というが、実際には前後十二年間にわたる長期間の、苛烈《かれつ》な戦いであった。守《かみ》頼義は隣国出羽土着の大豪族清原氏一族の来援を得て、ようやく安倍貞任《さだとう》・宗任《むねとう》らを打ち破ることに成功するが、この間、頼義につき従った軍勢の主力は東国とくに相模の武士団であった。このことは、内戦の経過を詳しく物語った『陸奥話記』の内容からよみとれる。

天喜四年（一〇五六）十一月、現在の岩手県東磐井郡藤沢町付近の黄海《きのみ》の決戦で、頼義側は大敗北をこうむり、頼義も敵軍に包囲されて、もはや一命も危うくみえた。このとき、一度は敵の包囲をのがれて帰ってきた相模国出身の武士佐伯経範は、「私は将軍にお仕えしてからすでに三十年、今や六十歳になった。将軍のお年ももう七十歳に近い。将軍の戦死されるときには、地下までお供をするのが私の志だ」といって、ふたたび敵の大軍のなかにとって返した。また経範の従者たちも「御主人が将軍のために節に殉じて死なれるのに、自分たちだけが生きのびるわけにはいかない」と、これに従い、ともに奮戦して、ついに主従全員戦死したという。この佐伯経範は、相模の武士波多野氏一族の祖先にあたる人物らしいが、頼義と経範との主従関係、経範とその従者との主従関係が、ともにきわめて長期におよぶ強固な一体感をもっていたことがわかる。同じ戦いに頼義の従兵として大いに活躍した武士の修理少進藤原景通、その長子景季の二人も、どうも相模国の武士大庭氏はじめ鎌倉党の先祖にあたるらしい。このほか『陸奥話記』に名のみえる多くの「坂東の精兵」たちのなかには、必ずや大勢の相武出身の武士がふくまれていたにちがいない。

武家の棟梁と相武の武士

それではなぜ頼義は多くの「坂東の精兵」たちを従者とすることができたか。清和《せいわ》天皇（また一説には陽成《ようぜい》天皇ともいう）の血筋をひき、畿内の摂津・河内両国付近を根拠地とした源氏の一族は、源満仲《みつなか》以来、藤原氏の摂関家と結びついて、各国の国守を歴任しつつ、武士の大親分、ボスともいうべき「武家《ぶけ》の棟梁《とうりょう》」の地位にのしあがっていった。

すでに頼義の父頼信は十一世紀前半に下総国一帯を制圧した豪族平忠常の大叛乱の鎮定に成功していた。年若い頼義もその軍に従い、百発百中の弓の名人として多くの関東の武士たちにおそれ、うやまわれたという（『陸奥話記』）。やがて彼は相模をはじめ関東諸国の国守を歴任して、地方の武士たちを従者に組織し、勢力圏を拡大していった。『陸奥話記』によれば、その相模守時代、「俗武勇を好み、民の帰服するもの多し。頼義朝臣の威風大いに行はれ、拒捍之《こかんの》類《るい》（年貢租税を納めず、国司に反抗する連中）みな奴僕《ぬぼく》の如し。しかるに士を愛して施《ほどこし》を好む。会坂《あふさか》（京都から近江国へとこえる坂）以東の弓馬の士は、大半、門客《もんかく》となる」という有様だった。

みずからも武芸にすぐれ、父祖以来の軍事貴族としての伝統をひく頼義は、まず国司として在庁官人や国府と関係深い武士たちを従者に組織し、ついで「拒捍之類」とよばれていた荒々しい地方豪族たちをも従属させ、支配下にくりこんでゆくことに成功したのである。前九年の役などの大規模な内戦に際して、鎮定を命じられると、追討使として多数の国々におよぶ軍事指揮権を獲得し、多くの軍兵を動員した。これが「武家の棟梁《とうりよう》」となるために大きな役割を果したことも明らかである。

さて頼義による東国武士たちの組織化に際して、相模国がその一つの中心地だったことは、注目に価するが、それはなぜであろうか。関東諸国のうち、東海道ではもっとも西側にあたる、いわば関東への入り口・出口に相当する地理的条件、それゆえにこの地方には有力な武士団が多かったという社会的条件、そして頼義自身が国守となって、国内の武士を支配しえたという政治的条件などが理由として考えられる。さらにもう一つ、将門の乱以後も関東の各地に根をはって活動をつづけていた桓武平氏の一族、平貞盛の孫の直方と頼義との特別な関係も見のがしてはならない。『陸奥話記』によると、上野守の平直方は、頼義の武芸の達者ぶり、ことに騎射の見事なのに感じて、娘と結婚させ、義家・義綱ら三男二女が生まれたという。また南北朝時代の万葉集研究書で、今の藤沢市の遊行寺《ゆぎょうじ》にいた僧由阿《ゆうあ》の『詞林采葉抄《しりんさいようしょう》』には、「鎌倉を屋敷としていた平将軍貞盛の孫上総介直方は、源頼義を婿にとり、孫に八幡太郎義家が生まれたので、鎌倉を頼義に譲った。それ以来、鎌倉は源家相伝の地となった」旨が記されている。鎌倉の鶴岡八幡宮の開創は、古くから、康平六年（一〇六三）頼義が石清水八幡宮を相模国由比郷に勧請《かんじょう》したのにはじまるとされてきた。[*1] これらの伝承の大筋は、ある程度信頼できそうである。桓武平氏一族中の有力者平直方が、鎌倉を中心にきずき上げていた地盤を、婚姻関係によって継承した源頼義が、この地方の武士団を組織する有利な条件を獲得したこと、これはとくに以後の相武地方の歴史を考えるために重要な出来事なのであった。

鎌倉権五郎と三浦為次

源頼義のつくり上げた東国武士との主従関係は、その長子で「武士の長者」「天下第一の武勇の士」などと称された義家によって継承され、さらに発展させられていった。「前九年の役」の後、二十余年をへて、ふたたび奥羽の地にまきおこった現地の豪族清原氏一族の内紛と、これに介入した陸奥守義家の攻撃は永保三年（一〇八三）から寛治元年（一〇八七）におよぶ「後三年の役」となった。この合戦に際しても、義家の軍勢の中心となって活躍したのは東国の武士たちであった。

「後三年の役」についても合戦絵巻や、いくつかの物語が伝えられている。そのなかでもっとも有名なのは、相模国の武士鎌倉権五郎景正（景政）と三浦平太郎為次（為継）との物語である。「先祖より聞え高きつはもの」で、多分「前九年の役」の勇士藤原景通・景季父子の近親者である鎌倉景正は、出羽国金沢柵（現在の秋田県横手市の付近）での戦いで、年十六歳の若武者ながら先頭に立って奮戦したが、たまたま右の目に敵の矢を射立てられ、首筋まで貫かれてしまった。しかし景正はこれに屈せず、そのまま相手を射殺してから自陣に帰った。三浦為次も武勇のほまれ高い武士であったが、「手傷を負ったぞ」と叫んで横になった景正に近づき、毛皮の沓《くつ》をはいたままで景正の顔を踏み、力を入れながら矢を抜いてやろうとした。ところが景正は突然、下から為次を突き殺そうとする。おどろく為次に対して、景正はいった。「弓矢に当たって死ぬのは兵《つわもの》ののぞむところだが、生きながら顔を土足で踏まれるなどとんでもないこと、お前はおれの敵だぞ」と。勇猛果敢な東国武士の戦いぶりと、名誉を重んずる精神とが

生き生きと物語られている挿話である。＊2

三浦氏のおこり

次にこの時期から鎌倉時代初期までの相武の主な武士団の活動のあとをたずねてみよう。そのうち、もっとも有名な家の一つは三浦氏である。三浦半島を主な基盤としながらも、西は相模の中央部へ、東は東京湾をこえて房総半島にも発展している。その規模はなかなか大きく、相武の武士団では最大級に属する。

その系図として伝えられているものは数種類にのぼるが、どれも桓武平氏の流れをひく、とする点では共通する。しかし後三年の役で奮戦した勇士として知られる三浦平太郎為次（為継）までは、みなまちまちで異同が多い。この時期こそが武士団としての三浦氏にとっての原始時代であったからであろう。ともかく、その主要な系図を四種類にしぼって、見やすいように表示すると次のようになる。

〔三浦氏系図(1)〕

桓武天皇――葛原親王――高見王――

高望
- (A)良兼—公雅—致頼—教経—忠通—為通—為継（三浦古尋録）
- (B)良茂—良正—公義—為継（尊卑分脈イ）
- (C)良文—忠頼—忠通—為通—為継（続群書類従）
- (C′)（良文）—忠通—為通—為継（尊卑分脈ロ・系図纂要）

(A)～(C)の三説ともに共通の祖先としてあらわれる平高望《たかもち》は、十世紀はじめころまで生きた人で、大きな叛乱をおこした平将門の祖父にあたる。それから為次の時代まで約百五十年はたっているから、かりに一世代を二十五年と計算しても六世代は必要だ。だから世代数からいえば(B)・(C)説などはまず成立の見込みはなさそうだが、だからといって六代の代数があうから(A)説が正しいのだ、というわけにもいかない。どの系統とするのが正しいのか、今のところは決め手が見当らないのが実情である。

さらに一方では、『姓氏家系大辞典』の著者太田亮氏のように、桓武平氏とするのは後世の仮託で、実際は古代以来、三浦半島地方に根をはっていた在地の豪族から出た家なのだ、とする説もある。古くから各地方に勢力をはっていた豪族が、藤原氏などの中央の有力者に仕えて従者になると、自分はもともと藤原氏の一族の、分家の出であったなどの系図をつくり出す例は各地に多かった。従者は主人の家に属するから、主人と同じ姓を名のることになり、主従関係は本家分家の関係になぞらえられる。こうしていわゆるにせ系図がつくり出されたのである。九州の有力な武士の菊池氏が藤原氏の分家だとする系図をもっているのも、こうした偽作系図の一例であることはすでに確認されている。また後述するように波多野氏・糟屋氏などの系図について、似たような事情がみとめられる。だから三浦氏もそうではなかったか、とする太田説には十分に成立の可能性がある。だが十一世紀後半、おそくとも十二世紀の後半にはすでに三浦氏は平氏を名のっている。三浦氏自身がこのころには、みずからを平氏の一族と考えていたことだけは疑いがない。

さて後世、三浦氏の始祖とされるのは、為次の父の為通である。彼は前九年の役に出陣し、大きな戦功をあげたので、恩賞として三浦郡の地を与えられたと伝えられている。ただし為通の名は、上の系図の(B)にはみえないし、その功績を伝えるのはどれも後世の系図や寺社の縁起の類であって、必ずしも信用できない。

諸系図が一致をみせる為次こそが、鎌倉時代の三浦氏一族にとっても「曩祖《のうそ》」、すなわち家の始祖として仰がれる人物だった。[*3] 後三年の役に参加して鎌倉権五郎景正とともに相模国の勇士としての名をあげた為次以後は、どの系図もみな為次の子義継、さらにその子義明の三代を記している。

義継と義明の父子は、久安元年（一一四五）に源義朝の郎党や国の在庁官人たちの軍勢の一味として、伊勢神宮領の大庭御厨内に侵入した「三浦庄司平吉次・男同吉明」[4]父子その人であろう。三浦氏はこのときすでに三浦半島の支配地を、どこか中央の皇族・貴族か大寺社などに寄進して三浦荘という荘園とし、みずから荘司となって支配をさらに強化・拡大していたのである。三浦荘については、以後もほとんどなんの史料もないが、三浦半島の南端、現在の三浦市付近には、おそらく十一世紀ころから三崎荘と名のる藤原氏摂関家領の荘園が成立していたらしい。したがって三浦荘の範囲とは、いかに大きくみても三崎荘以北、三浦半島の主要部分ということになろう。

三浦介の役割

のちに義明の孫義村は、三浦氏が天治年間（一一二四〜二六）の義明以来、相模国を支配する国衙の任務のなかの一部を世襲してきている（「相模の国の雑事に相交わる」）という特権を主張し、幕府はこれをみとめた。[5]それは義明が三浦介や三浦大介とよばれたように、本来は国司の次官、ここでは国衙の実務を握る有力な在庁官人を意味する介や大介の地位についたことを意味する。のちに建武二年（一三三五）、足利尊氏が三浦介高継に対してあらためて領知を命じた「相模国大介職《おおすけしき》」[6]こそ、その地位の表現であった。

源頼朝の挙兵が成功し、鎌倉に新しい政権が発足すると、三浦義澄（義明の子）はすぐに三浦介の地位を安堵され、国内の御家人武士を指揮統率し、軍事警察権を行使する、のちに守護と通称される地位につく。それは従来からの国衙の有力な在庁官人の職に軍事警察権を加えて、三浦氏に与えたものであった。

三浦氏と国衙との密接なかかわりを示唆する事実としては、その一族が国府に近い地域に進出していることもあげられる。すなわち義明の末弟の義実は、大住郡の岡崎（平塚市）を本拠地に岡崎四郎を名のって、中村荘の荘司でまた国衙の有力な在庁でもある豪族中村宗平の娘と縁組をし、子供たちは佐奈田《さなだ》（平塚市真田）・土屋（平塚市）など、その近くの地名を名字とした家をつくっている。しかも義実の甥の為綱も三浦半島の葦名氏から分かれて愛甲郡の石田（伊勢原市）を本拠地とし、石田と名のっているのである。このように相模国の政治的中心である国府の周辺地域に三浦氏一族が手をのばしていることは、国衙の有力な在庁官人としての地位と深いつながりをもっていたにちがいない。

鎌倉時代に入ってから三浦義村は大住郡の田村の地に別邸をかまえており、将軍藤原頼経や北条義時もこの館をおとずれている。*7 田村は現在の平塚市北部、ちょうど相模国の一宮の寒川神社の対岸あたりにあり、鎌倉から大山へ、あるいは秦野盆地を通って西へとぬける街道が相模川を渡河する地点であった。『曾我物語』（真字本）にはこの街道が「田村大道」としてあらわれる点からしても、田村の地がいかに重要な交通上の要衝だったかがわかる。ここは公領

（国衙《こくが》領）だったらしく、義村は田村郷を中心とした地域を所領として支配していればこそ、この地に別邸をかまえていたものとおもわれる。三浦半島にある一族の本拠と、岡崎をはじめとする一族の進出地との連絡のためにも田村郷をおさえることは必要不可欠であったろう。三浦氏によるこの地の支配は平安末期までさかのぼるものと推定したい。また文永元年（一二六四）には、大住郡内の国府のあとが「旧国府《ふるごう》」とよばれて、石清水八幡宮の社領とされていたが、当時、その管理者の預所となっていたのは、三浦氏の惣領三浦介頼盛であった。*8 大住郡の国府は平安末期まで存続したが、その余綾《よろぎ》郡への移転後、「旧国府」とよばれた地を三浦氏が管理・支配していたのではないだろうか。

建長四年（一二五二）、新たに将軍に推戴されて鎌倉へと下向してきた宗尊《むねたか》親王を迎えて、東海道の宿駅では、それぞれの国の守護か、またはその宿駅の地頭が、親王の宿泊や食事の場所の設営・準備にあたった。そのなかで相模国の大磯宿での責任者は三浦氏の惣領盛時であった（『宗尊親王御下向記』）。建武二年（一三三五）に足利尊氏が三浦介高継に対して多くの所領を「父介入道（三浦時継）々海跡本領」として与えているが、*9 そのなかには「大礒郷 在高麗寺俗別当職」がふくまれている。これらの所領は、多分平安時代末期以来のものとみられ、東海道の宿駅で、余綾郡の新しい国府にもまぢかい大磯郷（大磯町）と、古刹《こさつ》として知られる高麗寺《こうらいじ》の俗別当《ぞくべつとう》（寺務をつかさどる俗人の別当）の地位をふくめて三浦氏が支配していたことがわかる。

〔三浦氏系図(2)〕

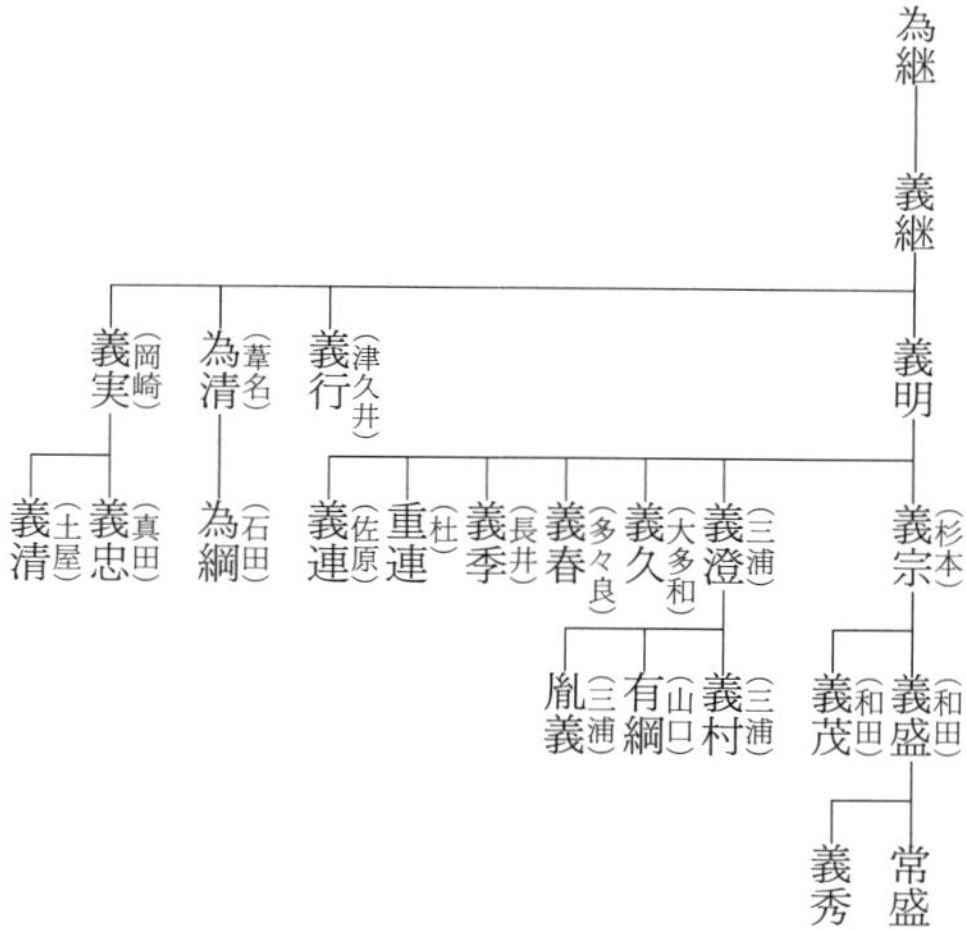

三浦荘司と三浦介、平安末期の三浦氏を象徴するこの二つの肩書のうち、荘司の方は以後ほとんど史料の上にあらわれない。しかし三浦介の名はしばしばみえており、三浦氏の勢力拡大に大きな役割を果していたことが、たまたま残り伝わっている、以上の諸事実からも判断できるのである。

三浦氏の発展

さて三浦氏の諸系図は為次以後ほとんど一致しており、『吾妻鏡』はじめ他の文献史料とも食いちがいはみられない。そこで系図を材料にすると、義明の兄弟や、その子供たちの世代に分立した一族が沢山おり、ひろく三浦半島一帯の地名を名字とした者が多い。これは当時の武士団に共通する特色で、分割相続が原則だった当時、親の所領を分与された子供たちは、それぞれ分家として与えられた土地の名を名字とする家々をおこしていったのである。系図と対比すると、一族の勢力が本家を中心に次々と枝分れするように各地に拡大していく状況が、はっきりとする。本拠たる三浦半島では、南端の三崎荘にあたる部分をのぞいて、半島のほぼ全域を制圧しており、国衙との関係から遠く相模国中央部にも進出している。

三浦氏の勢力は海をこえて対岸の安房国にもおよんでいたらしい。治承四年（一一八〇）、源頼朝の旗上げに応じた三浦氏は、平氏側に応じた武蔵国の武士たちに攻撃されてついに本城の衣笠城を捨て、一族の大半は海路を安房国へとのがれる。その海上で、石橋山の一戦に敗れ、海路をとって落ちのびる頼朝一行と遭遇したという説話は名高いが、以後、房総半島を短時日のうちに平定し、鎌倉入りを果すまで、頼朝を助けた三浦氏一族の働きは大きい。『吾妻鏡』は義明の子義澄を、房総地方の「国郡の案内者」（治承四年九月三日条）と記している。義明の長男の杉本太郎義宗は、系図の注記や『延慶本《えんきょうぼん》平家物語』によると、長寛元年（一一六三）、安房国東部の豪族長狭氏の居城を攻撃する際の合戦で負傷し、ついに死亡したという。またある系図[*10]では、為次の弟の為□が安房の安亦(ママ)に居住したと記されている。為継の子、義継の弟に実名未詳ながら、「安西四郎」と記す系図（続群書類従本）もある。ともに三浦氏の安房への発展を物語っている。そして治承四年、三浦氏一族が衣笠城にたてこもった際、対岸の上総国の大豪族上総介広常の弟金田頼次もかけつけて合流した。[*11] これは金田氏がすでに三浦氏の縁族となっていたからであろう。

三浦氏の本拠地

奈良時代半ばまでのかつての古東海道は相模の国府から三浦半島を横断し、東京湾口を舟でわたって安房に上陸し、上総―下総―常陸と北上していた。この道は武蔵が東海道に編入されて、東海道は相模―武蔵―下総の経路をとるようにかわってのちも、なお重要な交通路として利用されていたにちがいない。以上にみたような三浦氏一族の勢力分布は、三浦半島を中心として、古東海道に沿って東西に翼をひろげた形ということができる。

その三浦氏一族の本拠とは、現在の横須賀市内の衣笠城を中心とした一帯である。三浦半島の中央部を東西に横切る二子山脈と大楠山脈の中間の断層谷を東へ流れるのが平作川である。その支流大矢部川が古東海道の南側につくった東向きに開ける大きな谷間、ここが三浦氏一族の本拠地であった。この谷間のもっとも奥、標高は百メートルに足らぬとはいえ、半島の脊《せき》梁《りょう》をなす大楠山脈の余波のつくった要害の地がある。ここが衣笠城である。周囲は切り立った崖で山裾を流れる大谷戸川・深山川が自然の堀となっている。大手口を丘陵の上へと登れば何段か案外にひろい平場があり、また、よい湧水にもめぐまれている。まさしく城をきずくのに恰好《かっこう》の地であった。その頂上、今、「衣笠城址碑」の立っている岩を物見岩とよぶ。この岩のすその岩穴からは、大正八年（一九一九）に青銅で鋳造された経筒や青白磁の唐子人形の水滴、青白磁の合子、草花蝶鳥を鋳だした鏡、火打鎌、およそ五本分の刀の残欠などが発掘されている。[*12]平安中期以来、各地の有力者が死者の供養やみずからの長寿、極楽往生をねがって写経を行い、地下に埋めて保存しようとしたのが経塚で、これもその一例にほかならない。この経塚は平安末期につくられたものと推定されているが、時期といい場所といい、三浦氏一族の営造したものにちがいない。青白磁の水滴は、中国宋代の景徳鎮のものと鑑定される優品で、その他の品々とあわせて三浦氏一族の富強ぶりを物語るに十分である。また五本分もの刀がふくまれていたことも、武士三浦氏との関連を考えさせてくれる。衣笠城内にはまたかつて金峯山蔵王権現や不動堂があったという。ここは山岳信仰につながる山伏らとの関係も深い、聖なる山でもあったのである。

この衣笠城を最奥の本城として、大矢部川の谷の南北を走る丘陵の上には、南に佐原城と大矢部城、北には小矢部城と、いわば東にひらく馬蹄《ばてい》形のように城が連なっていた。そしてこれらの城にとりかこまれた中央には、満昌寺・清雲寺、そして薬王寺・円通寺のあとなど、三浦氏一族の墳墓をまつる古寺群の集中する大矢部の村がある。清雲寺には為次の墓と、かつては深谷の円通寺跡にあった為通・義継二人の墓と伝える五輪塔があり、満昌寺には義明墓と伝える五輪塔、また神像風につくられた義明の像がまつられている。そして薬王寺のあとには義明の子義澄の墓といわれる石塔がある。このようなぐあいで、大矢部村の付近こそが初期の三浦氏の本家の居館の存在していた場所にちがいない。衣笠城は一朝、ことあるときの、いわばつめの城なのであろう。

当時は今の久里浜の市街地にある平野には海が入りこんでいて、佐原のあたりまでは入江につながる低湿地がつづいていたとおもわれる。そしてその東側、吉井の裏山には沼田城があって、水上交通の要衝をなしていた。房総方面への入口を扼《やく》する地点をおさえていたわけで、馬蹄形状の三浦氏の本拠の要塞地帯の門番という形であった。

三浦氏一族が三浦半島をはじめ各地に館をたて、周辺部の開発を行う、いわば開発農場主であったことは、ほかの武士団一般と同様であった。だがとくに沼田城の立地条件等々が示すように水軍でもあり、海の武士団ともいうべき一面をもっていたことは、大きな特色であり、十分注意しなければならない。残念ながらその活動ぶりは文献上にほとんどあとをとどめていないけれど、対岸の房総半島への発展や、頼朝挙兵後もただちに房総地方へと移動している事実などからみると、水軍的性格をもっていたことは疑うわけにはいかない。

また今一つ注意しなければならないのは、一族に三浦半島の東端観音崎付近の多々良《たたら》の地名を負う家のあることである。たたらとは砂鉄などの原料から鉄をつくり出す際に用いられるふいごのことであり、また製鉄作業の名称としても用いられる。ここは海岸に近く、おそらく良質の砂鉄を産するがゆえに、製鉄業が営まれていたにちがいない。三浦氏一族が直接に製鉄業を営み、あるいは支配していたかどうか、これだけではなんともいえないが、武士団にとって鉄は武器の原料であり、また開発をおしすすめてゆく農具の原料としてもきわめて重要であったから、当然、そのような場合も考えられるのである。

中村氏一族

三浦氏とともに桓武平氏の流れと主張して、県の西半部一帯に発展していった武士団が中村氏一族である。系図類では平良文か、あるいはその兄の良兼の後裔《こうえい》としているが、ここでも十二世紀半ばにあらわれる中村荘司平宗平までは一種の闕史《けつし》時代で、詳しいことはなにもわからない。ただ十一世紀末近い承暦三年（一〇七九）八月、相模では権大夫為季と押領使《おうりょうし》景平との間で合戦が行われ、景平は敗れて首をとられた。そこで景平の一族はとむらい合戦とばかりに数千の軍兵を動員して、為季を攻撃したという。*13 当時のこの地方の情勢を伝える興味深い事件であるが、ここで敗北した押領使景平は、のちの中村氏一族に共通する「平」の字を名のっているので、あるいは中村氏の祖先であったかもしれない。押領使とは、叛乱などの鎮圧を任務として、各国におかれた軍事指揮官のことである。地方の有力な武士の任命された官なので、この景平が当時の相模の武士中でも有数の実力者だったことだけは確実だが、中村氏の祖だと断定するだけの材料はない。景平の「景」の字のほうに注目すれば、のちに述べる大庭氏一族の祖とみることも可能だからである。

ところで天養元年（一一四四）十月、源義朝の部下と国衙の在庁官人らが連合した一千余騎の軍勢が大庭御厨に侵入したとき、中村荘司宗平は三浦義継・義明とともに、その主要メンバーとなっていた。これこそ中村氏の武士としての登場を物語る最初の確実な史料である。[*14]

中村氏の名字のおこった中村荘とは、余綾郡の西、大磯丘陵の中央部を南北に貫いて海にそそぐ押切川（中村川）のつくった谷間に沿った、せまい小平野を中心とした地域で、現在の小田原市のもっとも東と、中井町一帯とにあたる。古くは『和名抄』に中村郷とみえる地が、荘園となったものとおもわれる。中村氏一族が現地で開発をおしすすめ、その支配を強固にするために、どこか中央の権門勢家に荘園として寄進し、自分は荘司の地位について実権を握っていたのであろうが、残念ながらこの点を物語ってくれる史料はなにも伝わっていない。中村荘のほぼ中央部、小田原市小竹の地に、江戸時代には「殿ノ窪」とよばれていた所がある。現在は鳥ノ久保という小字となっているが、押切川に向かって東向きにひらけた小さな谷で、西側の台地にかけて中世武士の館あとにふさわしい遺構があり、中世の五輪塔も数基残っている。位置などからみても中村宗平以来の館のあとにふさわしい場所といえよう。[*15]

〔中村氏系図〕（正宗寺本系図による）

平良文―忠頼―頼尊―恒遠―恒宗―宗平（中村庄司）
- 重平（中村）
- 実平（土肥）―遠平
- 宗遠（土屋）
- 友平（二宮）
- 頼平（堺）

中村氏一族の系図としてもっとも詳しい正宗寺本系図によれば、一族は宗平の子供の代に各地に分出して大きな発展をとげる。すなわち長男の重平は宗平以来の本領中村荘をうけついで中村太郎と名のるが、次男の実平は相模国の西南端、今の湯河原付近一帯にあたる土肥郷を与えられて土肥次郎と称し、三男の宗遠は中村荘の東北方、大磯丘陵の東北の斜面に位置する土屋（たぶん当時の土屋郷であったろう）に進出して土屋三郎と名のる。そして四男の友平は、中村荘の南東、海岸沿いの二宮河勾《かわわ》荘の地を与えられて二宮四郎、五男の頼平は中村荘の北方の堺を所領として堺五郎というように、宗平の子供たちはそれぞれが中村荘の近隣一帯を名字の地として、新しい家々をおこしていったのである。

そしてまた、宗平の娘は三浦義継の末子、岡崎義実の妻となって、義実は大住郡岡崎郷に本拠をおいている。相模国の東部の有力武士団三浦氏と、西部の有力武士団中村氏とは、こうした形で手を結びあってもいたのであった。

鎌倉時代に入ってすぐの文治二年（一一八六）六月一日、頼朝は三浦介義澄と中村荘司宗平とに命じて、相模国内の「宗たる百姓」すなわち有力な百姓たちに一人あたり一斗ずつの米を分け与えたことがある（『吾妻鏡』）。このように一国全体の百姓たちに関する事務をとり扱った三浦介と中村荘司とは、ともに当時の相模の国衙をとりしきっていた有力在庁官人だったにちがいない。三浦氏の場合は「介」の称号自体がすでにそのことを物語っているが、三浦氏と組んでこの任務を与えられた中村氏も、ほぼ同様な有力在庁の家だったと推定される。またのちに述べるように、今も平安末期以来の国府のあとには、古くからの在庁職の家柄という旧家中村家がある。こうみてくると、先に述べた押領使景平が中村氏の祖であり、彼以来、国衙と関係深い武士、有力在庁として成長してきたのが、この一族だったようにおもわれる。

鎌倉党の武士たち

三浦氏・中村氏とともに桓武平氏の末裔と称し、県の中央部一帯に大きな力をふるっていたのが鎌倉権五郎景正の子孫といわれた大庭・梶原・長江・香川氏などの一族である。後三年の役に若武者として活躍した鎌倉景正の姿は、当時の関東武士の典型としてひろく知られている。

〔鎌倉党系図〕

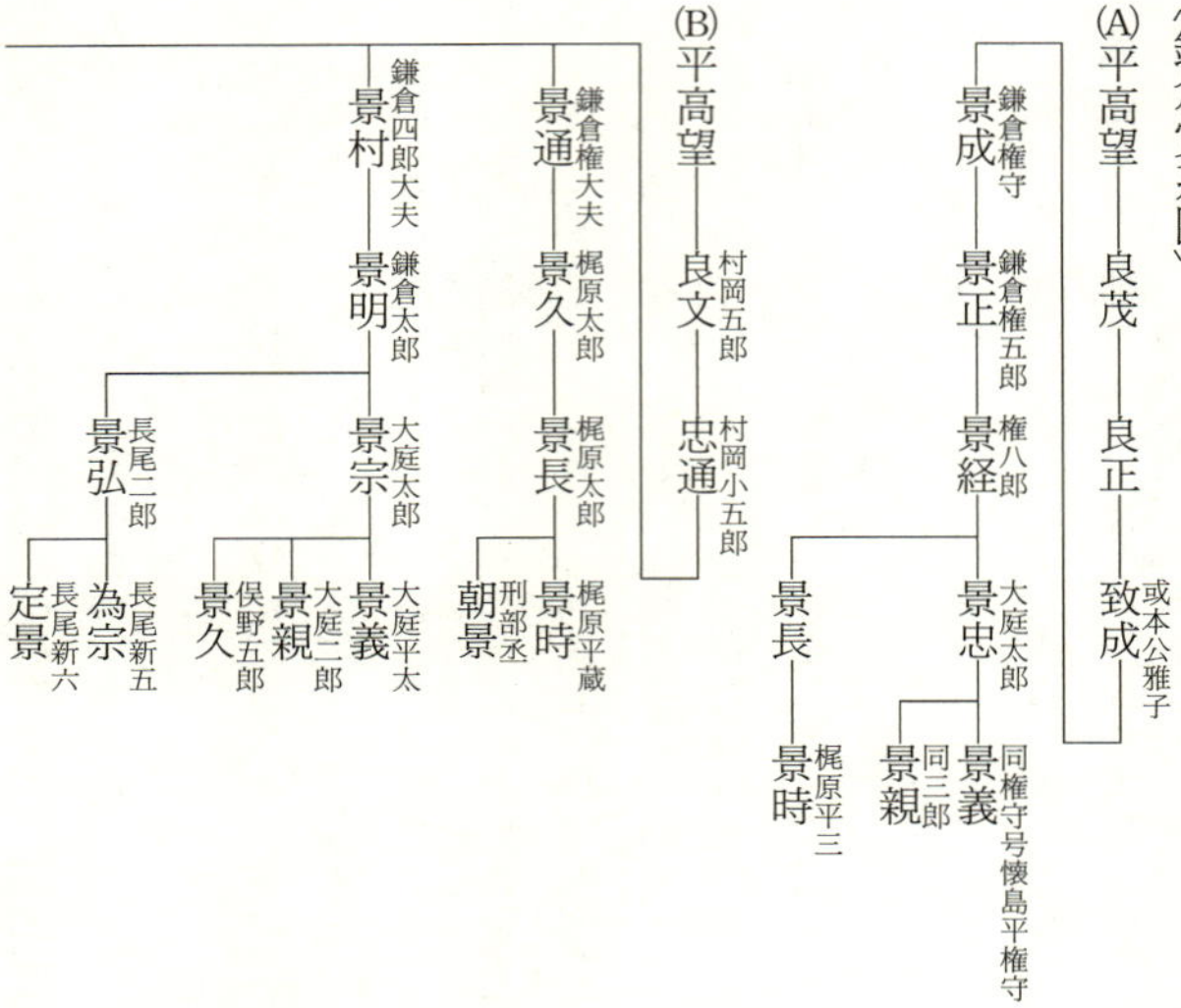

その一族・後裔と称する武士は多く、「鎌倉党」とよばれていた。しかし彼らの相互関係や系譜となると諸説に異同が多く、いずれをとるべきか、迷わされる。彼ら一族が鎌倉時代のはじめまでにさまざまなきっかけで没落してしまった者が多かったためであろう。

ここではまず、もっとも代表的と考えられる系図三種をえらんで掲げたが、いずれにも大きなちがいがあり、どれが正しいのか、にわかに定めがたい。そこで他の文献から知られる諸事実とあわせて考えてみる。まず①前九年の役で源頼義・義家父子の有力な従者に藤原景通・景季父子がある（『陸奥話記』）。すでにこの景通こそは、(B)・(C)系図にあらわれる

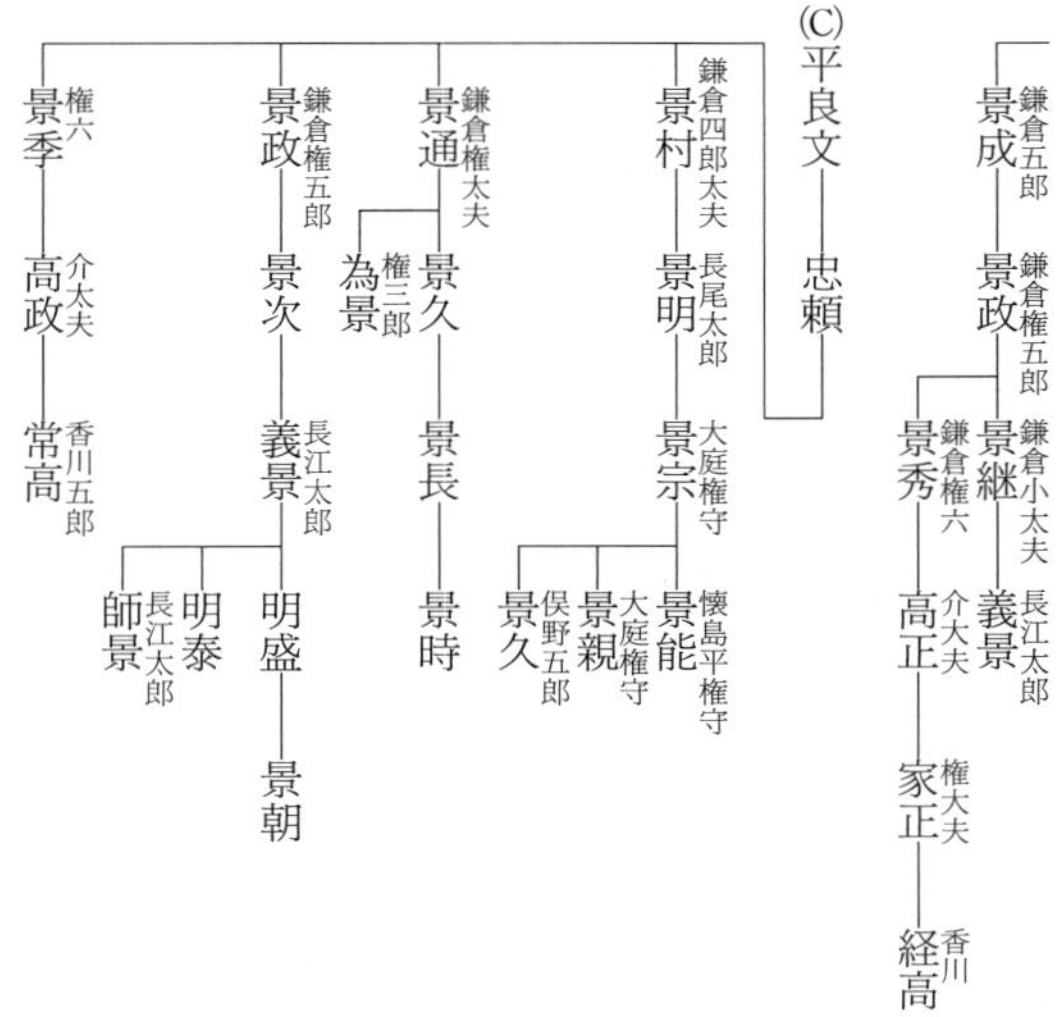

（(A)は尊卑分脈、(B)は系図纂要、(C)は正宗寺本系図による）

鎌倉権太夫景通と同一人物であろうとする説[16]が出されているが、そうすれば大庭氏一族は本来、藤原氏を名のるこの地方の豪族であったが、のちに養子、あるいは主従関係によって平氏にかわったことになる。ただこの点は、まだ確認されているわけではない。

次に②十二世紀初頭の大庭御厨の開発領主である平景正[17]、③長承三年（一一三四）当時の大庭御厨司の平景継[18]、④長江太郎義景は「先祖権五郎景政」の「三代孫」であること[19]から考えると、(B)・(C)の系図のように「景政―景次（景継）」とするのが正しく、景次と義景との間にもう一代入れて

(甲)平景正―景継―□―義景

とするのが、景正の直系であると判明する。

ところで『吾妻鏡』などにしばしばみえる大庭景義（景能）・景親兄弟らに関する記事からは、⑤景義兄弟の父は景宗といい、その墓が豊田荘にあったことがわかる。[20] ⑥一方、『保元物語』には、「〈鎌倉権五郎景政が四代の末葉〉大庭荘司景房が子、相模国住人大庭平太景能・同三郎景親」（〈　〉内は京師本系統にはない）と記すから、

〈景政─□─□─〉景房┬景能
　　　　　　　　　　└景親

という系図になる。だが、『保元物語』には大庭御厨を荘とするなどの誤りもあるので、父の名前は、⑦天養元年（一一四四）当時の大庭御厨の下司平景宗[21]とも名の一致する⑤に従う方がよかろう。そうすれば

(乙)景政─□─□─景宗┬景能
　　　　　　　　　　　└景親

という系図を再構成することができる。だが問題は(甲)・(乙)両者の関係である。両者を基本的に一直線でつなげようとするのが(A)であり、これを別系統とするのが(B)・(C)である。どちらが正しいのか、にわかに定め難いが、(B)・(C)両系図のほうが史実に一致する点が多いと考える。

そうすれば鎌倉党は決して景正一人を共通の祖とする一族ではなく、いくつかの系統が重な

りあった集団となる。そして大庭御厨との関係でいえば、御厨の成立当初、十二世紀はじめには、景正―景継の(甲)系統が開発領主、御厨司としてあらわれていたのに、十二世紀半ば以降は、(乙)の景宗と子息たちの活躍が目立つ一方、(甲)の直系とおぼしき義景は三浦半島内の長江を名字の地とし、三浦氏一族に近づいている。これは鎌倉党の内部は必ずしも一枚岩ではなくて、いくつもの分流相互の間で微妙な対立をもはらんでいたことを示唆している。後述する大庭御厨をめぐる対立や紛争にも、一族内の対立がおそらく複雑にからみあっていたにちがいない。

そしてまた鎌倉党の関係する土地や所領は、大庭御厨だけでなく、むしろ他の荘園、公領にひろがっていた。そもそも鎌倉自体が郡の名であり、公領の地であった。鎌倉党の一員である梶原氏の名字のおこった梶原もそうであろう。また(乙)系統でも、相模川をこえた対岸の豊田荘が景宗の墳墓の地であったとすれば、むしろここそが(乙)系の本拠地であったかと推測できるのである。とにかく大庭氏はじめ鎌倉党の一族の勢力は大きかったし、大庭御厨についてもかなりの事実が知られるが、それについてはのちに述べよう。

相模の武士たち

神奈川県の中央部から西部にかけて、秦野《はたの》盆地一帯に勢力をはっていたのが、波多野氏の一族で、系図ではみな藤原氏の出身、藤原秀郷の後裔としている。しかし『尊卑分脈』に相模守藤原公光の子で佐伯氏を母とし、波多野公経範とみえる波多野氏の祖先は、前九年の役に従軍したという。そうなると、この人物もまた源頼義に三十年余も従者として仕え、前九年の役で奮戦して戦死した佐伯経範のことにちがいない。波多野氏一族の場合でも、それまでの佐伯氏をある時期から藤原氏にあらため、そうした系図をつくり上げたものであろう。

〔波多野氏系図〕（尊卑分脉・続群書類従などによる）

藤原秀郷―千常―文修―文行―公光―経範―経秀―秀遠―遠義

遠義
- （波多野）義通
  - （波多野）義常―（松田）有常
  - （波多野）忠綱
  - （大槻）高義
- （河村）秀高―義秀
- （大友）経家
- （波多野）義景
- （菖蒲）実経
- （沼田）家通

この一族の本家は秦野盆地の波多野郷、もしくは藤原氏摂関家領の波多野荘を根拠地としつつ、西方の酒勾《さかわ》川流域にも進出し、河村郷・松田郷・大友郷などの郷を支配し、郷名を名字とする一族を多く分出させていった。その状況は系図と地図をあわせみることで明らかである。また波多野氏は平安末期には伊勢国にも所領をもっており、経範の孫の秀遠は鳥羽院の蔵人所衆に仕えるなど、京都の朝廷にも出仕して、中央とのつながりをもっていたことが特色である。[*22] そして武家の棟梁の源氏とも結びついていたが、この点は後述する。

山内首藤氏は系図によっては、(A)波多野氏の祖経範の兄、藤原公清から出たとされ（『尊卑分脈』）、(B)あるいは藤原師尹の後裔とされている（『山内首藤家文書』）。美濃（A）または三河（B）に所領をもっていたという資清（助清）以後は、両者ほぼ一致するので、(A)によって、その系図をかかげると、次のようである。

〔山内氏系図〕（主として尊卑分脈による）

助清（資清）―助道（資通）―親清―義通（山内）―俊通（山内）―経俊（山内）

資清の子資通（助通）は後三年の役に源義家の身近に仕える従者として名をあげ（『奥州後三年記』）、以後、源氏の譜代の武士として活躍し、俊通の妻が頼朝の乳母をつとめるなど、深い

〔糟屋氏系図〕（湯山学氏による）

元方——盛季（糟屋庄司）——久季——盛久——
- （糟屋）有季
- （四宮）光久
- （糟屋）盛時
- （城所）盛員
- 櫛橋与市
- 善波十郎
関係をもった。ややおくれて十二世紀前半のころから、本来は鎌倉党の勢力範囲かとおもわれる山内荘を根拠地として山内首藤氏と名のるようになったものである。

糟屋氏は現在の伊勢原市一帯にあった糟屋荘の荘司としてこの地方に勢力をはった武士団である。系図（『続群書類従』）によると相模の「守護」として下向した藤原良方の子の元方が糟屋の地で成長して糟屋氏の先祖となったという。この元方は、前九年の役に源頼義の麾下《きか》として従軍した坂東の精兵の一人、佐伯元方と同一人物にちがいない。糟屋氏の場合もまた主従関係か婚姻関係によって佐伯氏から藤原氏へと、その姓をかえたものであろう。したがって系図の記載も必ずしも全面的に信用できず、ことに『続群書類従』に載せる二本の系図には、平安時代に該当する世代の部分で大きな差異がある。ここでは、湯山学氏の説に従って訂正した系図をかかげておく。[*23]

源平争乱の際に活動した盛久が「糟屋権守」ともよばれているところからすれば、[*24] 糟屋氏は荘官であるとともに国衙の有力な在庁官人の可能性もあり、相模国の中央部に勢力をふるっていた一族だったのだろう。

武蔵の大武士団

武蔵国でもっとも有力な武士団といえば、まず秩父氏の一族であろう。鎌倉時代の中期、河越重員は先祖の秩父出羽権守重綱以来、代々武蔵国の留守所の総検校《けんぎょう》職など、国の有力な在庁官人の地位を世襲してきたといい、幕府も調査の結果、その主張をみとめている。[*25] 相模国の

〔秩父氏一族系図〕（畠山系図による）

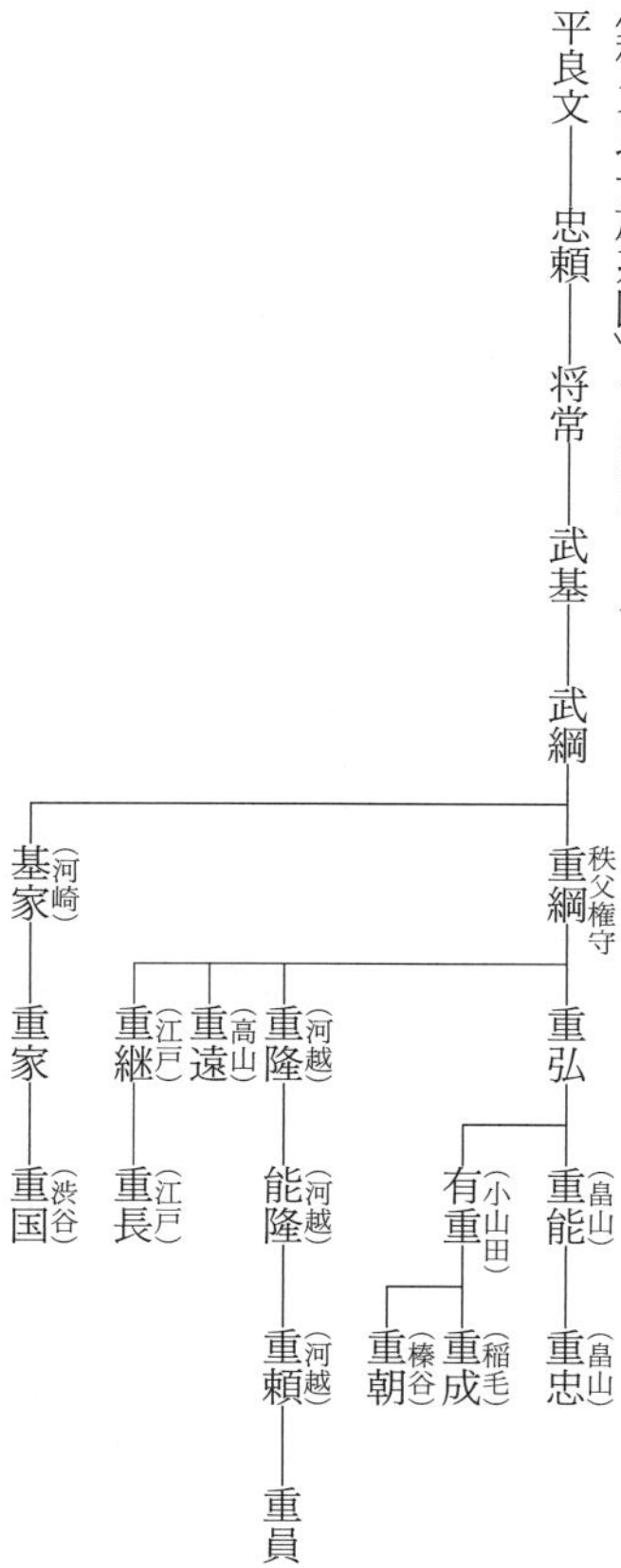

三浦介に匹敵するほどの地位であり、その世襲がはじまった時期も三浦氏より早かったかともわれるぐらいであった。系図に明らかなように、重綱以後、その家は秩父（畠山）・河越・江戸の三氏に大きく分かれたが、平安時代の末、河越重頼は「秩父の家では次男の流れであるが、家督をついでいた」といわれていたところからみると、武蔵国留守所総検校職なども河越氏に相伝されたらしく、それゆえに重頼は当時、武蔵国の「党々」とよばれた小武士団を従え、これをひきいる存在であった。[*26] そしてこの秩父氏一族からは、武蔵国の南部、今の神奈川県下やその周辺部に多くの武士団を分出させていったのである。

まず畠山重忠の弟小山田有重は、多摩郡から都筑郡にまたがる小山田保、また小山田荘を支配して小山田氏をおこし、その子のなかには、橘樹郡の稲毛本荘・新荘を名字の地とする稲毛三郎重成、都筑郡の榛谷御厨を名字の地とした榛谷四郎重朝らの名がみえる。小山田荘からさらに東南へ、あるいは南方へと進出していく、その勢力拡大の様相をみることができる。

また河越氏も南武蔵地域に一族を送りこんでいたようであって、これら一族の進出は、武蔵国衙の有力在庁の地位を利用したものと推測される。

一方、秩父出羽権守重綱の弟には河崎冠者基家という人物があって、これが現在の川崎市にあった河崎荘を開発した領主と伝えられている。その孫重国は、相模国中央部の渋谷荘の荘司として平安時代の末期にはあらわれてき、相模国の大名の一人とされて、[*27] 源平合戦の際にも活躍している。

横山党の武士

さて武蔵国の武士団のなかには、畠山・河越・江戸氏など秩父氏一族の流れをくむ大豪族のほかに、武蔵七党とよばれる、より小規模な武士団の連合体があった。この武蔵七党の武士団

〔横山党系図〕（武蔵七党系図・本間系図による）

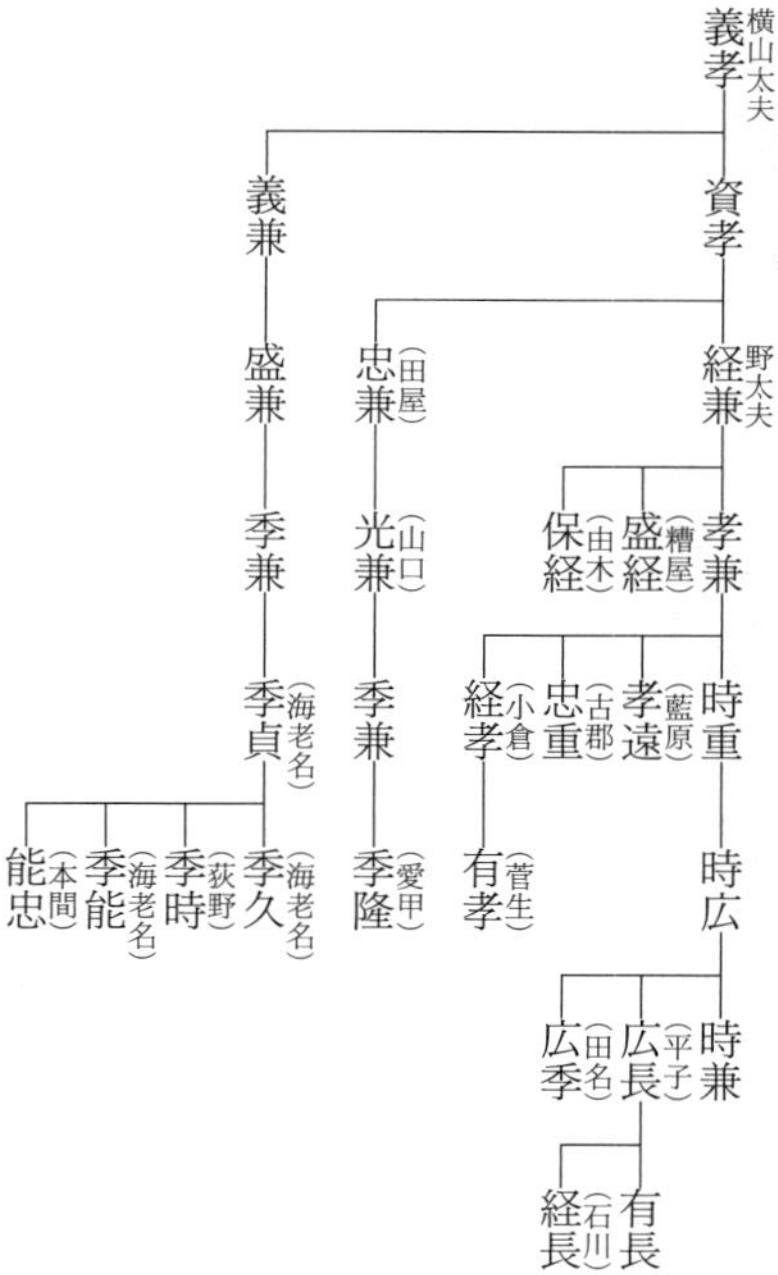

もまたなかなか有力で、武蔵国の南部から相模国にまで進出している。
そのなかで現在の八王子市南部の多摩丘陵の一角、かつて横山とよばれた付近から成長した武士団が横山党である。系図と地図とを対比させれば明らかなように、この武士団は多摩丘陵のなかにくいこむ小さな谷間、あるいは丘陵のへりの部分から相模原台地を南下して各地に根拠地をつくって開発をすすめるとともに、付近の有力武士団とも婚姻関係を結んで勢力を拡大し、あるいはみずからの武士団にとりこんでいったようである。

横山党は本姓小野氏と称し、始祖にあたる義孝は系図では武蔵権介であったという。おそらく国衙の在庁官人でもあったらしい。その孫にあたる経兼は、「横山野大夫」と号し、前九年の役には源頼義に従い、康平五年（一〇六二）、安倍貞任の首を取ったとき、頼義の命をうけてこれをさらしたという。[28] すでにみてきた相模の有力武士団と同じように、この時期から源頼義・義家の軍に加わっていたことがわかる。

ややおくれて永久元年（一一一三）には、内記太郎という人物を殺害した罪で、京都の朝廷から横山党二十余人の追討の命令が常陸・相模・上野・下野・上総の五ヵ国の国司にあてて出されている。[29] 関東武士団の行動が文献史料に載せられた例としては、きわめて珍しく、また早い時期のものである。内記太郎とはどのような人物か、『小野系図』（『続群書類従』）には源為義の代官愛甲内記平大夫だと記されており、これにもとづいてさらに論を展開させた説[30]もあるが、どうもはっきりしない点が多い。ともかく横山党の競争相手となるような武士であったことは確かであり、朝廷からの追討令をうけたところからみて、国司や国衙と関係深い人物だったのだろう。その追討令がほとんど関東全域におよぶ五ヵ国に出されているところに、横山党の強力さと行動半径のひろさが示されている。この追討令一件の結末がどうなったかはわからないが、その後も横山党一族の活動のつづくところからみて、大きな打撃とならなかったことは明らかである。

横山党のなかには、相模国高座郡の海老名郷（海老名市）を名字の地とする海老名氏がある。系図によって多少異なるが、多くは村上源氏の相模守源有兼の娘と横山盛兼との間に生まれた季兼が、外祖父のあとをついで海老名氏をおこしたので源氏だと称している。また前九年の役に源頼義の麾下《きか》に従った坂東の精兵の一人、源親季の子孫と称する者もある。この一族には本間氏・荻野氏など、相模国の中央部に勢力をのばした家が多い。これはたぶん、横山党がこの地域の源氏の有力武士団を婚姻関係によって一族にとりこんでしまった事実を示すのであろう。

横山党の一族には、さらに相模国の愛甲荘・糟屋荘の名を名字とする愛甲氏・糟屋氏がおり、武蔵国の南部でも現川崎市内の小倉・菅生などの名を名のる者、稲毛荘内の井田郷を名字の地とする者などが見出されて、その勢力範囲の大きさが知られる。とくに現横浜市域の平子《たいらこ》郷や石川村一帯を所領とする平子氏は、鎌倉時代以来の古文書を伝えた家であって注目に価する。

また武蔵七党のなかで横山党とともに多摩丘陵一帯にひろがっていたのは、国衙の在庁官人でもあった西党の一族であり、そのなかには武蔵国橘樹郡の稲毛荘の名をおう稲毛氏もふくまれていた。

二――荘園・公領と武士団の生態

大庭御厨の開発

さて上述した「後三年の役」の勇者鎌倉権五郎景正は死後、武勇の神として御霊《ごりよう》の神にまつられ、現に鎌倉市の坂の下の御霊神社、梶原の御霊神社をはじめ大船付近を中心にひろく景正を祭神とする神社がある。猛勇の武士はなぜ、死んで神とまつられたのであろうか。

御霊の信仰とはもともと平安時代、京都の都市化にともなう疫病の流行を、非業の死をとげた人々の怨霊のたたりと考えて、これをしずめ、はらうためにはじまったもので、鎌倉権五郎が御霊と相通ずるところから、景正を祭神とする説がおこったのだとされている。だがそれにしてもあまりに勇猛な武士は、そのはげしい活動力のゆえに恐れられ、死後も影響をおよぼすと考えられたため、神にまつられたのであろう。

ところで合戦絵巻・戦記物語の世界の若武者景正は、一方できわめて散文的な荘園文書のなかに、ある荘園の開発者、創始者として登場してくる。それは当時の東国の武士、「兵《つわもの》」たちの今一つの素顔を物語ってくれる、まことに貴重な例である。

十二世紀のはじめ、すでに三十代の壮年に達していた景正は、今の藤沢市大庭付近一帯の山野を浮浪人を招き寄せて開発し、伊勢神宮に寄進して、神宮の荘園というべき御厨《みくりや》としようと計画し、国司にその許可をねがい出た。[*31] 大庭郷は『和名抄』にものせられ、式内社の大庭神社も存在する。そこはちょうど関東ローム層におおわれた相模野台地の南のはずれにあたる場所で、台地の末端や裾《すそ》のあたりには大庭城山・大庭築山など、弥生時代以後、八世紀後半くらいまでの集落のあとが発掘されている。いわば古代以来の開発のすすめられた村であった。

しかし鎌倉時代になっても、この付近一帯は「大庭野」という未開の原野がひろがっており、多くの鳥や獣の住む、よい狩り場として知られた地域であった。[*32] 相模野台地のつきる所、その南方には海岸まで沖積平野がひろがり、平行してほぼ東西にならぶ砂丘の列が連なっていたが、ここもまた、当時は砥上《とがみ》ヶ原とよばれる一面の原野なのであった（『海道記』）。

開発事業の許可を申請したなかで、景正はこの地が「田畠のまったくない山野」だといっている。これはむろん誇張であろうが、関東ローム層のおおう台地の上や、砂丘地帯に水田が開かれていたはずはない。古代以来の大庭郷の水田とは、相模野台地に枝分かれしてくいこんでゆく引地川などの小河川のつくり出した谷底平野の部分に、わずかにひらかれていたにすぎないだろう。今の大庭の集落自体が、台地に入りこんだ引地川の谷沿いの、台地のへりの付近に位置している。台地にくいこんだ小さな谷をヤト・ウトなどとよぶが、引地川のさらに小支流がつくった小さなヤト・ウトにつくられた水田が、もっとも原初的で、安定した耕地だったにちがいない。しかし引地川本流の両側にひろがる谷底平野となると、当時はまだ全面的には水田化されず、原野と小規模な水田とが入りまじっているような状態だったであろう。あるいは一度は水田化されてもまたすぐに荒廃してしまう、不安定な耕地だったと推定される。

景正はこの開発予定地域を「先祖以来相伝の所領」と称しているが、彼が名字としている鎌倉からはやや西に離れており、本来の所領のむしろ辺境の部分であろう。この地域に耕地の開発をすすめ、いわば新しい農場を創立するとともに、みずからの支配地域を拡大し、強化してゆくこと、それが景正の目的であった。

この対象地域は全部が未開の荒野ばかりでなく、むしろ大庭郷のような古い集落や耕地もふくまれていたであろう。表面上は、無主・未開の荒野の、浮浪人を招き寄せての開発という形式をとってはいるものの、実質上は古来の耕地をふくみこんでの再開発であり、従来の住人をも支配下に編成してゆくのが、当時の豪族・武士団の行った開発事業の実体であった。そうであればこそ、国司をはじめ在庁官人など、国衙との密接な関係が必要とされるのであった。

東国の大開拓時代

この時代はまさに東国の大開拓時代であり、豪族たちの主導する開発が各地でさかんに行われていた。アシやマコモの生いしげる低平な湿地帯、あるいは馬に乗った武士のもつ弓の先までかくれるほどに草深い台地におおわれていたこの辺境の大原野に、今ようやく非常な勢いで開拓が進行していたのである。開発を計画した豪族は、国府の政庁にねがい出て開墾の許可をうけると、家人《けにん》・郎党《ろうどう》などとよばれる従者や隷属的な下人《げにん》、さらには放浪中の百姓などを集めて、開発団を組織する。開発の根拠地として適当な場所を選定してまず館をたて、堀をひらき、耕地を造成する。作業に動員された農民は、やがて開発した田畠の一部分を与えられて各所に住みつくようになる。大体このような経過で豪族の館を中心とする一つの開拓農場が成立する。これらの豪族こそ、実は上にみてきたような武士であった。鎌倉景正の場合は、武士の素顔が開発農場主であることを明示する、絶好の実例である。

彼らの多くは、すでにこの地方に古くから根をおろし、国府の政庁にもつとめて在庁官人の地位についている地方豪族の出身者や、その縁故者たちであった。開発の許可や、既存の用水などを開発に利用するためにも、作業に必要な労働力組織のためにも、国府政庁の権威や、古くからの地方豪族の実力は大きくものをいった。いったん成立した農場を種々の災害から守ってゆくためにも、地方豪族としての実力は欠くことができなかった。灌漑用水を整備し、またとくに低湿地帯では堤防をきずき、排水工事に力を入れなければ、耕地は簡単に荒廃してしまうのである。

こうして開発された農場は、当時、別符《べっぷ》の名《みょう》、略して別名《べちみょう》とよばれる一つの特別な区域として国府の田所に登録され、開発した主人は別名の名主《みょうしゅ》として、この地域からの年貢を徴収し、国府の徴税官に支払う役となることが多かった。別符の「符」とは徴税令書の意味で、別符とは特別の徴税区域をさす。別名のなかには数十町、百町におよぶ広大なものもあった。これを大名《だいみょう》とよぶ。ごくせまい別名は小名《しょうみょう》とよばれる。武士たちのことを大名・小名ともよんだのは、彼らが大名・小名の主だったからである。

ところで律令制度は、本来、国―郡―郷の三段階の地方行政組織から成り立っていたが、平安時代の間に、事態はは大きく変化した。古い郡はいくつかに分割され、郷戸《ごうこ》とよばれた大家族の五十戸をよせあつめてつくられた、いわば人的支配単位としての古い郷に代わって、地域的な徴税単位である新しい郷がいくつもつくられた。支配・徴税の原理が人的支配の原理から土地支配の原理へと代わってゆくにつれて、地方行政の組織も大きく変化していったのである。新しい郡も郷も、みな同格の地域的な徴税の単位となり、それぞれ郡司や郷司などの役人が任命され、地域内の租税を徴収して国司に上納することをうけおうようになった。古い三段階の仕組みに代わって、国―郡・郷の二段階の組織が生まれたのである。

一方では中央の大貴族や社寺に属する私有地としての荘園や、荘園に類似するものとして、中央の役所などの所有する支配地域である保《ほう》も生まれてきた。それにつれて郡・郷に保をふくめて、一応は国府の政庁の支配下に属する地域を公領とか国衙領《こくがりょう》とかよび、荘園と区別するようになった。

地方支配組織のこうした変化に対応するように、中央では知行国《ちぎょうこく》とよばれる制度が院政時代から一般化してきた。高位の皇族や貴族、院の近臣、大社寺などに各国の公領からあがる年貢などの収益を与えて、個人的な収入とすることをゆるすのが知行国であり、いうなれば、公領の全体を一括して一人の知行国主に与えたようなものであった。あるいは公領全体が荘園に似た形に近づきつつあったのだ、ということもできるかもしれない。

荘園への道

さて以上のような環境のもとで、ようやく別符の名たることを承認された開拓農場主たちはどのような状況におかれたであろうか。開墾当初、ほぼ三年間くらいこそ年貢は減免されるものの、それは一時にすぎない。特別徴税地域とはいっても大した特典を与えられるわけでもない。そこで彼らのねらったのは次に郡司・郷司の地位であった。郡司・郷司ともなれば、その分担地域内からの年貢をとりたて、これを上納する責任はあるが、代償としてかなりの面積の

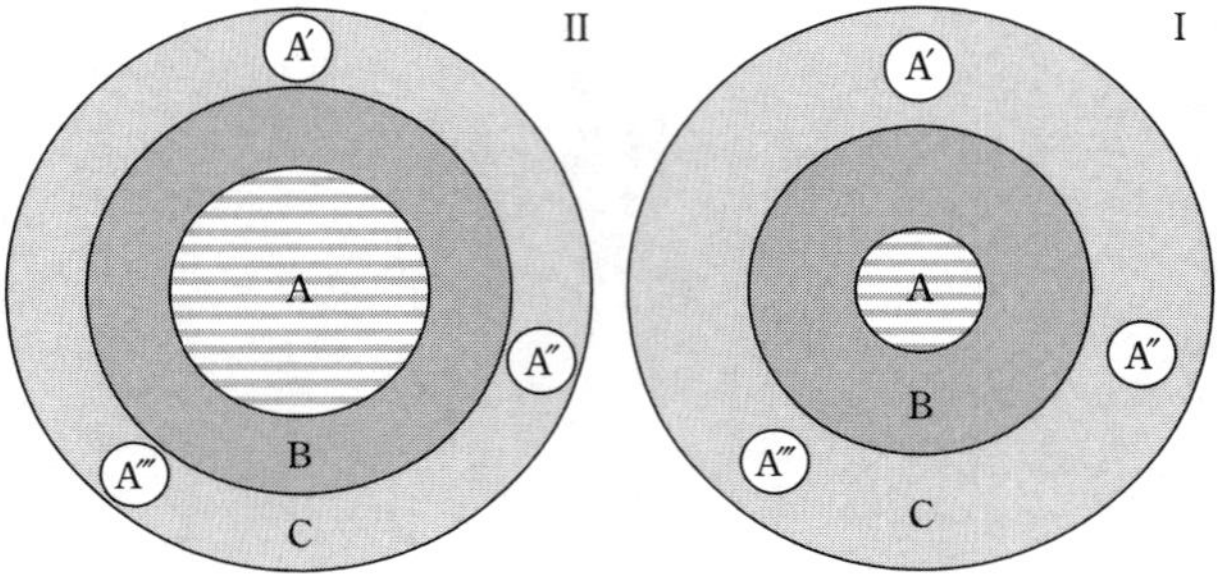

免税地をみとめられ、年貢徴収に際して相当量のたし前をとり立てることも、分担区域内の農民たちを使役する権限も公認される。経済的にも政治的にも重要な地位なのである。

今コンパスを用いて三つの同心円を書き、模式的にこの点を明らかにしてみよう。まずもっとも小さい円Aは、豪族の館を中心とする区域である。よく今でも堀ノ内、館《たて》ノ内、土居《どい》、殿屋敷《とのやしき》などの地名が残っているように、周囲に堀や土居（土塁）をめぐらした館は、軍事的な要塞・城郭の役割を果し、農業経営・開発の基地であり、また商業・手工業のセンター、交通の拠点である。まさに豪族の支配力の根源・中核であった。そして、周囲には門田《もんでん》、佃《つくだ》、正作《しょうさく》などとよばれる館まわりの直営田が付属しているのがつねである。

第二の円Bは、Aの周辺一帯にひろがる耕地と、Aの主人に従属して、年貢を館にさし出している百姓たちをふくむ。館のなかにたつ倉庫に蓄積されている種籾《たねもみ》や食糧などの貸し出し、その返済の方法としての主人の直営田での労働などを通じて、館の主人の支配権は行きわたりつつあるものの、Aとくらべればその浸透度はまだまだ弱い。そしてもっとも大きい第三の円Cは、郡・郷などの地域単位を示している。館の主人の支配権はまだ浸透せず、その内部にはA′・A″……ともよぶべき同様な豪族の館や開拓農場などが点在している地域ということになる。さて郡司・郷司となることによって、館の主人はAに対する免税の特権を公認され、Bのうちの一部分をもそれにくりこもうとする。そしてBの残りの部分に対しても、彼の支配権を強化しようとする。そして年貢の徴収をはじめとする諸職権を十分に活用して、Cの部分に対してもみずからの支配権を確実にうえつけようとする。すでに他の豪族の開拓農場の成立しているすき間に、新たな開発事業をはじめ、新しい館をつくって一族子弟や有力な従者たちを送りこみ、みずからの支配地域を拡大・強化しようと試みることもある。

同心円の中心にはつねに豪族の館があり、その内部は主人の完全な支配下にある。そここそが豪族の活動の基地、支配力の源泉であった。そしてAの館まわりの手作り地もまた間もなく館の内部と同一のとりあつかいをうけ、もともとは館それ自体をさした「堀ノ内」、「屋敷」などにふくまれるようになる。館の拡大、主人の支配権の拡大である。こうした運動はさらにつづき、主人はAの部分を拡張してBの円をその内に吸収しようとする。そしてかつてのBが示していたような、より薄弱な支配権の環は、それに応じてさらにひろがり、Cの円全体をつつみこもうとする。

支配圏のいっそうの強化と拡大こそが館の主人たる豪族たちをつき動かし、行動にかり立てる原動力であり、その中核にあるものこそ館・屋敷であった。この時代の地方社会では、豪族の所有する「門田」の広さが、身分の上下を示す基準の一つとされていたことは、その辺の事情をよく物語っている。

しかしながら豪族が郡司・郷司の職にとどまっているかぎり、Cの大きな円で彼の行使しうる権利は、あくまでも職務にもとづいたものにすぎず、かりに規定額の年貢を上納できなかったとか、国府の政庁の命に従わなかったとすれば、たちまち免職の危険があった。また年貢の増額を指令されて、これに従わなかった場合にも同様であった。同じCの円内にも彼Aと同じく、館の主人A′・A″……などがつねに郡司・郷司の地位をねらっているとしたら、Aの立場はまことに弱いものにならざるをえないのである。しかも国司の任期はいちおう原則上、四年にすぎず、新任者がやってくれれば事態は一変し、郡司・郷司も解任されてしまうこともしばしばだったからである。

こうした危険から一歩でも遠ざかるために発案されたのが、荘園としての寄進という方法であった。なんらかの縁故、関係をたぐって国司よりさらに有力な中央の高級貴族や、さては最高権力者たる上皇、あるいは大勢力をもつ寺社などに、Cの部分全体を荘園として寄進してしまうのである。新たにこの地域の名義上の所有者となった上皇や大貴族、寺社などは国司に圧力を加えて、荘園を設定する。中央の朝廷から荘園として公認されれば、中央からの使者や国府の在庁官人立ちあいのもとで、荘園としての四方の境界を明示する牓示《ぼうじ》の杭が打ちこまれ、その領域が決定される。

荘園を寄進した館の主人は、今度は荘園の荘司・下司などとよばれる現地の管理人に変身し、本所とよばれる荘園の名義上の所有者に年貢を送るようになる。郡司・郷司として従来もっていた収益は保障され、以後も子孫代々にわたって相続することがみとめられる。上納する年貢の高も、国司に出していたよりは減少する。いわば現地の豪族が、中央の有力者と共謀して、本来国司に属するべきはずの領域を分割し、みずからの支配地としてしまうのが、この「荘園としての寄進」なのであった。この方法によって、豪族の支配圏は従来よりも一段と拡大し、その地位も安定したことは明らかであった。

大庭御厨の成立

さてここでふたたび大庭御厨にもどると、長治年中（一一〇四〜〇六）、相模守藤原宗佐は景正の開発申請をみとめ、ある期間（通例では三年）を限って開発地の年貢を免除した。*33 しかしその後は年貢が賦課されるのが例なので、景正はさらに免税の恒久化をめざして運動をつづけた。けれども守宗佐は結着をつけぬまま在任中に死亡し、後任の守藤原盛重は、任期も終わろうとする永久四年(一一一六)、やっとこれをみとめた。[*34] 大庭御厨の田畠は検注されて領域も確定され、免税地として国や郡の文書による正式の承認をうけることとなった。御厨とは伊勢神宮領の荘園を意味し、ここに新たな荘園が発生したことになる。景正は開発領主とよばれて現地での管理にあたる下司の地位につき、一方では伊勢内宮が御厨の最高の所有者となった。

一般の荘園でいえば、最高の領主が本家、名目上、その下の地位の領主が領家、そしてどちらか強力な支配権を行使するほうが本所とよばれる。いずれもふつうは中央の大貴族や寺社である。ここ大庭御厨では、内宮が本家、そして本所でもあるということになる。

そして内宮と開発領主景正との中間には伊勢恒吉という人物が介在していた。これはおそらく伊勢内宮の神官が実名を出さずにかりの名を用いたのであろう。のちに伊勢のお札くばりや信徒の組織に活躍した御師《おし》たちの先がけとして、この時代からすでに伊勢の神官たちが東国各地を遍歴して歩き、伊勢信仰を流布するとともに御厨の寄進をすすめて回っていたが、伊勢恒吉もその一人だったのであろう。彼の介在なくして東国の土豪景正の伊勢神宮への土地寄進は考えられず、大庭御厨の成立にとって恒吉の果した役割はきわめて大きいのである。そしてこの恒吉は以後も荘園領主と景正とのパイプ役、本所の代理人として荘園の支配・管理を行う預所として任務を果してゆく。

本家（本所）	（預所に相当）	（下司？）
伊勢内宮………………	伊勢恒吉………………	大庭景正

荘園の成立によって、一つの土地の上にはさまざまな支配権が重層してあらわれるが、この場合は、右の表のようになる。

こうして大庭御厨は一応、成立した。だが国司の交代のたびに、新任の国司や在庁官人は荘園の整理や見直しを行って公領の増加をはかろうとし、荘園領主との間で抗争をくりひろげるのが、当時の通例であった。任期のはじめには荘園の整理を行って収入を確保し、任期の終わりが近づくと荘園の設立を承認し、その見返りでみずからのフトコロをこやすのは国司のつねであった。現に大庭御厨の承認自体が、その一例であった。したがって以後も永久四年（一一一六）、元永《げんえい》元年（一一一八）、天承元年（一一三一）、天承二年と、国司の交代ごとに免税の許証が発行されているのは[*35]、そうした御厨と国司との抗争と妥協の表現なのである。

ところがこの間に朝廷では、それまでは比較的荘園抑制の政策を守ってきた白河上皇の院政に代わって、鳥羽上皇の院政がはじまった。鳥羽院政のもとでは、それまでとうってかわって荘園の新設がみとめられ、各地では相ついで大規模な荘園が成立していった。こうした政策の変化をみてとった伊勢神宮では、従来のように国司の承認にもとづく荘園ではなく、より強固な、天皇の宣旨によって承認された荘園とすべく、運動を開始した。こうして永治元年（一一四一）、大庭御厨はついに天皇の命令書によって、正式にみとめられたのである。[*36]

大庭御厨の実態

天養元年（一一四四）当時でいうと、御厨の境界は東は玉輪荘との間を流れる俣野川、南は海、西は一宮の寒川神社の社領である神郷との堺、北は大牧崎であるという。[*37]大庭御厨の境界を明示した、最初にして最後の文献である。北限の大牧崎の場所ははっきりしないが、相模野台地上のどこかに牧場があった、その付近だったのだろう。多分、小出川の流れに沿って現在の藤沢市遠藤から東方、亀井野あたりへの線ぐらいが北限だったと考えられる。東限の俣野川とは両岸に東・西の俣野の地名を残している今の境川にちがいなく、南限の海も海岸線ではっきりしている。西方の神郷との境界も小出川の流れで区切られるものとみてよかろう。すると東西約九キロメートル、南北はほぼ七キロメートルというかなり広大な地域が、そっくり御厨として承認されていたことになる。

鎌倉末期の『神鳳抄《じんぽうしょう》』によれば、御厨は十三郷から成り立っていたという。当然大庭郷もその一つと推定されるが、ほかに天養元年当時に鵠沼《くげぬま》郷・殿原郷・香川郷、[*38]鎌倉時代には俣野郷[39]・酒土郷[40]・菱沼郷[41]、おくれて堤郷[42]等の郷がふくまれていたことがわかる。以上の八郷は残存の地名などによって、いずれも現在地に比定できる。うち大庭郷は『和名抄』の高座郡の大庭郷の後身であり、酒土郷はどうも『和名抄』の鎌倉郡の尺度《さかと》郷のあとらしい。

これだけの広大な領域がすべて景正によって新たに開発された土地とは考えられない。また上述した開発から荘園の成立までの一般的過程とひきくらべるとき、大庭御厨の成立は最初の開発からはじまって別符の名、あるいは郡・郷司の段階ぬきに、いきなり最後の荘園の成立に飛躍している。これまた問題の残るところである。これらの疑問に答えてくれる文献は伝わっていない。しかし景正はすでに十二世紀以前から、この地域で小さな開発をくりかえして、この御厨開発の申請のときにはすでにこの付近で郡・郷司の地位を獲得していた。そしてその地位を利用して新たな開発地だけでなく、従来の公領をもふくんで囲いこんだ大庭御厨の地の荘園化に成功したのだ、と考えれば、一応の解釈はつくようにおもう。先に荘園成立の一般的過程を説明したなかで、寄進地系荘園の成立は現地の豪族が中央の有力者と共謀して国衙領を分割し、みずからの支配地としてしまうことだ、と述べたが、大庭御厨の領域を考えれば、その感はことに深い。そしてそれゆえに国司との利害の衝突、調整に手間どり、立荘の承認までに多くの交渉と時間を必要としたことが理解されるのである。

大庭御厨の産業

大庭御厨から神宮への年貢として進納されたのはどんなもので、どれだけの量であったか。建久三年（一一九二）の『神宮雑書』も、鎌倉末期の『神鳳抄』も一致して、①上分籾四十石、②白布十三反、③長蚫《ながあわび》五百帖の三種をあげている。平安末期にもおそらく基本的には同様であったろう（なお『神鳳抄』の群書類従本は③を「長紙五百帖」と記すが、より古写の善本である神宮文庫蔵の御巫《みかなぎ》本では「長蚫五百帖」となっている）。①は農業、②は手工業、③は漁業の生産物であり、御厨のそれぞれの分野での生産物の内容を示している。

まず農業では水田と畠地があろう。水田は多分、相模野台地にくいこんだ小河川のつくった谷にひらかれた谷田が主であった。天養元年（一一四四）には「御厨作田九十五町、苅穎四万七千七百五十束」という数字が示されている。これは源義朝の郎従と在庁官人に没収された分のみであったかもしれない。だが鎌倉末期の『神鳳抄』に「百五十町」とあるのを田地の面積と考えれば、平安末期の九十五町を、御厨の水田のほぼ全部とみることも可能（なお『神鳳抄』群書類従本は、田地の「百五十町」に傍注して「イ五百町」と記す。しかし御巫本ではやはり「百五十町」であるから、イ本の記載は採らない）であろう。単純に計算すれば、一反あたりの収穫は五十束強で、律令時代の公的規定である上田の標準的収穫五十束をほんのわずか上まわり、反あたり籾五石、米で二石五斗の数字を得る。新開の水田としては相当の生産量といわねばならない。一方、神宮への上分籾はすべてで四十石、天養元年の収穫量四千七百五十石とくらべれば、まことにわずかな量である。これは預所にあたる給主や下司大庭氏などの神宮以外の領主が相当部分を収取していたためであろう。

畠作については、天養元年の源義朝らの侵入に際して鵠沼郷内の大豆・小豆が刈り取られている。海岸に近い沖積平野上に砂丘の列が連なり、その間には低湿地が点在したとおもわれるこの地域では、畠作がさかんであったのだろう。また相模野台地の上の面でも畠作が可能だったと考えられる。御厨の農業では水田に比して畠作の占める地位は相当に大きかったのではないだろうか。ただし畠作の生産物は一般的には荘園領主にさし出されず、文献上にあらわれないので詳細が不明なのは残念である。

次に手工業については、白くさらされた麻布である白布が神宮に進納されたということしかわからない。

漁業では長蚫五百帖が進上され、天養元年の第一回侵入の際、鵠沼郷で供祭料《くさいりよう》の魚を踏みけがしたと訴えられている。これは御厨内の伊介《いけ》神社へたてまつった魚だったかもしれないが、御厨のなかで漁業がかなりさかんに行われていたことがわかる。相模湾の海岸線だけでなく、沖合の蛯島・平島などの岩礁でも漁撈が行われていたに相違なく、江島もまたその対象だったかもしれない。

以上、文献上はごくわずかしか記載がないが、御厨の産業について考えてみた。年貢の内容からみても、それが決して水田農業のみを中心としたものでなく、漁業・畠作の役割も大きかったことが注意されねばならない。

稲毛荘の場合

相武地方の荘園として次に今一つ、武蔵国南部、現在の川崎市高津区から中原区にまたがる地域にあった稲毛荘についてみよう。ちょうど多摩川の南岸、多摩丘陵のはるか末端の下にひろがる低平な平野は、今や住宅地と工場地帯と化しているが、かつてはここに荘園が存在したのである。その名も稲毛荘というように、水田を主とする荘園だったと想像される。

ところでかつて藤原氏摂関家の一つの九条家に伝来してきた『中右記部類《ちゅうゆうきぶるい》』巻十六の写本は、すでに反古《ほご》紙として破棄された文書類の裏に書かれているが、その一枚から承安元年（一一七一）の武蔵国稲毛本荘の田数検注目録の一部が発見されている。[*43] 冒頭の一枚だけで全貌を知りえないのはまことに残念であるが、その内容に若干の注を加えて表に書き直すと一三四頁のようになる。

この表からは当時の稲毛荘の実態についていろいろと考えをめぐらすことができる。まずCeの神田の記載から、稲毛本荘には稲毛郷・□(小カ)田中郷・井田郷の三郷があったことがわかる。

この三郷はどれも『和名抄』にはみえない、新たに成立した郷であるが、それぞれに鎮守の社をもつ村落であること、とくに荘名にもなった稲毛郷だけは二つの社があって、年貢を免除される神田も他の二郷の倍であることが注意をひく。小田中も井田も、ともに今も中原区の町名として残っているが、稲毛郷だけは荘名ともなってより広い地域名に拡大したせいか、現在は残っていない。

ところで稲毛・小田中・井田と、郷の名はいずれも稲作や水田と関係が深い。Ａａの総面積二百六十三町八反余りに対して、Ｃａの新田は五十五町六反余りで、全体の二割強に達し、なかでもＣｃの今年新田、承安元年に新田とみとめられた分が新田の六割強を占めて、それ以前からの新田である古作をはるかに圧倒している。これは稲毛荘が稲作を主とする地帯で、しかもこの当時、水田の大開発が進行中であったことをまざまざと物語っている。Ｂｂの除田のなかに井料田一町五反が計上されているのは、用水溝の費用を出すための田地を示す。多摩川沿いの低地であるから、あるいは多摩川から水を引く用水がつくられていたのかもしれない。

さてＢｂの除田《じよでん》（年貢を免除される田）のなかに中司《ちゆうじ》・下司《げし》に与えられる田も記載されている。御佃《おつくだ》というのは直営田であって、その収益は与えられた荘官の所有に帰する。下司はおそらくこの荘を寄進した開発領主であろうが、中司とはその上位に位する、本所側の代表者たる預所の代理人のことであろう。荘官というべき中司・下司についで、年貢免除の田地を与えられて

稲毛本荘承安元年田数検注目録

A　a 合田	263町8反180歩
b 見作田（現在耕作している田）	262．6．180
c 荒　田（荒廃して耕作していない田）	1．2．
B　a 本田（平治元年の検注で定められた田）	206．9．300
b 除田（年貢を免除される田）	17．5．
新御願寺免	5．0．
春日新宮免	2．0．
中司御佃	3．5．
下司免	2．5．
兵仕免	1．5．
夫領免	1．0．
皮古造免	0．5．
井料田	1．5．
c 定田（年貢のかかる田）	189．5．
所当御年貢（1町あたり八丈絹2疋で）	379疋
C　a 新田	55町6反240歩
b 古作	20．1．180
c 今年新田	35．5．　60
d 除田	13．8．
e 神田	1．2．
稲毛郷鎮守2所	6．
□《(小カ)》田中郷鎮守	3．
井田郷鎮守	3．

いるのは兵仕《ひょうじ》であり、夫領《ぶりょう》であり、皮古造《かわごづくり》である。兵仕は兵士と書くのがふつうであって、荘園の住人中の有力者が治安警察のために兵士として動員されたものであろう。夫領とは、荘園領主から人夫の役に動員された人々を宰領し、指揮する人物である。これらは下司についで、一種の荘官といってよい。ところで皮古とは、皮で周囲をはりつつんだ籠のことで、皮子とも書く。紙ではったり竹であんだものもあったようで、当時、ものの運搬や保存のためによく使われた道具である。皮古造とは、それを製造する職人のことで、いわば、れっきとした手工業者が兵仕・夫領とならんで田地を免除されていることは、大変に興味が深い。稲作中心地帯とおもわれるこの荘園で手工業者がこれだけの待遇をうけていることは、このころの相武地方で手工業者が、社会的に相当高い地位にあったことを示している。

そういえば、この荘園からの年貢は、本田については一町あたり八丈絹二疋と、すべて絹織物で納めることになっている。年貢といっても決して現物の米を本所まで納めるわけではないのである。そしてそれが絹織物であるのは、この地方でやはり絹の生産がさかんだったことを示すものであろう。

反古紙として処分された一枚の紙から、当時の稲毛荘の実態にせまる、いくつもの貴重な情報が得られた。わずかな断片ではあるが、平安末期の武蔵の荘園についての重要な文献といえよう。

ではこの荘園の所有者は誰か。開発領主、あるいは下司の名は不明だが、武蔵の大豪族秩父氏の一族畠山重忠の弟に稲毛三郎重成という武士があった。彼は稲毛荘の西北方、現川崎市多摩区の北部、細山・金程・菅一帯の小沢郷を所領としていたことが明らかである。[*44] 稲毛荘の開発領主・下司とはあるいはこの重成か、それとも上述した武蔵七党の西党の稲毛氏だったかもしれない。

では稲毛荘の寄進をうけた中央の有力者とは誰か。先にこの反古紙の裏をかえして書かれた写本は、九条家に伝来してきたと述べた。それならば、この検注目録をかつて所有していたのは摂関家の一つの九条家にちがいなく、稲家荘の荘園領主も同じに相違ない。この推測の正しいことは、①稲毛本・新両荘を九条良通に譲った伯母の皇嘉門院藤原聖子の治承四年（一一八〇）五月十一日の譲状[*45]の存在、②稲毛新荘を娘の宜秋門院任子に譲った元久元年（一二〇四）四月廿三日の九条兼実置文[*46]に、稲毛本荘は兼実の弟の慈円が管領する比叡山の大乗院に寄付した旨が記されていることなどによって確かめられる。

そのうえで今一度Bbの除田を見直すと、春日新宮免が二町ある。藤原氏摂関家の荘園であるがゆえに、藤原氏の守り神である春日神社が、この稲毛荘にもまつられたのであろう。今、中原区の北端、宮内には、かつて嵯峨天皇のとき、雨乞いのため勅使が下されたという伝説をもつ古社の春日神社があり、それゆえに宮内という村名となったとされていた（『新編武蔵風土記稿』)。この神社には、応永十年(一四〇三)五月、旦那藤原氏景が「武蔵立華《たちばな》郡稲毛本庄春日御宮鰐口」として奉納した鰐口があった[*47]。これこそ平安末期の稲毛本荘の春日新宮の後身だったにちがいない。

さて稲毛荘に対する新荘については、文献史料がほとんどない。ただ新荘内に坂戸郷[*48]・木田見方郷[*49](なお「坂戸郷木田見方」[*50]とみえる場合もある)・渋口郷[*51]などの郷のあったことはわかる。これはいずれも現在、高津区の東部に坂戸・北見方・子母口の地名として残っているので、あるいは稲毛新荘は本荘の西部へと発展したものだったかもしれない。

相武の荘園

大庭御厨の成立したころ、相武地方にもようやく荘園があらわれはじめ、以後その数は増加する。しかし荘園に関する文献史料で現在まで残り伝わってきたものは非常に少なく、全体をうかがうのは容易でない。そこで時代的な幅をとってほぼ南北朝時代、十四世紀くらいまでの間の文献にみえる相模国と武蔵国南三郡の荘園をひろいあげて、表示しておく。

率直にいって荘園としての存在、荘園領主の名がわかるという程度の文献しか残されていないものが多く、荘園の内部の実態までうかがい知られる場合はほとんどない。しかし今一度、平安時代末期という時期に立ちもどって、簡単にまとめてみることにしよう。

相武の荘園一覧表

郡名	荘園名	荘園領主	在地領主	初見年代
足上郡	1 大井荘	延勝寺	不明	文治3(1187)
	2 狩野荘	不明	不明	興国2(1341)
	3 大友荘	八幡宮	大友氏	建長5(1253)
足下郡	4 成田荘	藤原頼長(1156年まで)→後白河天皇(1161年まで)→新日吉社(1161年以後)	不明	保元1(1156)
	5 曾我荘	不明	曾我氏	建久4(1193)
	6 {早川牧 早川荘	遠江守大江公資→〔本家〕藤原長家→以後藤原氏摂関家	不明	嘉保2(1095)
余綾郡	7 中村荘	不明	中村氏(庄司)	天養1(1144)
	8 河勾荘(二宮河勾荘)	京極局→〔本家〕八条院(1167年以降?)	不明(中村氏一族か)	暦仁1(1238)
	9 波多野荘	冷泉宮(三条天皇皇女)(11世紀前半?)→藤原氏摂関家・近衛家領	波多野氏	保延3(1137)
大住郡	10 旧国府別宮 旧国府	石清水八幡宮	三浦氏(?)	保元3(1158)
	11 前取荘(四宮荘)	八条院、蓮華心院(1174年)	不明	文治1(1185)
	12 糟屋荘	安楽寿院	糟屋氏	久寿1(1154)立券
	13 豊田荘	不明	大庭氏	文治4(1188)
	14 石田荘	円覚寺正続院	不明	正平6(1351)
愛甲郡	15 愛甲荘	熊野山	愛甲氏(?)	寛元1(1243)
	16 毛利荘	不明	毛利氏、源義隆	養和1(1181)

郡				
高座郡	17 国分寺	某大寺	不明	久安5(1149)
高座郡	18 一宮荘	不明	不明	正平8(1353)
高座郡	19 大庭御厨	伊勢神宮(内宮)	鎌倉景正、大庭氏(下司)	永久4(1116)国免 永治1(1141)奉免宣旨
高座郡	20 渋谷荘	不明	渋谷氏	治承4(1180)
鎌倉郡	21 吉田荘	円満院(園城寺門跡)	渋谷氏	建久3(1192)
鎌倉郡	22 玉輪荘	不明	不明	天養1(1144)
鎌倉郡	23 山内荘	長講堂	山内首藤氏	治承4(1180)
三浦郡	24 三浦荘	不明	三浦氏(庄司)	天養1(1144)
三浦郡	25 三崎荘	冷泉宮(11世紀前半?)→藤原氏摂関家領、近衛家領	不明	建長5(1253)
久良岐郡	26 六浦荘	不明	北条氏	宝治1(1247)
橘樹郡	27 稲毛荘	藤原氏摂関家→九条家	稲毛氏(?)	承安1(1171)
橘樹郡	28 賀勢荘	宣陽門院	不明	鎌倉前期(?)
橘樹郡	29 河崎荘	勧修寺(1336年)	不明	弘長3(1263)
橘樹郡	30 橘御厨	伊勢神宮	不明	鎌倉末期
都筑郡	31 榛谷御厨	伊勢神宮(内宮)	榛谷氏	保安3(1122)
都筑郡	32 恩田御厨	不明	不明	嘉暦3(1328)
都筑郡	33 小山田荘	不明	小山田氏	正平19(1364)

後代の文献にはじめてあらわれる荘園であっても、はるかそれ以前から存在したと推定される場合もあるので、時代の幅を多少ひろく十四世紀くらいまでとって以下の荘園をえらび出したが、果してその多くは平安末期までさかのぼりうる荘園とみとめることができた。ただし、

2狩野荘、3大友荘、14石田荘、32恩田御厨、33小山田荘の五ヵ所は平安末期の荘園を考える際には一応除外すべきであろう。18一宮荘も除くべきかもしれないが、一方で17国分寺、8河勾荘（二宮河勾荘）、11前取《さきとり》荘（四宮荘）というように相模の国分寺や二宮・四宮が多く荘園化していることを考えれば、むげに除外することもできない。とりあえず残しておくことにする。すると平安末期までの荘園としては相模国で二十二、武蔵国で六ヵ所が残されるが、まず荘園領主の判明する分をみると、相模国では十四のうち

皇室領――六（八条院領8・11、安楽寿院領12、長講堂領23、延勝寺領1、新日吉社領4）
公家領――三（摂関家領6・9・25）
寺社領――五（伊勢神宮領19、石清水八幡宮領10、熊野山領15、円満院領21、某大寺領17）

武蔵国では、五のうち

皇室領――一（宣陽門院領28）
公家領――一（摂関家領27）
寺社領――三（伊勢神宮領30・31、勧修寺領29）

という分布になる。鳥羽上皇以後に集積された皇室領荘園や、伊勢神宮・熊野山・石清水八幡宮のような院政期に大きな力をふるった大寺社領の比重の大きいことがわかる。

これは一方で荘園としての成立がほぼ十二世紀に入って以後のものが多く、それ以前までさ

かのぼるのは、6の早川牧、9の波多野荘、25の三崎荘程度であることとも関連し、この地方での荘園の増加は平安末期の院政時代であることを物語っている。

相武の公領

これまで平安末期の相武の荘園をみてきたが、当時のこの地方で、むしろより大きな比重をもっていたのは国司の支配下に属する公領（国衙領ともいう）であった。公領に関する当時の文献史料は荘園とくらべてもさらに少ないが、後代の史料から推定すると、どうもそのように判断される。荘園の場合と同様に、主として『神奈川県史資料編』から、ほぼ十四世紀末までの公領をひろい出したのが一四二頁以下の表である。

この調査の際には、「相模国〇〇郷」のように荘園内であることを記さず、それだけで独立した単位として文献にあらわれるものは一応すべて公領とみて表に採録した。すでに指摘したように、大友郷と大友荘のように郷と荘が混用されている場合、あるいは一方で〇〇荘内〇〇郷とされている郷が他方で独立単位としてあらわれる場合も少々あるが、それらもみな網羅してある。

十四世紀末までの公領の総数は、合計百二十ヵ所近くになるから、単独に数だけをくらべれば荘園の四倍に近い。もって当時の公領の比重の大きさを知るべきである。これらがすべて平

相武の公領一覧表

郡名	郷名等	場所(地域)	初見年代	典拠
足上郡	1松田郷	松田町	治承4(1180)	鏡 治承4・10・17
	2河村郷	山北町、川村山北、川村向原、川村岸等	〃	〃 〃 4・10・23
	3大友郷	小田原市東大友、西大友	建保1(1213)	〃 建保1・5・7
	4大井田郷	大井町篠窪をふくむ	建武4(1337)	神3—3326
	5下曾比郷	小田原市曾比	貞治2(1363)	〃 3—4436
	6延清名	〃 延清	〃 3(1364)	〃 3—4492
	7菖蒲	秦野市菖蒲	建保1(1213)	鏡 建保1・5・7
足下郡	8土肥郷	湯河原町、真鶴町	治承4(1180)	〃 治承4・8・20
	9平井郷	?	〃	〃 〃 4・8・24
	10桑原郷	小田原市桑原	〃	〃 〃 4・10・16
	(西桑原郷)	〃	建長1(1249)	神1—402
	11高田郷	小田原市高田	寿永2(1183)	〃 1—22
	12田島郷	〃 田島	〃	〃
	13長墓郷	〃 永塚	〃	〃 1—29
	14柳下郷	〃 鴨宮、酒匂、小八幡	嘉禄3(1227)	〃 1—307
	15千葉郷	〃 千代	〃	〃
	16曾我郷	〃 上曾我、曾我岸、曾我別所、曾我大沢、曾我谷津、曾我原	康永1(1342)	〃 3—3571
	17小松郷	?	応永31(1424)	〃 3—5707
	18厩川村	小田原市中村原付近	明徳1(1390)	〃 3—5072

余綾郡	19*波多野郷	秦野市	治承4（1180）	鏡 治承4・10・17
	20*金目郷	平塚市北金目、南金目	〃7（1183）？	神1－27
	21 得延郷	〃 徳延	嘉禄3（1227）	〃1－307
	22 金江郷	？	（鎌倉初？）	三宝院文書
	23 弘河郷	平塚市広川	嘉元2（1304）	神2－1371
	24 大磯郷	大磯町	建武2（1335）	〃3－3233
	25 出縄郷	平塚市出縄	文和1（1352）	〃3－4208
	26 柳田郷	大磯町国府本郷、国府新宿	永和5（1379）	〃3－4821
	27 坂間郷	平塚市根坂間	嘉慶2（1388）	〃3－5044
	（西坂間郷）		至徳4（1387）	〃3－5027
	（東坂間）		建武2（1335）	〃3－3233
	28*中村郷	中井町、小田原市小竹、小船、中村原付近	明徳1（1390）	〃3－5073
	29 生沢郷	大磯町生沢	応永2（1395）ころ？	〃3－5164
	30*渋見郷	二宮町二宮	応永3（1396）	〃3－5166
	31 田原村	秦野市東田原、西田原	観応1（1350）	〃3－4044
	32 上吉沢	平塚市上吉沢	文保2（1318）	〃3－2127
大住郡	33 丸嶋郷	〃 丸島	建保2（1214）	鏡 建保2・12・1
	34*櫛橋郷	伊勢原市串橋	嘉禄3（1227）	神1－307
	35*大上郷	平塚市大神	建治3（1277）	〃1－825
	36 四宮郷	平塚市四之宮	弘安1（1278）	神2－844
	37 善波郷	伊勢原市善波	正安3（1301）	〃2－1303
	38 田村郷	平塚市田村	鎌倉末期	〃3－3141
	39 河内郷	？	建武1（1334）	〃3－3159

大住郡				
40	津奥郷	厚木市岡津古久	建武2（1335）	神3−3237
41	白根郷	伊勢原市白根	暦応2（1339）	〃3−3459
42	戸田郷	厚木市戸田	観応3（1352）	〃3−4235
43	中沼郷	〃　長沼	永和4（1378）	〃3−4818
44	今里村	平塚市今里	〃	〃
45	真広名	〃　西海地	観応3（1352）	〃3−4170
46	岡崎	〃　岡崎	建保1（1213）	鏡　建保1・5・7
愛甲郡				
47	古庄郷	厚木市飯山付近	寿永1（1182）	〃　寿永1・5・25
48	依智郷	〃　上依知、中依知、下依知、金田	元徳1（1329）	神2−2778
49	厚木郷	厚木市	建武5（1338）	〃3−3376
50	小沢郷	愛川町小沢	応永7（1400）	〃3−5271
51	散田郷	厚木市三田	〃26（1419）	〃3−5589
52	河入郷	〃　下川入	〃	〃
53	奥三保	津久井町若柳、藤野町日連、牧野を含む	鎌倉末期	〃2−2364
54	宮瀬村	清川村宮ケ瀬	永仁2（1294）	〃2−1148
55	鳥屋山	津久井町鳥屋	鎌倉末期	〃2−2364
高座郡				
56	懐島郷	茅ケ崎市円蔵、浜之郷	建保1（1213）	鏡　建保1・5・7
	（懐島殿原郷）		〃	神1−278
57	下海老名郷	海老名市	文永1（1264）	〃1−514
58	石上郷	藤沢市石上	弘安8（1285）	〃2−1010
59	座間郷	座間市座間、相模原市新戸	元徳2（1330）	〃2−2870
60	絃間郷	相模原市上鶴間、大和市下鶴間	鎌倉末期	〃3−3141
61	深見郷	大和市深見	正平7（1352）	〃3−4120

鎌倉郷				
62	由比郷	鎌倉市由比ケ浜、材木座	治承4(1180)	鏡 治承4・10・12
63	小林郷	〃 雪ノ下一、二丁目付近	〃	〃 〃
64	大倉郷	〃 雪ノ下三、四丁目、浄明寺、二階堂	〃	〃 〃 4・12・12
65	村岡郷	藤沢市村岡東	建久2(1191)	神1－218
66	南深沢郷	鎌倉市腰越、津西付近	元久2(1205)	〃1－260
67	岡津郷	横浜市戸塚区岡津町	文永7(1270)	〃1－605
68	飯田郷	〃 戸塚区上飯田町、下飯田町	正安1(1299)	〃2－1267
69	長尾郷	〃 戸塚区長尾台町、田谷町、金井町、小雀町	〃3(1301)	〃2－1295
70	北深沢郷	鎌倉市梶原付近	嘉暦3(1328)	〃2－2671
71	吉田郷	横浜市戸塚区吉田町	正平6(1351)	〃3－4117
72	瀬谷郷	〃 瀬谷区瀬谷町、上瀬谷町、南瀬谷	宝徳4(1452)	〃2－2436
73	小坪郷	逗子市小坪	康暦1(1379)	〃3－4831
74	富塚	横浜市戸塚区戸塚町	建久2(1191)	〃1－218
三浦郡				
75	谷部郷	横須賀市大矢部町	宝治1(1247)	〃1－386
*76	林郷	〃 林、大田和	弘安7(1284)	〃2－1003
77	治須郷(沼浜?)	逗子市付近?	鎌倉末期	神3－3141
78	和田郷	三浦市和田	正平7(1352)	〃3－4120
79	葉山郷	葉山町	文和2(1353)	〃3－4333
80	葺名郷	横須賀市芦名	永享6(1434)	〃3－5893
81	山口郷	葉山町上山口、下山口	〃	〃
82	野比村	横須賀市野比	応永11(1404)	〃3－5338
83	平佐古	〃 平作町	応安6(1373)	〃3－4691

郡名	郷名			
	84 鴨江	横須賀市鴨居	応安6(1373)	神3－4691
郡名不明	85 成松名	?	寛元2(1244)	鏡 寛元2・7・20
久良岐郡	86 平子郷	横浜市中区根岸町付近、南区堀ノ内町、中村町	貞永2(1233)	神1－320
	87 小机郷	〃 港北区小机町、鳥山町	延応1(1239)	鏡 延応1・1・14
	88 鶴見郷	〃 鶴見区鶴見町付近	仁治2(1241)	〃 仁治2・10・21
	89 神奈川郷	〃 神奈川区神奈川本町、東神奈川、西神奈川	文永3(1266)	神1－526
	90 子安郷	〃 神奈川区子安通、新子安、子安台	正応5(1292)	〃2－1102
	91 帷子郷	〃 保土ケ谷区帷子町付近	延慶4(1311)	〃2－1794
	92 久友郷	?	応安6(1373)	〃3－4693
	93* 師岡保	横浜市鶴見区駒岡町付近、港北区師岡町	寿永2(1183)	〃1－24
	94 小机保	〃 港北区小机町	永徳2(1382)	〃3－4899
橘樹郡	95 小沢郷	川崎市多摩区菅付近	元久2(1205)	鏡 元久2・11・4
	96 綱島郷	横浜市港北区綱島東、綱島西、綱島上町、綱島台	承元3(1209)	神1－263
	97 平間郷	川崎市中原区上平間、幸区下平間	康元1(1256)	鏡 康元1・6・2
	98 稲目郷	〃 多摩区生田付近	文永3(1266)	神1－526
	99 鹿島田郷	〃 幸区鹿島田	弘安9(1286)	〃2－1041
	100 太田渋子郷	?	建武2(1335)	〃3－3215
	101 高田郷	横浜市港北区高田町	観応3(1352)	〃3－4197
	102 丸子保	川崎市中原区上丸子、中丸子	応安5(1372)	〃3－4677
	103 勝田郷	横浜市港北区勝田町	承元3(1209)	〃1－263
	104 黒金郷	〃 緑区鉄町	〃	〃

都筑郡			
105*八佐古郷	〃緑区北八朔町、西八朔町	〃	〃
106佐江土郷	〃緑区佐江戸町	弘長2（1262）	関東往還記
107新羽郷	〃港北区新羽町	正応3（1290）	新編追加
108恩田郷	〃緑区恩田町	永仁ごろ	武本為訓氏所蔵文書
109鴨志田郷	〃緑区鴨志田町	〃	〃
110市尾郷	〃緑区市ケ尾町	〃	早稲田大学所蔵文書
111麻生郷	川崎市多摩区上麻生、下麻生	鎌倉末期	神3−3141
112河井郷	？	観応2（1351）	〃3−4081
113石河郷	横浜市緑区元石川町	明徳4（1393）	〃3−5101
114小山田保	川崎市多摩区黒川をふくむ	応永11（1404）	〃3−5341

＊は『和名抄』の郷名と一致するもの。「鏡」は『吾妻鏡』の、「神」は『神奈川県史資料編』の略称。

安末期から存在していたかどうか、当時の直接史料がないので断定はできないが、他の地方の例からみて院政時代にはすでに中世的な荘園・公領の基本的体制はできあがっていたであろう。したがってこの地方でも表にみえる公領の大部分は、平安末期からすでに成立していたにちがいない。『和名抄』以来の古い歴史をもつ郷名が30の渋見郷、101の高田郷のように十四世紀になってあらわれてくる例もあり、これらの文献がすべて偶然的な史料ばかりであることを考えれば、上のように推定してほぼ大過ないとおもうのである。

さて平安末期の公領の構成単位として、この表にあらわれるのは郷・保・村・名・山の五種である。これらはいずれも国に直結する単位としてあらわれてくる。律令体制下の地方行政は、国―郡―郷という三階級組織を原則としていた。中世でも郡がまったく名目化したわけではないが、相武地方では、十四世紀末にいたるまでどうも郡のかげがうすい。わずかに武蔵国の久《く》良《ら》岐《き》郡が、鎌倉幕府の直轄領[*52]や北条氏の所領[*53]としてあらわれてくるぐらいである。やはり基本的にはかつての組織原則がくずれ、国―郷・保の組織となっていたのだろう。

公領の基本単位として圧倒的に多くあらわれるのは郷である。それはもはや、五十戸を一郷とする律令体制下の人的団体ではなく、一定の領域をもつ地域的な徴税単位として再編成されたものであった。『和名抄』以来の郷名と一致するものが、相模で七、武蔵で三、合計して十しかないことにも、その辺の事情が暗示されている。武蔵国都筑郡の地域、今は主として横浜市の緑区付近一帯を例にとると、ここでは『和名抄』にみえる郷名が駅家をふくめて合計七、次の公領表で検出できた郷名が合計十一、そのほとんど全部は近世以来の村名と一致し、現在まで町名として名を伝えている一方、『和名抄』につながるのはわずかに一つ（針《ばっ》斫《さく》―八朔）にすぎない。律令制下の郷とくらべて、中世の公領の郷が、より小さな範囲の地域的単位であり、近世から現代までつながる村落を基礎としていたことが推察されるのである。

それぞれの郷には、その地域を管理し、徴税をうけおう役人として郷司がおかれ、主として在地の豪族が任命されていた。文献上にあらわれるのは、47の古庄郷の郷司近藤太[*54]、3の大友郷の地頭郷司職を父大友能直から仁治元年（一二四〇）に譲与された大友親秀[*55]、弘安六年（一二八三）に57の下海老名郷の郷司であったらしい海老名季景[*56]など、わずかにすぎないが、他地方の例からしても、すべての郷には郷司がおかれていたにちがいない。上の古庄近藤氏・大友氏・海老名氏はいずれも鎌倉武士として活躍した人々であり、みな郷の名を氏の名としている。同じように鎌倉時代のごく初期に、1の松田郷、2の河村郷、8の土肥郷等々を所領として支配していた波多野（松田）氏・河村氏・土肥氏などの有力武士は、また同時にそれぞれの郷司をつとめていた家であったとみてまちがいない。

中世の公領の基本単位としてつねに郷と併称されるのは保である。保について簡単に説明するのはむつかしいが、郷とくらべてより私領性の強い単位である場合、あるいは中央の官庁に直属する支配地である場合などがある。相武地方にあらわれる保としては相模に53の奥三保、武蔵に93の師岡保、94の小机保、102の丸子保、114の小山田保の五ヵ所があるが、どれも保としての存在が知られるだけで、中央官庁との関係、あるいは保の管理者である保司の名前などはまったくわからない。だが小山田保がまた小山田荘ともよばれていたこと、丸子保と同名の丸子荘の存在が平安最末期に知られること[*57]は、私領性の強い単位としての保の性格を物語っている。

なお53の奥三保を公領の保とみた理由について若干説明を加えておく。その名の初見は、鎌倉末期に「奥三保屋形山」の給主が北条氏得宗《とくそう》の被官合田左衛門三郎入道であったとの記載である。[*58] 奥三保一帯の山林が「屋形山」として、このとき北条氏嫡流家の直接支配下におかれていたことがわかる。次に年次未詳の足利義詮書状[*59]によると、極楽寺の舎利会料所として「相模国毛利庄奥三保内若柳・日連・牧野等」を足利尊氏がかつて寄進したことが明らかである。毛利荘と奥三保との関係が併列関係であるか、あるいは荘内にふくまれているのか、どちらかは断定しにくい。だが私は奥三保を単なる地名、三保の奥という呼称とは考えない。

のちの後北条氏治下に作成された『小田原衆所領役帳』をみると、奥三保の項で「保内日向之村」と「日蔭之村」に分類して合計十七ヵ村の名を書き上げている。ここで「保内」といっていることは、ここが保の地域であったことを示す明らかな証拠である。

「奥郡」「奥七郡」「奥○保」というように、一国の国府から遠く離れた地域を「奥」何々とよぶ例は諸国に多い。「奥三保」もそれと同じく、相模の最北部、奥地にある三つの保を総称してのよび方とみるのが、もっとも自然であろう。若柳・日連・牧野がそれぞれに本来独立の保であり、それが三つ集まった総称が「奥三保」であったのかどうか、そこまでは明らかにできないが、これが国領の保であったことは確実だと考えられる。

郷・保とやや性格はちがうが、先の鎌倉末期の「奥三保屋形山」とならんで同時に、55の鳥屋山が、北条氏嫡流家直轄支配下の山林として存在しており、給主は48の依智郷など愛甲郡に本拠をおいていた北条氏の有力被官本間氏の一族、本間五郎左衛門尉であった。[*60] 丹沢山地北面の山林に囲まれた地域であり、まさにそれゆえに「山」として公領の基本単位とされていたのだと考える。

公領の単位としては、ほかにも村や名がある。だがこれは郷・保の内部の単位であるのが本来で、独立単位としてあらわれてくるのは例外である。たとえば6の延清名は、現在も大友の南一キロメートル弱の地点に延清の集落を残しているが、史料上では「大友郷付延清名」[*61]、あるいは「大友郷内延清名」[*62]と記されており、前者にしたがって一応は独立単位とみとめたが、事実は大友郷の内部単位であったのが本来であろう。このような理由で村・名がこの公領表にあらわれてくる例はごく少ないのである。

平安時代末期の情勢

以上、相武地方の荘園と公領とを一応総ざらいしたところで、双方をまとめて、平安末期の当地方の情勢を大観してみよう。まず武蔵国の南三郡では、橘樹郡の稲毛荘・橘御厨に代表されるように、比較的低湿地帯に若干の荘園がみとめられる。ただその他は、都筑・久良岐両郡の、主として小さくて浅い谷間に分布する谷田を基礎とした村々のほとんどが公領としてあらわれることが大きな特色である。この地域では、荘園とくらべて公領の優位がはっきりしている。

これに対して相模国の場合には、それほど明瞭な特色を見出しにくい。ただ当時、国府がおかれていた国の中央部の大住・余綾両郡と、西は足下、東は鎌倉の両郡に公領が多いことは確かである。これは国府に近い地域や、足柄平野南部と鎌倉を中心に公領が集中していたことを物語っている。だが荘園の分布もまた、数のうえではこうした地域により多くみとめられるので、事態は武蔵の場合ほど単純にはわり切れない。公領や荘園の単位の数だけの比較ではなく、実態に立ち入っての究明が必要なのだが、その点を明らかにするための文献史料がほとんどないのである。

だがすでに荘園の項でみたように、国分寺や二宮・四宮、あるいは旧国府八幡宮など、本来は国府と関係深く、公領であるべきはずのところが荘園化している。また荘園と公領の混用や、荘園内にふくまれていた郷と公領の郷が共通している例も決して少なくはない。そうすれば、荘園も公領も実はまったく相対立するものではなく、在地の村々が中央と結びつく際の形式のちがいにすぎず、中央部や足柄平野、鎌倉郡などは、いわば国内の先進地域として多くの村々を成立させていたので、公領も荘園も、ともに他地域より多く検出されるのだ、とみておいたほうがよいかもしれない。

次に注目すべきは、荘園・公領のよび名と武士団の名字とに共通するものの多いことである。荘名では曾我・中村・波多野・糟屋・豊田・愛甲・大庭・渋谷・山内・三浦・稲毛・榛谷・小山田、いずれも平安末期から鎌倉初期にかけて活躍した相武の武士たちの名字である。公領でも大友・松田・河村・土肥・岡崎・古庄・飯田・長尾・葦名・和田・平子・恩田・市尾の各氏はみな鎌倉武士として名を残した家であった。荘や郷・保を所領として支配した荘司・郷司らが、同時に在地を支配する武士団でもあったことが、よく示されている。

新しい国府

これまで平安後期の荘園や公領のあり方をながめてきたが、公領の比重が当時なお相当に大きかったことからみても、この地方の政治的中心となっていたのは、やはり国府であった。そこで平安後期の相・武両国の国府について述べよう。

武蔵の国府は、知られるかぎり、現在の東京都府中市の地を動かなかった。それに対して相模の国府は三ヵ所に移動をくりかえしている。そしてちょうど平安時代末期の十二世紀半ばには、それまでの大住郡内から、西隣りの余綾郡内の国府にと移った。三度目の国府ということになる。

この移動はなにによって確かめられるのか。当時、橘忠兼によってつくられた『色葉（または伊呂波）字類抄』とよばれる辞書がある。天養年間（一一四四〜四五）に原形ができ、長寛年間（一一六三〜六五）まで補充したその初稿本（二巻本）には、「大住府」とあるのに、鎌倉初期までにでき上った増補本（十巻本）には「余綾《ユルキ》府」と記されている。つまり『色葉字類抄』の初稿本から増補本の間に、国府の移動が行われたことになる。時期としてはちょうど保元・平治の乱をなかにはさんで平氏の勃興《ぼっこう》から滅亡をむかえるまでの波瀾の多い時代にあたるのである。では今少し、国府移動の時期を限定することはできないだろうか。

平安末から鎌倉時代にかけて、相模国には石清水八幡宮の支配下に属した旧国府別宮があった。すでに述べたように、この別宮こそは、現在平塚市浅間町の平塚八幡宮と考えられる。国府の鎮守、守り神として八幡宮を勧請した例は諸国に多く、国府八幡宮とよぶのが例であった。この場合、旧国府八幡宮とよばれていたのは国府の移動後も八幡宮がもとの場所にとどまっていたためであろう。それが今の平塚八幡宮とすれば、それこそ大住郡内にあった国府の鎮守だったに相違ない。この旧国府八幡宮は、すでに保元三年（一一五八）の文書[*63]にはじめてあらわれている。そうすればこのとき、国府はすでに大住郡から余綾郡へと移転していたことになり、移転の時期は天養年間から保元三年まで、すなわち一一四四年から一一五八年までの間にしぼられてくるのである。

余綾郡内の国府はどこにおかれたのか。現在の大磯町の西部、夏は大磯ロングビーチとして

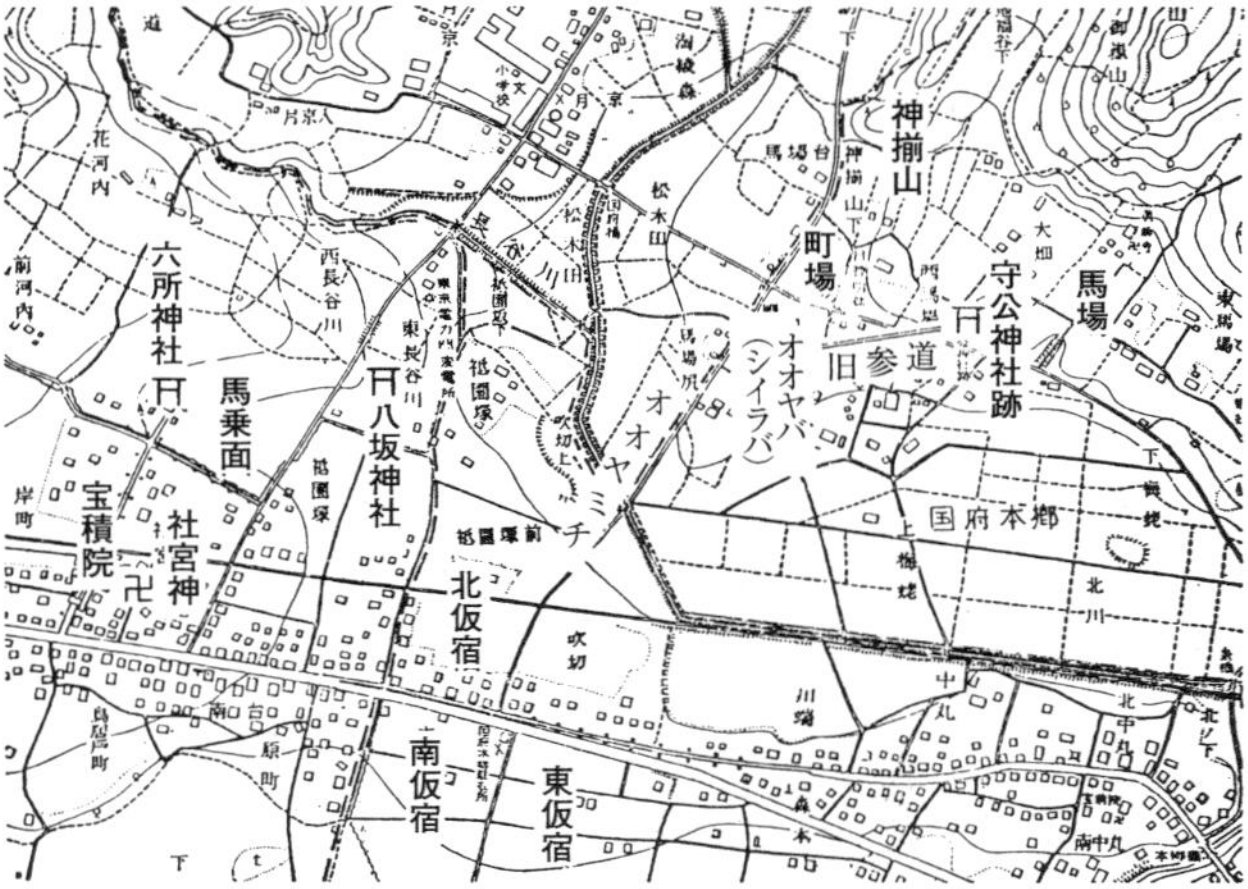

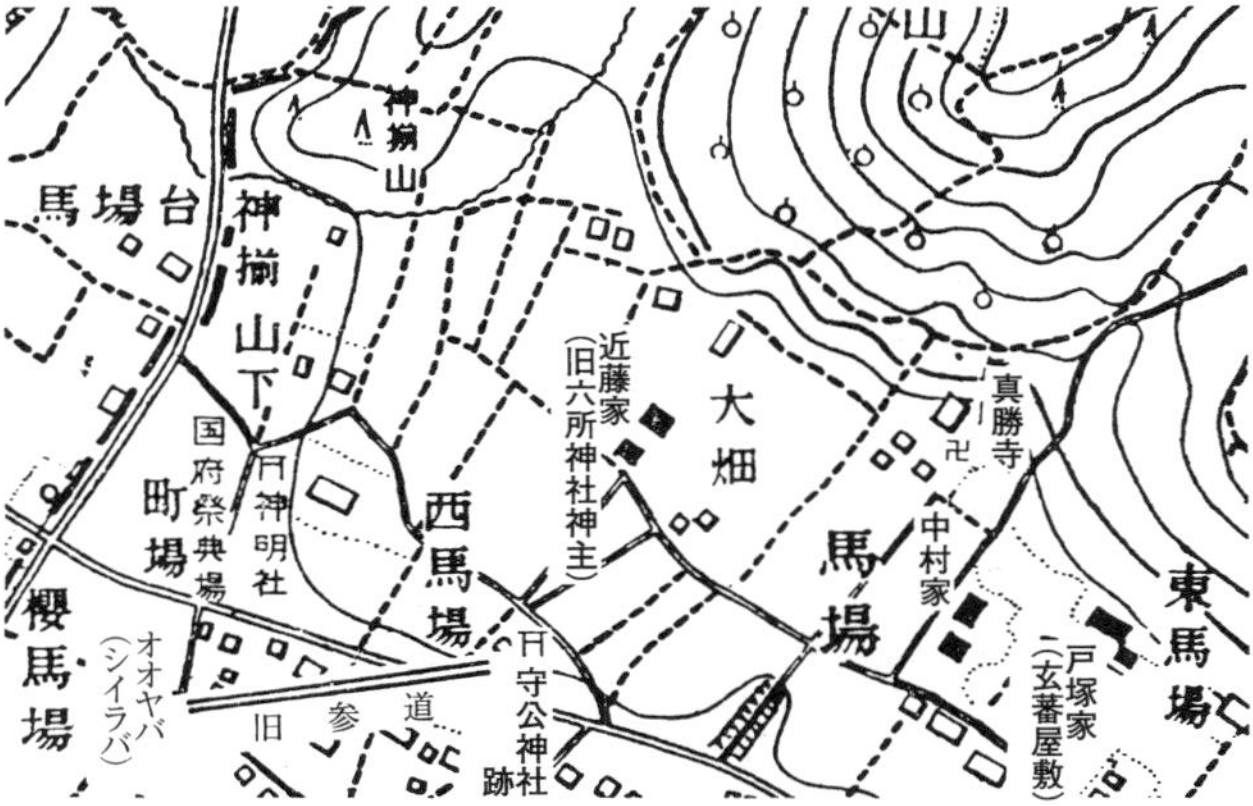

●――国府本郷付近（昭和26年測図『二宮町国府町全図』神奈川県国府町役場・二宮町役場発行，国立国会図書館蔵により作成，上・1万5千分1，下・6千分1）

にぎわう一帯の背面、北に丘陵をおい、南は相模湾へとひらける小さな平野部に国府本郷《こう》・国府新宿の地名が残り、国の総社の六所神社がまつられている。総社とは本来、国司が国内の諸神社の神霊をまとめて国府の近くにまつり、奉幣や参拝の便宜をはかった神社で、平安後期から多くの国々までまつりはじめたものである。治承四年（一一八〇）、挙兵に成功したばかりの源頼朝は「相模国府六所宮」に参拝したと『吾妻鏡』にみえている。これが現在の国府本郷の六所神社であることは、前後の記事からほぼ疑いがない。だからこの国府本郷の付近一帯こそ国府のあとにちがいない。

考古学的な発掘調査は、ほんの一部分について実施されただけで、まだ国府の役所など施設がどこにあったかは判明していない。したがって社寺や地名・伝承を主に考えてゆくと、国府本郷の北より、小字西馬場（明治前は辻神とよばれていたのを改称）にある守公《しゅこう》神社の存在が注目される。守公神とは、他の国府にも存在した、国の役所の建物の守護神である。そのすぐ西南の場所が、[*64] 大磯町の中村二郎氏よると総社の国府祭の祭りの場のオオヤバ（またシイラバともよぶ）であり、かつて守公神社は西向きで社地の入口はここに接していた。してみれば、この付近は国府のなかでも重要な場所であり、役所の建物がおかれていた可能性が高い。かつて守公神社の桑畑に十四、五個をはじめ、付近から多くの建物の礎石が出たという。[*65] 今後の調査が期待される。

また守公神社の東北方にあたる小字大畑（明治以前は東ノ畑・屋敷添という二つの字であった）には、かつて総社の神主をつとめていた近藤氏の家があり、さらにその東方には、古くから総社の別当寺であった相府山真勝寺がある。この付近一帯には、石野瑛氏によると玄蕃屋敷・因幡屋敷・左兵衛屋敷・左衛門屋敷などの地名が残っていたという。『新編相模国風土記稿』にみえる江戸時代の総社の神官の名とくらべると、神主および在庁らの屋敷地であったことにまちがいはない。また小字大畑と東馬場との境、真勝寺へと入る道路と平行して、少し以前までは高さ一メートル半ほどの土塁が走っていた。守公神社付近を国府の役所のあと、その東北方一帯を国府につとめる役人の在庁官人や総社神主の屋敷あとと考えることができよう。

以上の比定はほぼ石野氏の説いたところである。ただ石野氏がこの地域を中心に、八町四方の正方形の都市計画にもとづく国府を推定したことには疑問がある。現在の道路や遺構は、石野氏の引いた都市域の線とほとんど一致しないし、守公神社付近一帯の台地の南を流れる不動川のつくった低湿地帯が、推定国府域の中心部を横断するからである。時代はすでに平安末期であり、律令制のさかんな時代のように整然とした地割をもつ国府が建設されたわけではあるまい。国府の中心となる役所や、国司・目代、さらに国府の実務をになう在庁官人など役人たちの屋敷、それに総社などの神社・仏寺などの集合体が、当時の国府の実体だったのだろう。

国府祭

そのなかで今もかつての国府のあとをしのばせてくれる最大の行事は、国府祭《こうのまち》とよばれる六所神社の総社祭である。六所とは、相模国内の有力な神社である①一宮の寒川神社、②二宮の川勾《かわわ》神社、③三宮の比々多《ひびた》神社、④四宮の前取《さきとり》神社、これに次ぐ⑤平塚八幡宮の五社を、余綾郡の国府の所在地たる柳田郷の祭神たる⑥柳田明神に合祀したためのよび名と説明されている。一宮から四宮までの国内の有力な神社につづいて平塚八幡宮が加わっているのは、もとの大住郡の国府の守護神としての旧国府八幡宮であったがゆえのことであろう。

さて国府祭は、五月五日の早暁に、それぞれ①～⑤の本社を出発した各社の神輿が、氏子にかつがれて国府に向かうところからはじまる（現在は自動車を利用している）。五社の神輿が正午までに国府本郷の守公神社（大正九年ごろ総社に合併された）の西北方にあたる丘陵の端の神揃《かみそり》山に到着し、五社が揃うと山上に忌竹を立て、注連縄《しめなわ》をはりめぐらした式場で座問答の式が行われる。それは一宮の神主と二宮の神主とがそれぞれ虎の皮を敷いて、上座の席を三度まで無言で争い、結局三宮の神主の「いずれ明年まで」という仲裁で終わる、珍しい式である。これは大住郡の旧国府に近い一宮の寒川神社に対して、余綾郡の新国府に近い二宮の川勾神社が、新たに一宮の地位を要求して争いをおこした事実の反映、象徴の式とみるべきものかもしれない。

五社の神霊が山に到着したときから、六所神社にはそれを知らせる使者が発つが、今も「七度半の催促使」という言葉が残っている。それをうけて六所神社の御霊代《みたましろ》は神社を出発し、オオヤバの祭場へと向かう。やがて五社の神輿も山を下り、途中、見合いの松で六所神社の神輿と出合い、ふもとのオオヤバの祭場で、国司祭が行われる。国司（今は大磯町長）が五社に幣帛を奉り、ついで五社の神主が、それぞれに「守公神」と書かれた赤い布をつけた榊を六所神社の神輿の前にそなえる。これが対面の式で五社の分霊を新たに六所神社に納める儀式である。「守公神」とよばれているところに注目する必要がある。その後、六所神社の神主が五社を順番に拝礼し、五社の「守公神」を納受したことを示す裁許の式があり、こうして国府祭は終わりをつげるのである。*66

さて以上のような国府祭の現在の祭式は、もちろん平安末期以来の、そのままのものではなかろう。後世になってつけ加えられた部分も少なくはあるまい。しかしこれはまことに珍しい祭りであるだけでなく、この地にあった相模国府の面影を今に伝える貴重な祭事なのである。その内容を分析すれば、もっとも主要なのは国内の有力な神社五社の分霊の総社への合祀の式であり、六所神社の祭神稲田姫と五社の婚姻という形式をふんでいる。そして五社の側では、一宮と二宮とのいずれが首位に立つかを争う座問答の式が行われるのである。いわば国内の有力社五社に代表される在地の各地域勢力の、国司による統制と組織の進行という事態を宗教的に表現したのが、この国府祭であろう。しかもそれは単なる一方的な統制ではなく、神の婚姻という形式をとっていることに注目しなければならない。

この祭事の行われる場所も重要である。すでに述べたように国司祭の行われるオオヤバ（古くはシイラバ）は、守公神社旧境内にすぐ近く、かつての神社の入口と辻をはさんで向かいあう位置にある。五社の納める分霊が「守公神」とされていることをおもえば、この場所が、かつての国府の役所のなかでも重要な意味をもつ空間であったのではないか。シイラバのシイラは、沖縄では誕生に関係する言葉だという。五社の神々が生まれ、新しくなる場という意味であろう（中村二郎氏）。またオオヤバの西側を神揃山を下ってほぼ南へと直線に近い道路が東海道へと通っており、オオヤミチとよばれている。神輿の通るのもこの道であり、おそらく国府時代からの重要な道路であろう。

さらに小字東馬場・大畑付近に屋敷をもつ在庁中村家など古くからの神官や在庁の人々の後裔が、今も「在庁」としてこの祭りに参加することを考えても、この国府祭の祭事には、国府時代の歴史の痕跡がまだまだ秘められているにちがいない。まことに貴重で興味深い祭りといわなくてはならない。

平安末期、天養年間から保元三年までの間に大住郡から余綾郡へと国府が移されたのは、いったいなぜだろうか。この問いに明確に答えてくれる史料はまったくない。しかし上述した国府祭の祭式からも、当時の国内各地の地域勢力の力強さがうかがわれるとすれば、そして一宮との争いに表現されているような地域勢力間の対立があったとすれば、国府の移動をそうした力関係との関連で説明することは一つの有力な仮説となりうる。

大庭御厨の侵入事件

ちょうど天養年間、これまでに何度か触れてきた大庭御厨では、国衙や在庁官人と御厨側との間で大きな紛争がおこった。平安末期の関東地方の社会情勢や武士の活動ぶりを述べる際には必ずとり上げられるといってよいほど有名な事件であるが、あるいはこのなかに国府の移動を解くカギがかくされているかもしれない。

紛争は次のようにしてはじまった。天養元年(一一四四)九月八日、当時、鎌倉の館に住んでいた武将の源義朝の郎従で名代《みょうだい》(代理人)をつとめる清原安行と郎従の新藤太は、在庁官人とともに大庭御厨の東端に近い鵠沼郷(現在の藤沢市本鵠沼・鵠沼神明一帯)に乱入にして、神宮に捧げるべき供祭料の魚を奪い取った。さらに翌九日も鵠沼郷内の畠の大豆・小豆を強引に刈り取り、馬八疋に背負わせて運び去った。そして同日の深夜十二時前後には多勢の軍兵をひきつれて来襲し、郷の住人を捕縛した。その場に出向いて抗議した伊介《いけ》神社(はっきりしないが藤沢市鵠沼神明の烏森皇大神宮であろう)の祝《はふり》の荒木田彦松の頭をうちわっただけでなく、神人八人を半殺しの目にあわせた。以上が御厨側の訴える第一回の侵入事件の概要である。

これは武将源義朝の部下と在庁官人との協力による御厨への実力攻撃であり、鎌倉郡に近い御厨の東端の鵠沼郷が対象となっている。一方、これに先立って御厨の西の端の殿原郷・香川郷（現在の茅ケ崎市浜之郷・下町屋・香川付近）に対しても、目代や在庁官人は国衙への課役である国役を催促し、御厨の給主は宣旨や国司の命令書にそむくとしてかけ合っている最中の出来事なのであった。

ところが九月の侵入事件に関して御厨の領主である伊勢神宮の代表の祭主が朝廷に訴え出ている間に、つづけて第二回目の侵入がおこった。すなわち十月二十一日に、国衙の田所の目代である散位源朝臣頼清と在庁官人、および先に登場した義朝の名代清原安行は、国内の武士の三浦荘司平吉次・息子の同吉明、中村荘司平宗平、和田太郎平助弘らと所従ら、あわせて一千余騎の軍勢を動員して御厨の内に押し入り、新立荘園を停止せよとの宣旨が下ったからといって、御厨の廃止を宣言した。そして翌二十二日早朝から、在庁官人は郷々に押し入って御厨の境界を示す牓示《ぼうじ》を抜きとり、御厨の作田九十五町からの収穫の稲四万七千七百五十束や、下司平景宗の家中にあった財産ことごとくを没収し、神人七人を捕えて簀巻《すまき》にし、半死半生になるまで責めつけた。この侵入によって神宮への供祭料米や農民への貸しつけ米、住人らの私物、熊野の僧の供米など合計八百余石の米が行方不明となった。以上が第二回の侵入事件について、御厨側の訴えた内容である。第一回が鵠沼郷のみを対象としたのに対し、第二回はひろく御厨内の各郷への侵入で、とくに限定された部分のみへの攻撃ではなかったようである。十月下旬、稲刈りの直後をねらっての全面的侵入ではなかったろうか。

この二回の御厨側の訴えに対して、朝廷は御厨側の言い分をみとめ、義朝らの濫行《らんぎょう》を停止し、犯人を逮捕するように、二回、宣旨を発令している。以後も大庭御厨が存続したことは確かであり、事態は一応平静に復したものとおもわれる。だがすでに第一回の侵入の直後、これを訴えられた国司は、「義朝の濫行については、国司の側ではどうにもなりません」(「国司の進止《しんし》に能わず」)と返事をしている。二回にわたって宣旨が出たところで、義朝の郎従らが犯人として逮捕されたということも、まずはありえないだろう。おそらくうやむやのうちにことは終わり、この事件の十年ほどのち、御厨の下司だった平景宗の子の大庭景能・景親兄弟が、保元の乱に際して義朝配下の勇士として奮戦したと『保元物語』にみえているところによれば、義朝は下司の大庭氏一族を服属させることに成功したようである。*67

さて国府の大住郡から余綾郡への移動との関連からみれば、大庭氏と対決した源頼朝と国府の在庁官人の連合軍には、三浦氏と中村氏が加わっていることが注目される。三浦氏は平安末期から代々三浦介と名のっており、国府の有力な在庁官人であったことがわかるが、鎌倉時代の初期にも三浦氏と中村氏の両者が相模国府の実質上の支配者としての地位にあったことがうかがわれる。[*68] 今も余綾郡の国府のあとの一面には、国府祭にも参加する旧家の中村氏の家があり、古くからの在庁の家であったと推定される。これらの事実をふまえて考えれば、大庭御厨や豊田荘など、従来の大住郡の国府に接近した地域に本拠をおく大庭氏一族との対立の激化という情勢に対応するため、有力な在庁官人で武士でもある中村氏の本拠にごく近い余綾郡へと国府が移動したものかもしれない、とする木下良氏の説には聞くべき点がある。[*69] 国府祭で、もとの国府に近い一宮と、中村氏一族の本拠地にある二宮との間で座席争いが行われることも、こうした背景のもとに考えれば、その意味がよくつかめるようにおもわれる。

三――平安時代末期の相武地方

源義朝・義平の活躍

白河院政の時代、「武家の棟梁」としての勢威をふるった源義家の晩年から、清和源氏一族の間には内紛や衝突が相ついでおこった。そのため、新たに院政と結びついて力をのばしてきた伊賀・伊勢出身の武士の平正盛・忠盛らが、代わって都の有力な武士団の地位を占め、義家のあとをついだ嫡孫の為義は、すべてにわたってふるわず、平氏の下風に立つような状況だった。上述した大庭御厨侵入事件で大きな役割を果した武将の源義朝とは、実はこの為義の嫡子であり、幼時から関東地方に下って、ふるわなかった源氏勢力の再組織につとめた人物である。義朝は鎌倉の「楯《たて》」（『平安遺文』二五四四の原史料にはこの字を用いている。館のあて字であるが、その軍事的役割をよく表現している）を先祖から「伝得」したと主張していたが、それはおそらく頼義・義家以来のものであり、その館は多分、亀ケ谷の今の寿福寺付近にあったのではないか。また義朝は海岸の沼浜（おそらく今の逗子市沼間付近）に別邸をもち、ここで漁を楽しんだという。[*70] 軍事的要塞としての役をも果す館を、支配領域内の各所にもっていたようである。

義朝はまた「上総曹司《かずさのそうじ》」ともよばれ、大庭御厨の侵入の前年の康治二年（一一四三）には、下総の北部にあった広大な相馬御厨をめぐる千葉氏などの武士たちの争いに介入し、御厨の支配権を奪おうとして紛争をおこしている。義朝はまさに相武から房総にかけて、南関東一帯に力をのばそうとしていたのであった。そして大庭御厨侵入事件に際しては、相模国衙の在庁官人と共同して一千余騎の軍を動員していたが、国司はそれに対してどうすることもできなかった。

義朝の長子義平の母は、一説には三浦介義明の娘といわれ、次子朝長の母は、相模の武士波多野義通の妹である。そして朝長の屋敷は、波多野氏の所領の松田郷内にあり、萱《かや》ぶきではあるが、従者たちのつめる「侍《さむらい》」は柱間《はしらま》二十五ほどの大きさであった。[*71] のちに源頼朝が幕府を創始したとき、最初の「侍所」の柱間が十八だったこと[*72]をおもうなら、この朝長の館の壮大さ、その背景にある義朝の力の強さをおしはかることができよう。

このような勢力を背景に、間もなく義朝は京に帰り、都の武者としての道をえらび、下野守に任命される。義朝帰京後、東国でその地位をついだのは、なお若年ながら「鎌倉の悪源太」と称された勇猛な若武者の義平であった。義平はわずか十五歳の久寿二年（一一五五）、武蔵国の大蔵《おおくら》館（埼玉県比企郡嵐山町）の一戦に叔父の帯刀先生《たちはきせんじょう》義賢《よしかた》らを攻め殺し、一躍、武名をあげる。義朝の弟の義賢は、上野国の多胡《たこ》郡を本拠として、周辺に勢力をのばしていたが、武蔵の有力武士秩父重隆と結んでさらに南方に勢力圏を拡張しようとして、義平の勢力と衝突し、ついに一敗地にまみれたのであった。こうして義朝・義平とつづいて、鎌倉を根拠地とする源氏一族の勢力拡張と再組織は、着々とすすんでいたようである。資通が義家の従者として名をあげて以来、代々源氏の有力な郎党となり、主家の乳母をつとめていた首藤氏が、このころから鎌倉の北方の山内荘を根拠地として山内首藤氏と名のるようになるのも、その一つのあらわれであろう。三浦氏・波多野氏をはじめ、相武の武士団の多くは、その支配下に服するようになったとおもわれる。

保元・平治の乱

ながくつづいた鳥羽院政の終末とともに、やがて時代は大きくかわりはじめる。そののろしとなったのは、十二世紀半ばすぎに相ついで京都の地でおこった保元・平治の乱であった。まず保元の乱（保元元・一一五六年）は、かねて皇室と摂関家内部にかもし出されていた諸対立が、鳥羽法皇の死去とともににわかに火をふいたもので、反対派を形成していた崇徳上皇と左大臣藤原頼長が、挑発にのって源為義らの武士を召集し、後白河天皇側を攻撃しようとくわだて、かえって天皇側の動員した源義朝・平清盛らの武力に打ち破られた事件である。このとき、義朝は上皇方の立てこもる白河殿の夜討を提議し、ようやくそれがゆるされるや、「よろこんで紅もあざやかな日の丸の扇をはたはたと使いながら、「この義朝、戦いにあうこと何度にもなりますが、いつも朝廷の御威をおそれ、いかなる罪科に処せられるかということがまず胸にわだかまり、心の重荷となっておりました。ところが今日は追討の宣旨をいただいて、今敵に向かおうとしております。この晴れやかな心はたとえようもありません」*73といって出撃したというが、「坂東育ち」の猛者として私闘をくりかえしてきたらしい義朝の前半生をおもえば、いかにもとうなずける。

さてこの戦に義朝のもとに従った武士たちの名は、多く『保元物語』にのせられているが、相模の武士としては、

大庭平太（景義）・同三郎（景親）・山内刑部丞（俊通）・子息滝口（俊綱）・海老名源八（季貞）・波多野小二郎（義通）

武蔵の南三郡の武士としては、

諸岡氏（師岡保を根拠とする武士か）

が数えられる。山内・波多野氏とならんで、かつては対立関係にあったかとおもわれる鎌倉党の大庭景義・景親の二人が加わっているところに、義朝による関東武士団の再組織がある程度成功したことを知りうるであろう。

その勢力を基盤に、保元の乱の義朝は、天皇方の勝利に大きな貢献をし、乱後、若干の恩賞に与かった。しかし降伏してきた父為義をはじめ、弟たちを死刑に処さねばならぬ立場となり、朝廷内の地位も、平清盛一族にははるかにおよばなかった。

こうしたことに不満をいだいていた義朝は、当時、院政を行うようになっていた後白河上皇の近臣間の対立からはじまった、次の平治の乱（平治元・一一五九年）に際しては、藤原信頼に党して平清盛らの軍と戦い、ついに惨めな敗北を喫することになる。乱後、義朝・義平・朝長らはみな殺され、わずかに第三子の頼朝のみがようやく助命されて伊豆に流され、命ながらえることにはなるが、義朝一家はほとんど滅亡してしまうのである。

『平治物語』によると、この乱のときの義朝方の相武の武士としては、相模の

波多野二郎義通・三浦荒次郎義澄・山内首藤刑部俊通・子息首藤滝口俊綱

などの名があげられ、山内俊通・俊綱の二人は討死したと記されている。以上、保元・平治の

乱の義朝方の従軍者は、みな義朝・義平と深い関係を結んだ武士たちと考えられる。

この保元・平治の乱によって、「日本国ノ乱逆」ははじまり、「武者ノ世」になってしまったとは、乱の少し前に藤原氏摂関家に生まれて天台の高僧となった慈円が、のちに『愚管抄』のなかで述べた有名な言葉である。まさにそうした新しい時代をひらくきっかけとなったこの二つの乱に、はるばると参加した相武地方の武士たちは、おそらく自分たちの意識した以上に、大きな歴史的役割を果したことになる。

平氏全盛時代の相武

保元・平治の乱を勝ちぬいた平清盛一族は、やがて中央朝廷の高位高官を独占し、栄華をきわめていわゆる平家の全盛時代を現出することになる。この間の相武地方の情勢はどうであったか。この時期もまた文献資料がきわめて少なく、究明には困難が多い。武蔵では平治の乱の直後、永暦元年（一一六〇）から仁安二年（一一六七）まで清盛の子の知盛が武蔵守をつとめ、その後は一門の知重が守となり、治承四年（一一八〇）には知盛の弟知度が、元暦二年（一一八五）にも知盛の嫡子知章が、それぞれ当時の武蔵守としてあらわれる。つまり平治の乱後、ほぼ一貫して知盛やその子弟が守の地位にあったわけで、仁安二年以後は知盛の知行国であった可能性も高い。[*74] 他の諸国にもみられるように、国司や知行国主の地位を利用して在地の武士団を平氏の従者に組織してゆく方策が積極的に推進されたに相違ない。果して武蔵一の有力な武士団たる秩父氏一族の畠山重能・小山田有重は、のちの治承四年、頼朝挙兵の当時には平氏の従者として在京していた。より小規模な武士団のなかでも熊谷直実などは、はじめ親類の久下直光の代官として京都大番役をつとめるために在京していたが、同じ武蔵の武士仲間が代官だというので侮辱したと怒って、平知盛の家来になり、そのまま在京していたという。[*75]

この熊谷直実についての挿話は興味がある。まず平氏の全盛時代、武蔵国の武士たちが、揃って京都の内裏を警護する大番役をつとめていたことが重要である。のちに鎌倉幕府の成立後、頼朝は大番役をみずからの命令によって全国の御家人武士たちに勤務させ、それまでは、各国ごとに三年間ずつ交代の制度を半年間ごとの交代制にあらためた。したがってすでに平氏の時代から、全国の武士が国ごとに上京し、内裏の守護にあたる大番役の制度が確立しており、平氏はこれを通じて、全国の武士団を支配・統制していたことになるが、この武蔵でもその制度が実施されていたことが確かめられるからである。そして大番役をつとめていた熊谷直実が平知盛の家来になったことは、知盛が国守あるいは知行国主として大番役の奉仕の責任者であったことをうかがわせるからである。

武蔵についてはこのようにある程度、平氏の支配のあり方がうかがえるが、では相模ではどうであったか。白河院政期から相模守には藤原盛重・源重時など院の近臣で、深い寵愛をうけた人物の任命が目立つが、以後もその傾向はかわらず、平治の乱後には院近臣でしかも平氏と関係のある藤原盛頼・有隆なども相模守となっている。[*76] ただこの国には武蔵のように、直接平氏一族が国守となったり、あるいは知行国主であったかと推定される例はない。

この相模で平氏と結びついて頭角をあらわし、相模武士団の第一人者ともいうべき地位についたのは、鎌倉党の大庭景親であった。かつて保元の乱では、義朝に従って戦っており、『源平盛衰記』では、むかし囚人として捕えられ、すでに死刑に処せられるはずのところ、平氏のおかげで助けられた、その恩に感じて以後平氏に忠勤をはげんだと記しているが、詳細は不明で、果して事実かどうかもわからない。あるいは平治の乱後のことかもしれないが、『平治物語』などには源義朝方に景親の名はみえない。しかし上述した大庭御厨侵入事件などからみれば、大庭氏はじめ鎌倉党と源義朝とは、本来対立関係にあったのであり、それが景親を平氏方に立たせたのだ、と考えることができる。

ともかくのちの治承四年、源頼朝の挙兵に先立つ以仁王と源頼政の挙兵が失敗に帰してから、関東地方におけるその残党を討伐せよ、との平清盛の特命をうけて、京都から相模に帰国したのはこの景親である。そして頼朝挙兵を知らせる早馬を清盛に送り、ただちに相模の武士三千余騎を動員して頼朝の追討に向かうなど、景親の果した役割は大きく、関東地方における平氏の従者中でも、有力な人物であったことは確かである。[*77] 頼朝挙兵の直後、景親を中心とする平氏方には弟の俣野景久をはじめとして、三浦・中村氏系統以外の相模の武士団のほとんどが参加しており、かつての義朝方の有力武士の山内首藤・波多野氏もこれに加わっている。しかも『吾妻鏡』によれば、この両氏とも挙兵への参加をよびかけた頼朝の密使に対し、参加を拒否するだけでなく、散々の悪口を吐いたという（治承四年七月十日条）。平氏の全盛時代、かつての義朝方の有力武士団さえ、景親のもとに平氏に忠誠を誓っていたことが推察されるのである。またこの国でも平氏のもとに国内の武士による京都大番役が奉仕されていたが、それは治承四年六月、大番役をつとめ終わった三浦義澄が、伊豆に源頼朝を訪れていることからもわかる。

しかし三浦氏がおそらくは大庭景親の指揮下に大番役をつとめながら、一方では流人の頼朝との結びつきを絶やさないところにも、平氏の相模武士団の支配・統制が、必ずしも十分強固なものでなかったことがうかがわれる。頼朝の挙兵に際しては、従来の国衙在庁系の武士団である三浦氏と中村氏の一族が、最初から参加している。おもうに大庭御厨侵入事件などで古くからの対立関係にある大庭景親の勢力が、平氏と結びついて拡大されるなかで、旧来の在庁である三浦・中村氏らの権力は、おそらく相当大幅に削減されたにちがいない。そうした反発が、三浦・中村両氏を挙兵に走らせたのであろう。してみれば景親を通じての平氏の相模の武士団への支配は、決してそれほど強固であったとはいえない。むしろ旧来の国衙在庁官人たちとの対立を深めざるをえない構造をもっていた点に根本的な弱さがあり、平氏の関東地方支配の体系のなかでももっとも弱い部分であったというのが正しいであろう。頼朝の挙兵は、まさにその弱点をついたところに成功の原因があったのである。

だがそれらの叙述は次章の課題である。ここでは、平氏全盛時代の相武の一荘園におこった事件を伝える一通の文書[78]の内容を表示して、乏しい文献資料の表面にはめったにあらわれることのない当時の地方豪族＝武士の大きな勢力と、彼らの間でまきおこされていた衝突について考えよう。場所はすでに荘園の項で詳述した武蔵の稲毛荘、時はまさに長寛二年（一一六四）である。

この文書には直接、稲毛荘の荘名は明示されていない。しかし稲毛・小田中とセットにされた固有名詞が四回もあらわれることから、稲毛荘の関係史料と推定した浅香年木氏の説[79]は正しいとおもう。ながく藤原氏摂関家に家司《けいし》として仕えた平信範の日記『兵範記《ひょうはんき》』を書くために裏返して利用されたことからみても、摂関家領の武蔵国の稲毛荘の文書としか考えられないであろう。

さて内容をみると、稲毛荘の在地の荘官と考えられる大江某が、同じく在地の有力者らしい末成・為次の二人によって、荘の年貢や自分の収益の「私得分」をこれだけ奪われた、と申し立てている報告書である。すでに荘園の項でとりあげた承安元年（一一七一）の稲毛本荘田数検注目録とくらべると、実に興味が深い。まず八丈絹や馬、白布からなる年貢の内訳が判明し、

末成らに押し取られた物資の目録

一、末成が荘民の手から徴収してしまった分

御年貢	准八丈絹	212疋2丈	（うち稲毛　180疋2丈 小田中　32疋）
〃	馬6疋の代り	15疋4丈	
〃	白布46段の代り	11疋4丈	
〃	見八丈絹	128疋4丈	
私得分	町別弁作料布	460段1丈2尺	（うち稲毛　37□段□ 小田中　8□段□）
〃	得物代布	205段3丈4尺	（うち稲毛　175段□ 小田中　30段□）
〃	見籾	14石2斗6升1合	（うち稲毛　8石5斗6升1合 小田中　5石7斗）

一、末成・為次両人が私得分を横奪してしまった分

籾	149石9斗9升4合
稲	700束
馬	2疋
女	4人（富田女、小松女ほか）
童	1人（小次郎丸）
蚕簾	300枚

以上は一昨年の所当分

一、去年の所当分

御年貢		433疋3丈（預所得分を加える）
私得分	籾	406石7斗
〃	麦	51石5斗
〃	桑代布	160段

しかもいずれも八丈絹に換算されたうえで上納されていることがわかる。さらに「私得分」という大江某の私的収益は、大量の籾・稲・麦・布から成り立っており、少なくとも女四人・童一人を従え、蚕簱《まぶし》三百枚・馬二頭をもっている。おそらく武士であり、農業経営を大規模に行うとともに、養蚕・製糸業にたずさわっていた在地の有力豪族であった大江某の姿がここには明らかにされている。しかもこの大江某から大量の物資を奪っているのだから、末成や為次とは、さらにそれ以上の実力をもった、同様な在地豪族にちがいなく、当時の相武地方では、こうした対立や衝突がつねにくりかえされていたとみられるのである。

注

＊1――『吾妻鏡』治承四年十月十二日条
＊2――『康富記』文安元年閏六月廿三日条、『奥州後三年記』上
＊3――『吾妻鏡』建保元年五月二日条
＊4――『平安遺文』二五四八
＊5――『吾妻鏡』承元三年十二月十五日条
＊6――『神奈川県史資料編』3中世三二三三

＊7――『吾妻鏡』貞応二年十月四日、安貞二年七月廿三日条など

＊8――「榊葉集」文永元年十一月廿二日関東御教書写

＊9――＊6に同じ

＊10――「中条家文書」『奥山庄史料集』

＊11――『吾妻鏡』治承四年六月廿四日条など

＊12――『神奈川県史資料編』20考古資料編、蔵田蔵「経塚論(4)」『ミュージアム』一五四号

＊13――『水左記』承暦三年八月卅日条

＊14――＊6に同じ

＊15――石野瑛「相模の豪族中村氏と其の一族」『史蹟名勝天然記念物』十四集、竹見龍雄『中村郷』

＊16――安田元久『日本初期封建制の基礎研究』山川出版社、一九七六年

＊17――『平安遺文』二四四五など

＊18――同二三一二

＊19――『吾妻鏡』寿永元年二月八日条

＊20――同文治四年十一月十七日条

＊21――＊3に同じ

＊22――野口実『坂東武士団の成立と発展』弘生書林、一九八二年

＊23――湯山学「鎌倉後期における相模国の御家人について」㈣『鎌倉』二七号
＊24――『吾妻鏡』治承四年八月二十三日条
＊25――同嘉禄二年四月十日、寛喜三年四月二日、同月二十日、貞永元年十二月廿三日の各条
＊26――同治承四年八月廿六日条
＊27――同弘長元年五月十三日条
＊28――同文治五年九月六日条
＊29――『長秋記』天永四年三月四日条
＊30――野口実「院・平氏両政権下における相模国」、＊22所引書所収
＊31――＊17に同じ
＊32――『吾妻鏡』正治二年正月十八日条など
＊33――＊17に同じ
＊34――同右、『鎌倉遺文』六一四
＊35――＊17に同じ
＊36――『鎌倉遺文』六一四
＊37――『平安遺文』二五四四
＊38――同右など
＊39――『吾妻鏡』建久六年十一月十九日条

*40――『神奈川県史資料編』2中世二三四〇
*41――同中世二五九四
*42――同3中世四九六八
*43――『平安遺文』三五九〇
*44――『吾妻鏡』元久二年十一月四日条
*45――『平安遺文』三九一三
*46――『鎌倉遺文』一四四八
*47――稲村坦元編『武蔵史料銘記集』三〇八
*48――『神奈川県史資料編』2中世二四三九
*49――同3中世五九八八
*50――同4中世六三九七
*51――同3中世四九六一
*52――『吾妻鏡』正治元年二月六日条より推定
*53――『神奈川県史資料編』3中世三一四一
*54――『吾妻鏡』寿永元年五月廿五日条
*55――『鎌倉遺文』五五五五
*56――同一四九九九

＊57――『吾妻鏡』治承四年十一月十日条
＊58――『神奈川県史資料編』2中世二三六四
＊59――同3中世四六二一
＊60――＊55に同じ
＊61――『神奈川県史資料編』3中世四四九二
＊62――同中世三九七八
＊63――『平安遺文』二九五九
＊64――大磯町　中村二郎氏による。
＊65――石野瑛『相模（大住・余綾）国府阯考』、および「相模国府阯」『神奈川県文化財調査報告』二二集
＊66――以上、菱沼勇・梅田義彦『相模の古社』学生社、一九七一年、および中村二郎「雑談　国府祭」『神奈川県史研究』四九による。
＊67――以上の事件の経過については『平安遺文』二五四四〜四八・五一〜五三
＊68――『吾妻鏡』文治二年六月一日条
＊69――木下良「相模国府の所在について」『人文研究』五九号、神奈川大学人文学会、一九七四年
＊70――『吾妻鏡』建仁二年二月廿九日条

*71――同治承四年十月廿五日条

*72――同同年十二月十二日条

*73――『愚管抄』、大隅和雄氏の訳文（『日本の名著』九、中央公論社、一九七一年）による。

*74――野口実「『平氏政権』の坂東武士団把握について」、*22所引書所収

*75――『吾妻鏡』建久三年十一月廿五日条

*76――*30に同じ

*77――野口実、前掲二論文参照

*78――『平安遺文』三三八九

*79――浅香年木『日本古代手工業史の研究』法政大学出版局、一九七一年

武家政権の成立

一——鎌倉幕府の生誕

幕府の誕生

治承《じしよう》四年（一一八〇）八月、平治の乱の敗北後二十年あまりも伊豆に流人の生活を送っていた源頼朝が、反平氏の旗上げを行ってから、日本の歴史は大きな転回をはじめた。それまで辺境の地であった東国を中心に、鎌倉幕府という新たな、武士団に支えられた政権が誕生し、鎌倉をその本拠地と定めたからである。このときから日本の中世がはじまる。そして相武の地は鎌倉幕府のひざ元の地として、一躍、脚光をあびることになったのである。

この四月、京都では、後白河上皇の皇子で当時不遇の身であった以仁王《もちひとおう》と、武士の源頼政が平氏に対する叛乱をおこしたが、あえなく失敗した。しかし、ときの安徳天皇の即位をみとめず、みずからをかつての壬申《じんしん》の乱の際の天武天皇になぞらえ、今、王位を奪っている者は即刻追討せよとよびかける激烈な蜂起宣言は、以仁王令旨《りょうじ》とよばれて、ひろく各地の武士たちに伝えられ、大きな波紋を生じはじめていた。

八月十七日夜、頼朝はかねて連絡のあった伊豆や西相模の武士たち、さらに妻政子の父で伊豆の在庁官人だった北条時政とともに蜂起して、平氏の一族、ときの伊豆の国の目代《もくだい》の平兼隆を攻め殺し、国府の実権を掌握することに成功した。以仁王令旨によって東国支配の権限を与えられたと主張する頼朝は、その文書を自軍の旗の上に高々とかかげながら進軍し、関東平野への進出をめざした。三百騎ほどの頼朝勢は、熱海・伊豆山を通過して東進する途中、今の小田原市南部の石橋山で、平氏方の相模の武士大庭景親らのひきいる三千余騎の大軍に迎撃され、八月二十三日夜の一戦に惨敗する。石橋山の戦いとよばれる。

わずかに身をもってのがれた頼朝は一時、箱根山中にひそみ、ついで土肥《どい》実平らにみちびかれて、真鶴から海路はるかに安房にのがれ、ここで三浦氏一族らと合体して勢力を回復した。上総の上総介広常、下総の千葉介常胤らの有力豪族も頼朝に帰服したので、頼朝勢は破竹の勢いで房総半島を制圧し、ついで武蔵に入って畠山氏・江戸氏・河越氏などの有力武士団を次々と手勢に加えつつ、大軍となって相模に入った。そして千葉介常胤の進言に従って、父義朝が館をおいた根拠地でもある、源家ゆかりの要害の地の鎌倉をえらんで、その本営とした。

十月七日、鎌倉に入った頼朝は、祖先の頼義が勧請《かんじょう》したといわれている八幡宮を、それまでの海岸近くから山よりの鶴岡に移し、またみずからの邸宅をその東側の大倉の地に建設することとして、鎌倉党の大庭景義にその作業の監督を命じた。幕府の首都鎌倉の建設の開始であり、石橋山の惨敗の日から数えても、わずかに四十日しかたってはいない。

頼朝蜂起の急報を得て討伐のため、はるばると京都から下向してきた追討使平維盛のひきいる大軍をむかえうつために、武士たちを動員して出発した頼朝は、相模の国府をへて足柄峠をこえ、駿河に入った。そしてかねて甲斐に兵をあげていた武田信義・安田義定らの甲斐源氏と協力して、ほとんど労することなく富士川の一戦に平氏の追討軍を打ち破った。逃げる敵軍を追尾してただちに京都に攻めあがろうとする頼朝に対し、三浦義澄・千葉常胤・上総介広常ら東国の有力武将たちは、まず関東地方の支配の地固めを行ったのちに西上すべきことを献策し、頼朝はこれを聞き入れて軍を返すことにした。そして相模の国府についたとき、ここで大規模な論功行賞を行い、つき従ってきた武士たちに本領を安堵し、新たな恩賞地を与えるとともに、大庭景親はじめ降伏してきた平氏方の武士たちの処分を決定した。伊豆から南関東一帯を支配下におさめた頼朝は、ついで北上して常陸に入り、豪族の佐竹氏一族を追って、その支配地域をさらに拡大した。

やがて頼朝は鎌倉に侍所《さむらいどころ》をおき、三浦氏一族の和田義盛を長官たる別当に任命して、輩下の御家人武士の統制にあたらせることとした。そして鎌倉入り以来、建築を急がせていた新居が、今の鎌倉市大蔵に完成した十二月十二日、その引き移りの儀式が行われた。出仕した御家人武士はすべてで三百十一人、彼らが二列に居並ぶ中央で、侍所別当の義盛が帳簿にその氏名を記した。『吾妻鏡』では、「これ以後、東国の人々は頼朝を道にかなった支配者としてみとめ、鎌倉の主に推挙した」と記している。これはたしかに一つの独立した地域支配権力の誕生を内外に告げる祭典としての意味をもっていた。私はこの時点で鎌倉幕府が実質上誕生したと考えるが、とくに相武地方の歴史という観点からみたとき、ここにはすでに一つの地方政権の成立をみとめることができるのである。

鎌倉の主すなわち鎌倉殿とよばれる頼朝の支配は、このときすでにただ武士たちだけでなく、伊豆や南関東諸国を中核とする地域の、国々の国衙の機構、公領・荘園、寺社、人民たちの上におよんでいた。以仁王令旨を旗印にかかげた頼朝は、京都における安徳天皇の存在をみとめず、翌年に改元が行われて養和《ようわ》の年になったときも、治承の年号を用いつづけた。それは明らかに独立した地方権力としてのシンボルなのであった。

幕府成立の背景

頼朝挙兵当時、東国から京都の知行国主のもとにもたらされた報告によれば、頼朝勢は国内の郡や郷を勝手に分配し、抵抗する者の家を攻撃し、京都へ進上すべき年貢その他を押領していた、という。『吾妻鏡』の記述をもあわせ考えるなら、頼朝軍は当時、国の目代以下、京都から下向していた朝廷側の人物を逮捕し、地方人である在庁官人はじめ現地の武士たちを自軍に組織し、敵対者は攻撃して、その所領を没収した。そして自軍に参加し、頼朝の従者たることを誓った武士には、彼らの所領支配権の保証・確認と、敵方から没収した所領の給与を行い、国府や国内各地の倉庫に集積されていた年貢など諸物資を没収し、利用していった。以上が挙兵以来の頼朝の行動の特徴であり、それをつらぬくものは、朝廷の代理人として現地の国衙を支配していた目代の討滅をスローガンとし、地方人たる在庁官人など武士たちを従者に結集してゆく政策であった。

かつて南関東一帯に武家の棟梁として活躍した源義朝の正妻の子、地方武士からみれば「貴種」の正嫡である頼朝は、それだけでも大きな権威をもっていた。さらに以仁王令旨によって、東国一帯の荘園・公領すべての支配権をゆだねられたとの主張が、これに加わる。そのうえに頼朝は、すでに敗死してこの世にいない以仁王自身が、実は危地をのがれて関東に下り、新皇として頼朝の軍中に奉ぜられているかのように偽装さえして、みずからを権威づけようとした。このような政策は、当時の東国の武士たちにひろくうけいれられ、それゆえに幕府の成立まで、事態は意外に速やかに進行したのであった。

ところで東国を支配する新たな組織をつくりあげるためには、解体しつつあるとはいえ、なお脈々とその生命を保ちつづけていた当時唯一の地方行政組織であり、武士団のとりでとなっていた国衙の在庁組織を利用することが、もっとも手近で賢明な方法だった。国府を中心に国内にひろがり、さらには京都へと連なる道路交通網。国内の各地におかれた郡・郷、また国府の倉庫群と、そこに収納されていた租税・年貢類。国衙の田所・税所《さいしょ》などの分課に保管されていた検注帳をはじめとする種々の重要な基本的帳簿類と、それを操作できる役人としての在庁官人。これらを駆使し、利用することなしに、頼朝の支配があれほど速やかに達成されたはずもない。

相武地方のみに限ってみても、頼朝はまず武蔵の有力武士団秩父氏一族の江戸重長に、在庁官人や諸郡の郡司に命じて国の諸雑事を行わせている。[*1] 最初の大規模な論功行賞が、相模の国府で行われたことも決して偶然ではない。所領の没収にせよ、保証にせよ、国衙におかれた土地台帳類と、その作成・管理にあたっていた在庁官人の協力なしにはありえなかったであろうからである。

頼朝のもとに結集して、その従者たる御家人となった武士たちの要望の第一は、彼らの所領支配権の承認と保証（本領安堵《ほんりようあんど》）であった。古文書や『吾妻鏡』によれば、その対象となったのは相模の三浦介のような、国衙の有力在庁としての介の地位からはじまり、郡司や郷司、郡・郷の地頭、荘司、地主などにおよんだ。さらにみずからの家・宅地のみを「本宅安堵《ほんたくあんど》」として安堵される場合もあり、これは多分、安堵さるべき所領のない、きわめて小規模の武士に対して行われたのであろう。上は国衙の介から下は本宅安堵のみの対象となった層にいたるまで、公領・荘園を問わず、頼朝は従者となった武士たちに対し、一身の安全と所領支配を保証し、その代わりに武士としての頼朝軍への参加、すなわち軍事的勤務を要求した。

むつかしくいえば、これが鎌倉殿（将軍）と御家人《ごけにん》との間に結ばれた御恩と奉公の授受にもとづく主従制度、すなわち御家人制度の成立であり、西欧中世の封建制度と本質を同じくする日本の封建制度の原形なのである。治承四年の年末、鎌倉幕府の生誕のときまでには、すでに相武地方にはひろく御家人制の網の目が行きわたりはじめ、その頂点に立つ頼朝の地位は確固たるものになっていった。そして以後二年間あまり、頼朝はもっぱら鎌倉を中心とした新たな政権の基盤となるべき、東国支配の地固めに専心した。

成立期の幕府機関

独立の気性に富み、荒々しい東国武士たちの上に立つ鎌倉殿としての頼朝には、またそれだけの義務の履行が求められる。まず本領・本宅の安堵、敵対者の旧領の分配、そしてまた武士相互間で、あるいは寺社など荘園領主との間でまきおこされた所領紛争の公正な解決がそれである。頼朝は見事にその課題を果し、東国の荘園・公領の支配者としての地位を固めていくが、鎌倉幕府の諸機関のなかで、武士の統制と支配、軍目付の任にあたる侍所《さむらいどころ》がまず最初に設置され、相模武士の和田義盛が長官に任命されたことに注目しなければならない。

だがすでに挙兵前から頼朝の周囲には、流人仲間の神官や、京下りの遊び人などと称される文筆人などが集まっていた。彼らは頼朝の右筆《ゆうひつ》（書記役）や戦陣の祈禱師として活躍したが、挙兵の成功後も頼朝は、機会あるごとに朝廷に仕えていた官僚や知識人たちを、彼の幕僚に加えていった。その中核となったのは、頼朝の乳母の一人の妹の子にあたる三善康信《みよしやすのぶ》、かねて相模で養育されたので頼朝の「年来の知音《ちいん》」だった中原親能《なかはらちかよし》、その弟にあたる大江広元《おおえのひろもと》など、頼朝と個人的関係の深い、京下りの下級官僚たちであった。頼朝は、彼ら文筆にすぐれた人々を公事奉行人《くじぶぎょうにん》とよばれるグループとして従えつつ、東国の支配者としての統治をすすめ、数々の文書を発行し、争論を裁決した。そして元暦《げんりゃく》元年（一一八四）には、公卿の家政機関にならった政・財務機関の公文所《くもんじょ》や、訴訟機関の問注所《もんちゅうじょ》が独立し、大江広元が公文所の、三善康信が問注所の、それぞれの長官となった。なお公文所は、のちの文治元年（一一八五）、頼朝が従二位に昇進してから、政所《まんどころ》と改称され、さらに拡充された。

以上が成立期の幕府の中央機関とすれば、地方機関にあたるものはなにか。挙兵の成功以来、頼朝は相模の三浦義澄ら、関東諸国の有力豪族の在庁官人たちに、各国を支配・統制する地位を保証した。彼らのなかには下野の小山氏のように、それまでの追捕使《ついぶくし》・検非違使《けびいし》など国内の治安警察を任としてきた者が多かったが、当時、直接その権利をもたなかった三浦氏に対しては、とくに新たに国内の警察権が与えられた。これこそ各国ごとに御家人を指揮・統制しつつ国内の治安警察権を行使する、のちの守護《しゅご》の前身であった。

　なお武蔵国ではじめこの役にあたったのは、上述した秩父氏の一族の江戸重長かとおもわれるが、元暦元年六月以後は、武蔵守に任命された源氏一族の平賀義信が、武蔵守と同時にその任にあたっていたようである。

　こうした各国ごとの指揮官のもとに、荘園の下司や荘司、郡郷の郡司・郷司あるいは地主、また地頭などのさまざまな地位を安堵された御家人たちが多数存在していた。これら、下司から地主までのさまざまな地位は、のちになって大体、地頭とよばれるように統一された。それは、本来、現地を意味する言葉から出た地頭が、領域を強力に支配する者というイメージを強くもっていたことによるのであろう。すでに前章の叙述でみたように、開発を推進して一定の地域の支配者となった農場主たちの後身が地頭なのである。そして頼朝は、地頭への任命という形式で、東国武士たちを組織し、支配をすすめていった。地頭たちは上部への年貢の進納を義務づけられ、領域内の治安警察権などを与えられながら、みずからの地域支配権を、より確固たるものにしていった。

治承から寿永へ

頼朝の用いた年号でいえば治承七年、京都朝廷風にいえば寿永《じゅえい》二年（一一八三）になってから、全国の戦局ははげしく動きはじめた。春先に一時、頼朝と対立してから和を結んだ木曾義仲は、北陸道を一気に西上して、道々平氏の軍勢を打ち破り、七月には早くも京都に迫った。義仲とならんで甲斐源氏の安田義定はじめ近江・美濃・尾張を本拠とする武士団は、相ついで京都を包囲、攻撃する態勢に入り、平氏一族はついに、安徳天皇を奉じて九州へと落ちのびた。このとき、同行を拒否して京都にとどまった後白河法皇は、ただちに義仲らに平氏追討の宣旨を下して平氏一族の官位を削り、五百余ヵ所の平氏の所領を没収して義仲らに与えたが、一方では頼朝をもって勲功第一とし、勅勘をゆるして早く上京するよう促す使者を鎌倉につかわした。

間もなく入京してきた義仲らの軍兵によって、兵粮米《ひょうろうまい》の徴発や、荘園などの押領が続発しだし、院と義仲らとの対立は、ぬきさしならぬものとなった。この情勢をみながら頼朝は、「東海・東山・北陸三道の荘園・公領は、もとのように荘園領主や国司・知行国主に支配させる」旨の勅令の発布を要請した。当時、叛乱はひろく全国におよび、諸国の公領・荘園からの年貢上納はとどこおっていた。うちつづく凶作・飢饉の打撃も深刻で、中央貴族たちは大いに苦しんでいた。頼朝の提案が、歓迎されないはずはない。義仲の評判の下落とは対照的に、頼朝の評価はますます高まった。

こうして頼朝の提案は早速うけいれられ、義仲をはばかって、その支配下の北陸道を除外しただけで、「東海・東山両道の荘園・公領の年貢は荘園領主や国司のもとに進上せよ。もしこれに従わぬ者があれば、頼朝に連絡して実行させせよ」との宣旨が公布された。公布の年月から、ふつうは寿永二年十月宣旨とよんでいる。そして同時に頼朝は従五位下の位に復帰し、朝敵としての名をのがれることとなった。

これまで東国一帯の支配者としてふるまってきた頼朝の態度からすると、この十月宣旨は一見、あまりにも大きな譲歩のようにみえるかもしれない。たしかに頼朝は一歩譲ってはいる。だが、この宣旨の後半、「頼朝に連絡してこの命令を実行させせよ」という部分によって、東海・東山両道諸国の国衙あてのこの宣旨の実施は、まったく頼朝の手に一任されることになった。その実施にあたっては、当然、誰がその土地の正当な所有者であるかを認定し、争いがおこれば裁決しなければならず、従わぬ者に対しては武力を用いて強制しなければならない。つまり、当時の最大の重要問題の解決に必要な一切の権限が、東海・東山両道に関しては頼朝に与えられたのである。それはもちろんただちに東国支配の全面的承認そのものではなかったが、実質上の効果はきわめて大きかったと考えなければならない。頼朝の東国支配はここにはじめて中央朝廷からの実質的承認をとりつけたことになる。

十月宣旨によって頼朝は、もはやこの世にいない以仁王の令旨なるものをふりかざして、みずからの東国支配を合法化する必要はなくなった。また以仁王令旨は、諸国の源氏や、叛乱に参加した武士たちの全員にあてられたもので、頼朝一人だけに与えられたわけではなかったが、十月宣旨では、東海・東山両道における独占的支配権の所有者として、ただ一人指名されることもできた。これまでの頼朝の旗印のになっていた弱点は克服され、新たな権威と権限が獲得されたのである。この年から頼朝が、治承の年号に代えて、朝廷の寿永年号を用いるようになったのも、決して偶然のことではない。

源平の決戦

十月宣旨によって幕府の東国支配はいよいよ確固たるものになり、諸国に蜂起した有力武将たちの間では、それまでなお同輩中の首領という程度にすぎなかった頼朝の地位は、今や幕府の首長としてゆるぎないものとなった。その寿永二年の十二月、頼朝は挙兵以来の大功のある上総介広常を不意に粛清してしまった。頼朝はのちに後白河法皇と面談した際、広常はつねに「なんで朝廷のことばかりをあれこれ見苦しく心配などなさるのか。ただ坂東でこのとおり自由な支配をしていれば、誰がわれわれを引き働かそうなどとできるものか」と述べて立てる、謀叛心のある者だったから、と説明している（『愚管抄』）。広常は、房総半島一帯に大勢力をもった豪族で、頼朝の面前でも下馬せず、これをとがめられるや、「広常は先祖以来三代の間、公私ともに人に下馬の礼をとったことはないぞ」と言い放ったほど自立心の強い東国武士であった。その広常が突然、殺されたところに、十月宣旨を得た今、東国の主人として有力豪族層の上に君臨しようとする頼朝の態度が明示されている。

一方、すでに宣旨獲得のすぐあとから、頼朝は弟の義経と中原親能の二人を指揮官とする一軍を、京都への年貢の上進部隊と称して西上させた。彼らは宣旨による権限の獲得を諸国の国衙に布達しつつ、東海道を伊勢まで上り、ついには近江に進出して京都の義仲を攻撃する姿勢をみせた。これに対応して義仲は、十月に法住寺殿《ほうじじゅうじどの》を焼き打ちして法皇を捕え、監禁するクーデターをおこし、みずから征東《せいとう》大将軍の地位について独裁体制をしいた。だが人心はまったく義仲をはなれ、翌元暦元年（一一八四）正月、義経と、その兄範頼《のりより》らのひきいる東国軍の攻撃をうけて、義仲はあえなく近江粟津の露と消えた。ここで頼朝ははじめて平氏追討の宣旨をうけ、平氏一族の旧領五百余ヵ所を恩賞として与えられた。

頼朝と義仲との戦いが激化している間に、一度は北九州の大宰府《だざいふ》までおちのびた平氏一族も、勢力をもりかえして西国一帯をおさえ、ふたたび東上して旧都の福原（神戸市）に入り、さらに京都をとりかえそうとする勢いを示すようになった。これをくじいたのが同年二月の一ノ谷の戦で、義経・範頼らの奇襲をうけた平氏は大打撃をこうむって、四国の屋島にのがれた。

けれども依然として瀬戸内海一帯の制海権を握っていた平氏の勢力は、あなどりがたいものがあった。頼朝はふたたび義経を総指揮官として、平氏を追撃させようとした。しかし、しきりに義経を登用して関係を深めようとする後白河法皇の動きによって、頼朝と義経の間には暗雲がただよいはじめ、ついに頼朝は、自分の推薦なしに義経が検非違使に任官したことを怒って、より従順な範頼を総指揮官とし、東国軍をひきいて西上させた。

だが制海権を平氏におさえられた範頼軍は、陸路をすすんでようやく長門までは到着したものの、はかばかしい成果をおさめることもできぬままに、士気はおとろえ、侍所別当で軍奉行の和田義盛自身が、先頭に立って鎌倉への帰還をねがい出る始末だった。そうした報告ばかりをうけとった頼朝は、ついに義経の起用にふみ切った。ふたたび指揮官となった義経は喜んでその任につき、文治元年（一一八五）二月、摂津渡部《わたなべ》の港を出て四国に上陸、ただちに屋島を襲って平氏を破った。そして熊野や伊予の河野氏などの水軍を味方にひき入れた義経は、やがてみるみる兵士を追いつめ、ついに三月二十七日、長門の壇ノ浦の決戦に平氏を全滅させた。まことに見事な戦いぶりであった。

頼朝挙兵以来、壇ノ浦の一戦まで、足かけ六年間の源平合戦のなかで、頼朝軍の中核となった相武の武士たちの活躍ぶりはめざましく、『平家物語』『源平盛衰記《げんぺいせいすいき》』などの軍記物語や、幕府関係者の編述した史書『吾妻鏡』のいたる所に記されている。一ノ谷合戦のひよどり越えの坂落しのとき、最大の難所をまっさき駆けて突入したという三浦氏の一族佐原義連や、宇治川の合戦に佐々木高綱と先陣を争った梶原景季などの勇士、侍大将・軍目付格の和田義盛・梶原景時・土肥実平らの軍事指揮官たちは、いずれも相武出身の武士であった。

そして彼ら東国武士団の強さを語るものとしては、『平家物語』などがのせる富士川の合戦の前夜、大将平維盛の質問に答えた武蔵出身の老武者斎藤別当実盛の言におよぶものはない。その一部を現代語訳しておこう。「殿はこの実盛などをよい武者と思っておられるのですか。東国武士の弓は三人・五人で張るほど強く、矢の長さは十四、五束（手のひら十四、五つかみ）の大矢です。矢継ぎ早に射出す一矢で二、三人は射落とし、よろいの二、三領は射通してしまいます。大名には部下五百騎以下の者はおりませんが、そのなかにこうした強弓の精兵の二、三十人はおります。このうえない荒れ郷一所の領主でも、弓の上手の二、三人はもっています。

馬といえば牧からえらびとり、飼いならした逸物を一人で五匹、十匹はひかせています。朝夕の鹿狩・狐狩に山林を乗りまわしているので、どんな難所でも落ちるということはありません。坂東武士のならい、合戦には親も討たれよ、子も討たれよ、死ねば乗りこえ乗りこえたたかいます。西国では親討たれれば供養の法事をすませ、忌の明けたあとでまた合戦し、子が討たれればなげいて合戦を中止する。兵粮米がなくなれば田をつくり、とりいれてのちに戦おうとし、夏はあつい、冬はさむいときらう。東国の戦いには、決してないことです」。

これはもちろん作者の創作であるが、それだけにいかにも見事に、当時の東西武士の比較、東国武士の強さの秘密をうきぼりにした言といわねばならない。

二——鎌倉幕府と相武地方

天下の草創

平氏の滅亡とともに、頼朝と義経との関係は、また悪化してきた。それはまったく、平氏には源氏を、義仲には頼朝をと、次々に有力な武将たちを対立させながらあやつってきた後白河法皇の策謀の成功にほかならない。そして文治元年十月、ついに法皇から頼朝追討の宣旨を得た義経は、叔父の行家とともに京都で兵をあげた。だが案に相違して畿内近国の武士を結集することのできなかった義経らは、再挙を期して西海へのがれようとする途中、海上で風雨にあってちりぢりになり、いずれかに姿をくらます破目におちいってしまう。

このとき、頼朝の代官として一千余騎の兵をひきいた北条時政が入れかわりに入京し、強硬な態度で院への申し入れを行った。もはやたのむべき武力をもたず、義経らに頼朝追討の宣旨を与えたばかりという弱味をもつ法皇は、それをのまざるをえない。十一月二十五日に義経・行家の追捕捜索の命令が頼朝に与えられ、二十九日には諸国を時政以下の頼朝の御家人に分賜し、荘園・公領を問わず、反あたり五升の兵粮米を徴収し、田地を知行・領掌することが承認された。そして十二月六日、両者は正式の宣旨として発布される。

こうして頼朝は、義経・行家の追捕捜索のための日本国総追捕使《そうついぶくし》（総守護）・総地頭に任命され、有力な御家人を国ごとの総追捕使（守護）・地頭に任命して全国の軍事警察権を掌握し、荘園・公領の地頭たちを支配することになる。一国におかれた総追捕使（守護）・地頭は国中の御家人を指揮して治安警察の任にあたるだけでなく、国衙を支配し、在庁官人に命令をくだしつつ、反あたり五升の兵粮米を賦課し、徴収する。御家人ばかりではなく、国衙在庁や荘園・公領の下司・押領使はすべて鎌倉殿の支配に属するとの宣旨がくだされて、在庁官人による文書の作成など、いわば役人としての能力は、鎌倉幕府側に吸収・利用される。荘園・公領の下司などの武士たちは、今度は頼朝の責任によって実施されることとなった、京都の内裏守護の役にかり立てられる。そして平氏一族の旧領（平家没官領《もっかんりょう》）や敵対者の所領（謀叛人跡《むほんにんあと》）は没収されて、御家人武士が新たにその地頭に任命される。それまで地頭・下司と称していた多くの在地領主も、彼らの非法を調査し、処罰するという頼朝の監督権のもとに立つことになる。

以上が、通常いわゆる文治の守護地頭の勅許の内容と考えられる。これこそそれまでの内乱の成果を、頼朝の立場から刈りとった最大の収穫であるが、その多くは相武地方をはじめ東国においてすでに実施されていた制度を、全国的に拡張したものにほかならなかった。同時に頼朝は、朝廷の人事の改革を要求し、院の近臣の多くを追放して、頼朝に好意的とみられていた右大臣九条藤原兼実を実質上の摂関たらしめ、さらに親頼朝派の公卿十人を登用して、朝廷の大勢を制させた。彼はこのとき「天下の草創」、すなわち国家の創始であると言い切っているが、たしかにこの文治元年末、はじめて鎌倉幕府の全国支配の基礎がきずかれた、とみることは十分にその理由がある。

幕府の確立

やがて文治五年（一一八九）、それまで義経をかくまっていたという理由で、陸奥・出羽両国に大きな勢威をふるっていた奥州藤原氏の討伐にふみ切った頼朝は、難なくこの大敵を打ち破って、両国を支配することに成功した。伊豆の旗上げ以来十年間の全国的動乱のときは終わり、鎌倉幕府はここに全国にその力をのばした確固たる軍事政権となっていた。

鎌倉殿となってはじめて、建久元年（一一九〇）十月、頼朝は正式に上京し、後白河法皇ら朝廷側の指導者とも長時間会談した。そして常置の武官としては最高の官である右近衛大将《うこのえたいしょう》、そして権大納言《ごんだいなごん》に任命されたが、すぐに双方とも辞職し、単なる王朝の侍大将ではないことを示して、やがて鎌倉に帰った。

翌々建久三年、長らく朝廷の代表者だった奇略縦横の大立者の後白河法皇がこの世を去り、これまで頼朝と気脈を通じあってきた摂政九条兼実が発言権を増した結果、頼朝はようやく長年の希望だった征夷大将軍《せいいだいしようぐん》に任ぜられた。東北地方の住民である蝦夷《えぞ》の征討の軍事指揮官として、東国一帯から兵士・兵粮米を徴発しうる征夷大将軍の称号は、頼朝にとって鎌倉幕府の首長の地位を象徴する絶好のものと考えられたのであろう。

そもそも鎌倉幕府の成立時期をいつとみるべきか、これまでには種々の学説があった。これを時代順にならべてみれば

A　治承四年（一一八〇）十二月、南関東一帯の軍事政権の成立。頼朝、「鎌倉の主」となる
B　寿永二年（一一八三）十月、十月宣旨
C　元暦元年（一一八四）十月、公文所・問注所の成立
D　文治元年（一一八五）十一月、「文治の守護地頭の勅許」
E　建久元年（一一九〇）十一月、頼朝、右近衛大将となる
F　建久三年（一一九二）七月、頼朝、征夷大将軍となる

というように、頼朝挙兵以来、彼を首長とする軍事集団が権力をかため、その勢力を発展させてくる、ふし目ふし目の諸時期が、それぞれの理由づけによって鎌倉幕府の成立と名ざされて

きた。古くは、そのうちF、あるいはEの説が有力であった。それは「幕府」とはもともと中国で、出陣した将軍が幕をはってなかで軍務を決裁したことから出、日本では征夷大将軍、もしくは近衛大将の中国風の呼称であったからという、いわば語源論的な見方にもとづく。しかし最近はむしろ、頼朝を首長とする軍事集団の権力の実体に目をそそぐD、もしくはBの説が有力となってきており、さらにこの立場をつきつめたA説も主張されている。

これまで述べたように、私は幕府成立の第一の画期をAにおき、以後も、その権力の実体は変動していったという側面を十分に評価する、という立場をとりたい。昭和五十五年（一九八〇）、鎌倉市で鎌倉開府八百年を記念したのも、いうまでもなくこのA説に立つものであり、これがもっとも常識的な見方だとおもうからである。

ひるがえってかつての通説のE・Fについて考えるなら、頼朝が右近衛大将、あるいは征夷大将軍に任命されることによってはじめて鎌倉幕府が成立した、とみることは事実に即しない。しかしこの時期になって、いわゆる守護・地頭をはじめ、幕府の支配組織に一段と強化・進展がみられたことは確かである。

まず地頭からみよう。文治元年、頼朝によって郡郷や荘園に補任・安堵された地頭は、義経・行家の追捕・捜索を主な目的とし、管内の治安・警察権をつかさどることは副次的な職権であった。だがおそらくは建久元年、頼朝上京のときに朝廷との交渉が行われたらしく、以後、地頭は管内の治安警察権を与えられ、年貢の徴収・納入の負担をおい、それにともなって土地の管理支配をも行うものとなった。

そして現存の古文書や『吾妻鏡』からみると、建久三年（一一九二）半ば以来、幕府は恩沢《おんたく》沙汰《のきた》として御家人たちに新たな恩賞地を与えるとともに、以前与えた頼朝袖判の下文を新様式の政所下文に更新していったことがわかる。それまで地主・下司・地頭など種々の系譜や称呼をもっていた御家人の支配する職が、おおむね地頭の名に統一され、一般に鎌倉時代の地頭がみな御家人と考えられるような形が、このころに成立した。

そして荘園や郷・保の地頭とならぶ国ごとの軍事指揮官の守護の制度も、ほぼ同じころ固まってきた。これは文治の惣追捕使から転化したもので、大犯《だいぼん》三ヵ条とよばれる、謀叛・殺害人など重罪犯人の逮捕や処分、大番役の催促が主要な職権とされる。

富士の巻狩

名実ともに軍事政権の首長の地位を固めた頼朝は、守護・地頭制度の整備・確立につとめるとともに、建久四年の春三月から五月にかけて、下野の那須野、信濃の浅間山麓の三原野、そして駿河の富士の裾野にと、大きな巻狩をつづけて行った。これは決して単なるスポーツではない。頼朝みずからが巻狩によって神をまつるとともに、統治者としての今後の資格を神に問うための大がかりな祝祭でもあったのである。

この富士の裾野での巻狩の最中、伊豆の豪族伊東祐親《すけちか》の孫で、当時は相模の武士曾我祐信の子となっていた曾我十郎・五郎の兄弟が、父河津祐通《すけみち》の仇敵工藤祐経《すけつね》を討ち取る、曾我の敵討が行われたことは名高いが、これはただの敵討だけではなく、その背景にはいくつもの複雑な動きがあったようである。第一に、兄弟は仇の祐経を討ち取ったあと、さらに頼朝の宿所めがけて斬り込もうとした。これは祖父祐親の敵にあたる頼朝に対しても、あわよくば一太刀を、とのねらいからにちがいない。また兄弟は、それまでつねに北条時政の家に出入りして、その従者格の動きをしており、五郎時致《ときむね》の元服の際に時政が親代わりの役をつとめた事実などからすれば、兄弟の庇護《ひご》者は北条氏であったらしい。これらの点を重視すれば、北条時政が兄弟を扇動して頼朝の暗殺をはかったもの、との解釈も成立する。*2

曾我兄弟敵討事件の直後、常陸では国内の有力豪族で在庁の家の多気《たけ》大掾《だいじょう》義幹《よしもと》が、同じく有力豪族の八田知家と対立して失脚するなどの事件がおこった。そして八月になると、頼朝の異母弟で、義経には兄にあたる範頼が叛逆をたくらんだという理由で伊豆に流され、その従者が殺される。八月下旬には、相模の有力武士で、頼朝挙兵以来、活躍のめざましい大庭景義・岡崎義実の二人が、ともに老齢の理由で出家した、と『吾妻鏡』は記している。だがその二年後の『吾妻鏡』には、大庭景義が、「私は旗あげのはじめから大功をあげましたのに、たまたまお疑いをかけられて鎌倉を追われ、愁鬱《しゅううつ》をふくんで三年間をすごして参りました」という申文をささげ、首尾よくゆるされたと記されている。*3 これら一連の事件は、『吾妻鏡』にほんのわずかの露頭をみせているにすぎないが、このころ幕府内に相当大きな事件のおこっていたことをうかがわせる。

これをふまえながら、曾我の敵討だけでなく、富士の裾野ではこのとき、大規模な衝突、殺傷事件がおこったと推測し、一連の事件は、北条氏・工藤氏をもふくめた伊豆の武士と、大庭氏・岡崎氏を中心とする相模の武士との対立の表面化であったとした永井路子氏の所説*4にもまた、すてがたい魅力がある。

真相は容易につかめぬものの、この時期に幕府内で大きな権力争いがあり、範頼が排除されただけでなく、挙兵以来大きな役割を果してきた相模の大庭景義・岡崎義実らが失脚したことは明らかであり、それはまた当然、相武地方の歴史にも大きな影響を残したであろう。

とにかくこの事件をもふくめて、頼朝時代後半の幕府の歴史には、なにか一種の黒い霧がかかっている。『吾妻鏡』は建久七年（一一九六）から正治元年（一一九九）正月まで、三年以上の記事を欠いており、この間になにか重大な事実がかくされているかと疑わせるものがある。そして頼朝は、この正治元年の正月十三日、五十三歳でついにこの世を去った。死の原因は、前年建久九年の末、相模川にかけられた橋供養の儀式に参加しての帰途、落馬したためだとされているが、真相はまったく不明である。伊豆の一流人から身をおこし、東国に最初の軍事政権を打ち立てて、ほとんど専制的支配者として君臨した頼朝の死は、幕府にとってまことに大きないたでであり、すでにみてきたような御家人たちの間での対立と抗争が一段と激しくなることは、当然予測される。

相武の武士団の変動

さて鎌倉幕府成立後の相武地方の情勢を考えるためには、まず頼朝挙兵当時、この地方の武士団が頼朝方、平氏方のいずれに属したのか、の色分けからかえりみなければならない。石橋山の合戦の頼朝方の武士は三百余騎というが、『吾妻鏡』に名の記されている者は四十六名。このうち相模の武士は、

a　土肥次郎実平・弥太郎遠平、土屋三郎宗遠・次郎義清・弥次郎忠光、岡崎四郎義実・与一義忠、中村太郎景平・次郎盛平らの中村氏一族と縁族

b　大庭平太景義・豊田五郎景俊らの鎌倉党の一部

c　本来は近江出身の武士で、源氏方だったので所領を失い、相模に流寓していた佐々木太郎定綱・次郎経高・三郎盛綱・四郎高綱の佐々木兄弟

以上の十五名である。武蔵のうち、南の三郡の出身者と確認できる者はない。

そのほかに石橋山合戦の際、急遽《きゅうきょ》三浦郡から頼朝方に馳せ参じようとして、ついに間にあわなかった三浦氏一族として、『吾妻鏡』は、

d　三浦次郎義澄・十郎義連、大多和三郎義久・義成、和田太郎義盛・次郎義茂・三郎義実、多々良三郎重春・四郎明宗、筑井次郎義行

ら十名の名をあげている。

以上をまとめれば、挙兵当時の頼朝方の武士は、古くからの相模の国衙の有力在庁たる三浦氏・中村氏の一族に、鎌倉党の一部分、さらに佐々木兄弟のような浪人から成り立っていた、といえよう。

これに対し平氏方として『吾妻鏡』に列記されている相模の武士は、

大庭三郎景親、俣野五郎景久、河村三郎義秀、渋谷庄司重国、糟屋権守盛久、海老名源三季貞、曾我太郎祐信、滝口三郎経俊、毛利太郎景行、長尾新五為宗・新六定景、原宗三郎景房・四郎義行

それに、飯田五郎家義、波多野右馬允義常、荻野五郎俊重、梶原平三景時を加え、三千余騎の軍勢であったという。

『延慶本平家物語』によれば、なおそのほかに、鎌倉党の八木下々《（ママ）》五郎、香川五郎、海老名小太郎らも平氏側に属したらしい。

武蔵の南三郡の武士としては、『延慶本平家物語』に稲毛三郎重成の名がみえるのみである。

このとき平氏方に属した武士の多くは、のちに頼朝に降伏し、『吾妻鏡』は、わずかに十分の一程度が死刑にされただけだ、と記している。たしかに死罪とされたと明記されているのは大庭景親、荻野俊重、討手をさしむけられて自殺したのは波多野義常ぐらいであるが、その他の多くは所領を没収され、頼朝方の武士に身柄を預けられる、という処分をうけた。たとえば滝口経俊は山内荘を没収されて土肥実平に、河村義秀は河村郷を没収されて大庭景義に、それぞれ預けられたという具合である。のちに土肥実平が山内荘の領主かと推測されている例[*5]などから考えれば、このときに旧領主の身柄を預かった人物が、同時にその所領を与えられた、とする可能性は高い。

また大庭景義が外甥《がいせい》にあたる波多野義常の子息の助命を嘆願して、その身柄を預かると同時に、義常の遺領の一部の松田郷を与えられた例をみると、一族・姻族の間で、所領や身柄を与えられた可能性もある。

鎌倉党のなかで兄弟と思われる大庭景義・景親が敵・味方に分かれたような場合も、当時決して珍しくはないから、これらの事情を考えると、武士の一族単位でみると、幕府成立前後を通じて、完全に滅亡し去った武士団はあまり多くはなかったようである。そして種々の理由によって、結局はゆるされて正式の御家人となり、活躍した武士も渋谷重国・河村義秀・曾我祐信・山内経俊・原宗景房・梶原景時など多数にのぼっている。相武地方の現地の領主たちの支配領域図には、幕府成立の前後を通じて案外に大きな変化が生じなかったのである。

むしろ上に述べた富士の巻狩当時の大庭景義・岡崎義実らの失脚事件のほうが、相武地方の領主たちに大きな影響を与えたかもしれない。そして次項で述べる頼朝死後、北条氏の勢力伸張の経過を通じて、相武地方の領主たちの支配領域の地図はすっかりぬりかえられていくのである。

幕府支配下の相武

さて十月宣旨以来、幕府が朝廷からとくに強力な支配をみとめられていた東国、そのなかでもまさに本拠地といってもよい相武地方に対して、幕府はどのように支配権を行使していたか。これはなかなか解明の困難な問題である。だが史料上にあとづけられるだけでも幕府は東国地方に対して、

(1)宣旨や院宣など朝廷からの命令の受理と各国への伝達、
(2)国内の荘園・公領全体にかけられる勅事《ちょくじ》・院事《いんじ》などとよばれる臨時の一国平均《いっこくへいきん》の課役の賦課・徴収、
(3)一宮や国分寺など、国衙に関係深い寺社の管理や修理・造営の実施、

(4)複数の荘園領主の間でおこった堺相論の裁決、
(5)国内の雑人《ぞうにん》(一般庶民)の提起した訴訟の裁判、

などを行っていたと考えられる。[*6] しかし相武地方に対する幕府の支配は、これだけにはとどまらず、さらに強力であった。

鎌倉時代末、両国司《りょうこくし》といえば、武蔵守・相模守の両者をさし、幕府の執権・連署の代名詞として通用していた。それは両国の守が、ほとんど北条氏一族中の最有力者によって独占されていたことを示している。それだけではなく、鎌倉時代のごく初期から終末までつづけて、相武両国は将軍家の知行国だった。知行国とは平安時代後期からはじまった制度で、高位の貴族たちに各国の支配権・収益権を与えて知行国主とし、国主は自分の近親者を国守に任じ、別に代理人の目代を現地に派遣して国を支配し、一国からあがる収益の大半をみずからのものとする制度であった。

すでにみたように、頼朝は挙兵以来、東国の国衙や荘園・公領の事実上の支配をおしすすめていたが、十月宣旨によって、その支配の実質的承認をかちとるとともに、東国内の諸国を自分の知行国として承認させ、より完全な支配を固めようとはかった。そのなかでも武蔵国は元暦元年(一一八四)六月から、相模国は文治元年(一一八五)八月から、ながく連続して将軍の知行国であった。とくに相模国は文治五年十二月に、「永代の知行」がみとめられている。

相模守	大内惟義	文治1(1185).8.16任〜正治2(1200).2.26見
	北条義時	元久1(1204).3.6任〜建保5(1217).12.12転
	北条時房	建保5(1217).12.12任〜嘉禎2(1236).8.4見
武蔵守	平賀義信	元暦1(1184).6.5任〜建久6(1195).7.16見
	平賀朝雅	正治2(1200).2.26見〜元久1(1204).4.21見*
	北条時房	承元1(1207).1.14任〜建保5(1217).12.12転

*元久1.11.20にはすでに「武蔵前司」とみえる。

承久年間（一二一九〜二二）以前に、両国の守として氏名のわかるのは、上表のとおり。

これを見てまず気づくのは、そのほとんどが一期四年の任期以上をつとめ、長期にわたって在任していたことである。次に初期には、平賀義信・朝雅、大内惟義という、甲斐源氏の流れで信濃に地盤をもつ源氏一族の父子によって、両国の守が独占されていたことである。

系図

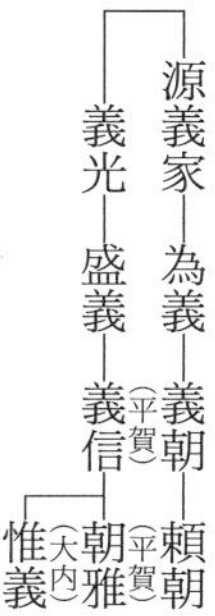

頼朝の将軍時代、諸国の守になることは、源氏一族や、頼朝ととくに縁故深い身分のみの特権で、一般の御家人にはおもいもおよばぬことだった。頼朝の死後にも、侍所の別当の和田義盛さえ、国の守になることを希望してみとめられなかったぐらいである。そのなかで平賀氏父子が、両国の守を独占していたのは、彼らが

頼朝に近く、良好な関係を保っていたことをうかがわせる。とくに武蔵守としての義信は、ながく国府に在住して支配にあたり、善政をしていたとして、頼朝はこれをほめる文書を与え、また以後の武蔵守もみなこの例を守るようにと、国府の政庁に壁書《かべがき》を掲げたという。[*7]のちに武蔵守の北条時房も、任命された最初、国務はすべて義信の例に従うようにと、将軍から任ぜられている。[*8]

幕府による武蔵国の支配の具体例として、文献にみえるのは以下のような事柄である。国内全体の検注を行い、その結果を整理して大田文《おおたぶみ》を作成すること。[*9]国内の郷ごとに、反あたり五升ずつの「五升米」を賦課・徴収すること。[*10]公領の郷ごとに郷司を任命すること。[*11]国内の荒野を開発するよう地頭たちに命令すること。[*12]いずれも知行主たる将軍のもとで、国司によって行われている。また国衙におかれた布・糸の染織を行う染殿《そめどの》や糸所《いとどころ》の別当には、将軍によって、近侍の女房らしい安房上野局・近衛局らが任命されている。[*13]これまた、武蔵国衙に対する将軍の支配の一面を示すものであろう。

一方、相模国では、国中の寺社の恒例の仏神事を元のようにとり行うべき旨が三浦介義澄に命ぜられ、[*14]戦乱と飢饉のはなはだしかった文治二年（一一八六）、人民を救うために国内の主たる百姓らにそれぞれ一人あたり一斗ずつの米を、三浦介・中村庄司らに命じて与えたとかの例が知られる。[*15]ここでは知行主である将軍の命をうけて実務を担当したのが相模守ではなく、有力在庁の三浦・中村氏らであることが、武蔵の場合とは異なっており、まさに幕府のひざ元として、将軍の直接支配の色彩が強かったようである。幕府の政務・財務をつかさどる公文所が創立された仕事はじめの儀式に際し、相模国中の神領・仏物等の沙汰が行われたことも[*16]、これを証するであろう。

さて両国での国司と守護の関係について、武蔵では平賀義信以後、国司が守護を兼任したようであるが、相模では守護は三浦介がつとめ、国司とは別人であった。しかし三浦介が以前からの国衙の有力在庁であったことをおもえば、この場合でも守護と国衙との関係は密接であったとみなければならないだろう。実際のところ、国ごとの幕府の地方行政官ともいうべき守護が、国衙の在庁組織を利用せずに国内の支配を行いえたはずはないからである。

三――執権政治への道

北条氏の勢力伸張

頼朝の死後は長男で、十八歳の青年の頼家がただちにあとをつぎ、二人目の鎌倉殿となった。だがまだ若年の頼家の手腕に不安を感じたのか、側近の老臣たちは、頼朝未亡人の北条政子とはかって、頼家による直接の訴訟裁断を停止し、十三名の元老や武士の代表者たちが合議して裁判をすることに定めた。この十三名は、当時の幕府の中枢部にあった有力者たちと考えてよいが、その顔ぶれは、a頼朝の側近の官僚層——大江広元・三善康信・中原親能・二階堂行政、b相模出身の武士——三浦義澄・和田義盛・梶原景時、c武蔵出身の武士——比企能員・安達盛長・足立遠元、d伊豆出身の武士——北条時政・同義時、e下野出身の武士——八田知家、以上であり、武士団の代表としては、相模・武蔵の出身者が相ならんで、もっとも有力であることが一目でわかる。これまで独裁者頼朝のかげにかくれていた東国武士団の実力者たちのなかでも、相模・武蔵の武士たちの比重の高かったことが、よくうかがえるのである。

だが亡き父のあとを追って幕府の主人たろうとする頼家が、だまってその措置をうけいれるはずもない。北武蔵の豪族比企《ひき》氏の一族は、頼朝の乳母としてつくした比企尼以来、幕府のなかに大きな発言権を誇っていたが、頼家の妻は、比企能員《ひきよしかず》の娘であった。頼家はcの一人でもあるこの能員や一族の力をたよりにしながら、鎌倉殿としての実権を行使しようとする。そして頼朝以来の恩賞地の五百町以上のものは没収して、老臣・有力武士の力をそぎ、頼家の近臣に分け与えようと計画したりして、みずからの勢力基盤を強めようとしたために、ますます幕府内部での対立をはげしくした。

やがて鎌倉の地を舞台にした数多くの陰謀や血みどろの抗争がくりひろげられ、幕府の実権は鎌倉殿の手からはなれて、北条氏の執権政治へと移行してゆく。この過程で幕府開創以来の相武の有力武士の多くは滅び去り、頼家もまた鎌倉殿の地位を追われてしまうのである。

この抗争のなかで最初に血まつりにあげられたのが独裁者頼朝のお気に入りの家臣、侍所の幹部として抜群のはたらきを示した梶原景時である。頼朝の死後、一年もたたぬ正治《しょうじ》元年(一一九九)秋、景時は頼家の弟の実朝を鎌倉殿にしようとの陰謀があると頼家に密告したが、かえって仲間の東国武士六十数名から景時弾劾の連判状をつきつけられて失脚し、鎌倉から追放された。いったんは一族とともに相模の一宮(寒川町付近)の館にたてこもった景時は、翌年早々、朝廷と結んでの大がかりな叛乱を計画して上京しようとする途中、駿河国清見《きよみ》関(静岡県興津市)で付近の武士の手にかかってあえない最期をとげた。

頼家の乳母が比企氏の娘だったのに対し、実朝の乳母は政子の妹、北条時政の娘である。当時の社会では、実の母に代わって幼少のときから子の養育にあたった乳母の地位も、発言権もともに大きかった。そのことを考慮すれば、すでに早くから頼家に代えて実朝を鎌倉殿に擁立しようとする運動が、北条氏を中心にすすめられていたことは十分に推測できる。侍所長官として、いちはやくこの陰謀に気づいた景時に対し、かねてからくすぶっていた東国武士たちの反感をあおり立て、その追いおとしをはかったのは、たぶん北条時政であろう。当時、京都の貴族たちは、景時を見殺しにしたのは頼家の大失策と評したというが、たしかに当たっている。その直後、時政は、国司になれるのはすべて源氏一族ばかりで、東国武士にはゆるされない、というそれまでの幕府内部の慣例を破って遠江守に任命されるが、それは景時追いおとしのかげにあって、見えない糸をあやつっていた時政の成功を物語る事実であろう。

やがて建仁《けんにん》三年（一二〇三）九月、病気にかかっていた頼家が危篤状態におちいると、事態は急転する。政子や大江広元らの支持をとりつけた北条時政は、まず比企能員を暗殺し、ついで鎌倉比企ケ谷の屋敷にたてこもった一族や、頼家の子の一幡《いちまん》を皆殺しにした。そして頼家を鎌倉殿の地位から追って伊豆の修禅寺に幽閉し、間もなく暗殺してしまう。鎌倉殿としては、まだ十二歳の実朝を立て、時政と広元の二人がならんで政所別当となり、幕府の実権を握ってしまったのである。いわば時政によるクーデターであり、御家人の所領安堵以下の政務も、時政一人が署名する下《げ》知状《ちじよう》という新形式の文書によって行われるようになった。

北条氏はもともと伊豆の在庁官人の出ではあるが、決して相武両国や東国の有力な大豪族とならぶほどの武士団ではなかった。しかし時政は、頼朝の妻の政子の父という立場を利用しつつ、着々と実力をやしない、頼朝の側近官僚とも、東国の武士団ともつながりをもちつつ、発言権を強めてきた。そして頼家の危篤状態をとらえて見事にクーデターを成功させ、ついに幕府の権力の中枢におどり出たわけである。それはもちろん時政のたくみな術策によるものではあるが、より大きな理由は、父頼朝のあとを追い、鎌倉殿専制体制の再建を夢みる頼家の政策が、東国武士団の利害と衝突し、頼家が御家人たちの信望を失っていたからにほかならない。

だが時政は調子にのって少々やりすぎた。後妻の牧《まき》ノ方《かた》にあおられて今度は実朝を殺し、代わりに牧ノ方の愛娘の婿で源氏一族、かつては頼朝の義理の子にもなっていた平賀朝雅《ひらがともまさ》（少し前までは武蔵守をつとめていた）を鎌倉殿に立てようとしたのである。鎌倉武士の代表として名の高い武蔵の畠山重忠もまた、この陰謀にまきこまれて一家ともに殺され、ついでこれは悪質な讒言のためだったとして、同族の稲毛重成や榛谷《はんがや》重朝らが殺されてしまった。

だが時政の今度の陰謀は、あまりにもやりすぎだった。子の義時は政子と相談して三浦氏をだきこみ、クーデターをおこしてついに時政を失脚させるとともに、当時、京都守護だった平賀朝雅を討ち滅した。ここにいたってはさすがの時政もなすすべなく、出家して伊豆に監禁される身となってしまった。先に頼家の失政をついて彼を追放した時政も、東国武士団の意志をかえりみない、強引な権力集中をはかったときには、いとも簡単に失敗してしまうのである。

父時政を追放してこれに代わった北条義時は、冷徹果断、しかもよみの深い慎重な政治家であった。彼は時政の性急な権力独占策が多くの反発を招いたことをよく知っていただけに、柔軟な政策をとり、実朝と政子とをつねに表面に立て、大江広元らの側近官僚との連繫をさらに密にしながら、東国武士たちの信頼獲得につとめた。時政一人の署名による下知状という文書形式が一時すがたを消すのも、そのあらわれである。また「頼朝公以来拝領した所領は、大罪を犯した場合以外、一切没収せず」という大原則を明らかにしたのも、御家人たちの所領保護の要望に応えるためである。

だが一方、義時は、北条氏の勢力を確立し、対抗する有力武士団の力を削るためにはあらゆる努力を惜しまず、どのような機会をものがさなかった。元久元年（一二〇四）、義時はついに相模守となり、畠山重忠はじめ旧来の有力豪族の何人もを滅した武蔵には、弟の時房が承元元年（一二〇七）に守となった。さらに承元三年には諸国の守護たちの終身在職制を廃止して定期の交代制にしようとしたが、三浦氏をはじめ東国豪族層の強い反対によって、ついにこの案を断念した。

しかし義時の有力武士団攻撃の手は、少しもゆるまなかった。その最大の事件が、幕府創立以来の侍所別当和田義盛を挑発して蜂起させ、ついに一族与党を全滅させた建保元年（一二一三）の和田合戦である。このとき、義時は和田義盛と、本家にあたる三浦一族との離間に全力をそそぎ、いったん義盛に同意する起請文まで書いていた三浦義村は、蜂起の直前、義時側に寝がえった。この一挙によって勝利はすでに定まったといってよく、武勇にすぐれた猛将朝比《あさひ》奈《な》義秀《よしひで》はじめ、和田一族の奮戦もむなしく、義盛らの一族は惨敗して、ついにほとんど全滅した。義盛に味方した多くの相武の武士たちも同じ運命をたどった。

この和田合戦は、幕府成立以来の最大の内戦であり、『吾妻鏡』にのせられた和田方の主な戦死者・捕虜の名簿は全部で百七十人あまり、しかもそのほとんどは相武の武士たちであった。

和田一族、横山党、土屋氏、山内首藤氏、渋谷氏、鎌倉党、愛甲氏、土肥氏等々、義盛方に属した人々の名は、まるで相武の武士団の一覧表を見るかのような感じである。この一戦によって、相武、とくに相模地方では旧来の武士の相当部分が没落し、彼らの旧領は北条氏はじめ義時方についた武士たちに与えられた。『吾妻鏡』は、この合戦の恩賞として、相模国の山内荘と菖蒲は義時に、大井荘は二階堂行村に、懐島は二階堂基行に、岡崎は近藤左衛門尉に、渋谷荘は女房の因幡局にと、それぞれ与えられたと記している。*17 しかしこれは和田合戦による相武地方の所領の移動の、ほんの一部にすぎまい。少なくとも和田方に属して滅亡・没落した武士たちの名字の地である相模の和田郷・田名・土屋・高井・大多和・土肥郷・毛利荘・梶原・大庭御厨・豊田荘・四宮郷・愛甲荘・海老名郷・荻野・松田郷・波多野荘・白根郷・佐奈田・津久井・深沢、武蔵の六浦荘などについては、この乱の結果、領主たちの交代が行われ、北条氏一族や、その味方の武士たちの所領になったにちがいない。それは頼朝挙兵の前後をも上まわるほどの大きな変動であり、相武地方の領主たちの色分け地図は、ここですっかりぬりかえられることになった。北条氏とその支持勢力は、幕府ひざ元の相武地方を制するにいたったのである。

和田合戦の結果、北条義時は和田義盛に代わって新たに侍所別当となり、かねてからその職にあった政所別当と兼任して、幕府のもっとも重要な地位を独占するようになった。頼朝の死後十数年間におよぶ暗闘と陰謀のうずまく時期はようやく終わりを告げ、北条氏の幕府指導者としての地位は、ここにほぼ定まった。将軍の独裁政治に代わる幕府政治の第二段階、ほとんど力のない将軍をいただいた北条氏が幕府権力を握る執権政治はこうしてはじまった。

注

＊1——『吾妻鏡』治承四年十月五日条
＊2——三浦周行『歴史と人物』東亜堂書房、一九一六年
＊3——『吾妻鏡』建久六年二月九日条
＊4——永井路子『つわものの賦』文藝春秋、一九七八年
＊5——上横手雅敬『日本中世政治史研究』塙書房、一九七〇年
＊6——石井進『日本中世国家史の研究』岩波書店、一九七〇年
＊7——『吾妻鏡』建久元年七月十六日条
＊8——同承元元年二月廿日条
＊9——同正治元年十一月卅日、承元四年三月十四日条
＊10——『鎌倉遺文』一八二五
＊11——『吾妻鏡』建暦二年二月十四日条

＊12――同承元元年三月廿日条
＊13――同建久六年七月八日、建仁三年十二月十三日条
＊14――同建久五年四月廿二日条
＊15――同文治二年六月一日条
＊16――同元暦元年十月六日条
＊17――同建保元年五月六日・七日条

志太義広の蜂起は果して養和元年の事実か

養和元年（一一八一）閏二月廿日、頼朝の伯父で、かねて常陸国志太《しだ》荘を中心に勢力をはっていた志太三郎先生《せんじょう》義広はにわかに謀叛《むほん》をおこし、数万余騎をひきいて鎌倉を攻撃しようとした。平氏の追討軍下向に備えて多くの兵力を駿河国以西に派遣していた当時の鎌倉幕府にとって、まことに容易ならぬ事態の発生である。だが、偽って義広のさそいに応じた下野国の豪族小山朝政が、同月廿三日、野木宮で奇襲攻撃を行い、奮戦して義広を潰走させたため、この蜂起もついに鎮定された。同じ廿八日、常陸・下野・上野三ヵ国におよぶ義広与党の所領が没収され、朝政以下の功臣に恩賞が与えられた。

これが『吾妻鏡』養和元年閏二月廿日条から廿八日条までに記された事件の概略であり、『史料綜覧』はもとより最新の概説類・頼朝伝にいたるまで、この記述に従わぬものとてはないのが現状である。しかし、義広の蜂起は果して真に養和元年閏二月に勃発したのであろうか。この点については、少なからぬ疑惑が感ぜられる。

というのは、『吾妻鏡』建久三年（一一九二）九月十二日条には、次のように記されているからである。

小山左衛門尉朝政先年募勲功浴恩沢、常陸国村田下庄也、而今日賜政所御下文、其状云、

将軍家政所下　常陸国村田下庄下妻宮等

補任地頭職事

左衛門尉藤原朝政

右、去寿永二年、三郎先生義広発謀叛企闘乱、爰朝政偏仰朝威、独欲相禦、即待具官軍、同年二月廿三日、於下野国野木宮辺合戦之刻、抽以致軍功畢、仍彼時所補任地頭職也、庄官宜承知、不可違失之状、所仰如件、以下

建久三年九月十二日　案主藤井

令民部少丞藤原　知家事中原

別当前因幡守中原朝臣

下総守源朝臣

ここに引載されている将軍家政所下文《まんどころくだしぶみ》は、頼朝の征夷大将軍補任《ぶにん》にともなって従来の袖判《そではん》下文を改めてこの文書形式に統一し、再度所領の安堵を行ったものとして、二、三の誤脱（たとえば「下総守」は「前下総守」であるべきだろう）があるにもせよ、形式上疑うべき点を見出し

えないものである。一方、同じ建久三年九月十二日付で朝政を下野国日向野郷地頭職に補任した将軍家政所下文、および同日付で「下野国左衛門尉朝政」に対して「早く政所下文の旨に任せて所々地頭職を領掌せしむべきこと」を命じた頼朝袖判下文の二通が現に伝来しており（松平基則氏所蔵文書）、相互に比較してこの文書も同時に与えられた「所々地頭職」安堵の政所下文中の一通とみて少しも不審はない。

† なお、よく知られているように、この文書形式改訂のとき、千葉常胤が家司《けいし》ばかりの署名の下文では後鑒《こうかん》に備えがたいと称して強硬に反対したため、とくに頼朝袖判の下文を別に副えて与えられたことが『吾妻鏡』同年八月五日条にみえているけれども、ここに述べた小山朝政の場合も千葉氏と同様な待遇をうけていることは注目されねばならぬ。

してみれば、義広の蜂起、野木宮での朝政との合戦が寿永二年（一一八三）二月廿三日であることを物語るこの文書の内容と、野木宮合戦を養和元年閏二月廿三日とする『吾妻鏡』当該条とは明らかに矛盾する。そして一方が純然たる地の文のみからなる『吾妻鏡』編纂者の筆になる部分であるのに対し、他方が信頼すべき原史料の陳述であるとするならば、そのいずれをとるべきかはきわめて容易に判断される。すなわち、義広の蜂起を養和元年閏二月にかけたのは『吾妻鏡』にままみうけられる時日比定の錯誤、八代国治氏のいわゆる「切り張りの誤謬」

の一例にほかならず、その事件の発生は実は寿永二年二月なのである、と。

同じ『吾妻鏡』元久二年（一二〇五）八月七日条が、朝政について「随而去寿永二年、対治志太三郎先生蜂起之間、都鄙動感、仍被行賞之日、御下文之旨趣厳密、是武芸眉目也」と寿永二年説をとっているのも、地の文であり、同系統の記述ではないかと疑われもするが、一応傍証として引用することはゆるされよう。

目下のところ私は、以上の推論を確定するに足るさらに有力・的確な史料の存在は知らない。しかし、義広の蜂起を寿永二年二月に移動させることによって、従来よりもより合理的に、整合性をもって理解しうるとおもわれる事実の存在は指摘できる。それはこの三月にはじまった頼朝・義仲間の衝突である。

いったいこの寿永二年という年は、変転きわまりない源平内乱期のうちでももっとも波瀾に富んだ年であり、おそらくはそれゆえに生じた『吾妻鏡』の欠巻と相まって、その全面的理解のきわめて困難な一時期である。この頼朝・義仲の衝突についても、武田信光の讒言や頼朝と仲たがいした行家が義仲にたよったことが原因だとする『源平盛衰記』の説話が伝えられているだけで、それも到底そのまま信ずることはできない。しかし義広の蜂起と敗北、潰走、義仲との結託という一連の事件を想定すれば、この間の事情は容易に解明される。常陸国から行動をおこし、下野国南部で一敗地にまみれた義広逃走のコースが、上野国から信濃国へという東山道だったろう、ということは簡単に推測できる。そうすれば義広が義仲にたよったこともごく自然である。事実、『吾妻鏡』元暦元年（一一八四）五月十五日条は述べている。「此義広者、年来含叛逆之志、去々年率軍勢、擬参鎌倉之刻、小山四郎朝政依相禦之、不成而逐電、令属義仲訖」（なおここにいう「去々年」を一昨年とすれば、義広挙兵の年は養和二年ということになるが、この一語だけで上述の推論がくつがえるとはおもわれない）、と。それゆえにこそ二月の義広蜂起にひきつづいて三月には頼朝・義仲間に衝突がおこったのであった。この十月、義仲入京・平氏西走という新局面をむかえたのち、頼朝がまず院に飛脚を進めて要求した内容が、「今度献使者、所鬱申者、三郎先生義広上洛也、本名義範」であった事実、[1]以後、行家とも対立を深め、孤立無援の窮地におちいった義仲に最後まで従っている義広[2]の行動等をみるとき、以上の推測はますます強められるであろう。

注

＊1――『玉葉』元暦元年十月九日条

＊2――同十月廿三・廿四日条、『吾妻鏡』元暦元年正月廿日条

『古今著聞集』の鎌倉武士たち

目下、鎌倉幕府政治の推移を明らかにすることに興味をもっているので、私は『古今著聞集』のなかでも、鎌倉武士たちを主人公とした物語にとりわけ心をひかれる。

幕府の創始者源頼朝や、北条時政・義時・時房、畠山重忠、あるいは渡辺党の馬允《うまのじよう》番《つがう》など、『著聞集』にあらわれる武士たちの数は少なくなく、それぞれ印象に残る物語であるが、とくに三浦介義村と千葉介胤綱が座席争いから口論をはじめた際、胤綱が義村を「友をくらう三浦犬」と罵倒したという一条(闘諍第二十四)は、まことに味がある。「輪田左衛門が合戦の時の事を思ひていへるなり」と作者が記しているように、建保元年(一二一三)、幕府侍所別当であった創業以来の功臣和田義盛一党が北条義時のたくみな挑発をうけて蜂起し、ついにあえなく全滅した和田合戦に際して、義村の行動はたしかに裏切りであった。『吾妻鏡』などによってみても、義盛と従兄弟の間柄だった同族の義村は、はじめ義盛一党に同意し、神に誓う起請文までささげていながら、蜂起の直前、突然に寝がえって義時に応じ、義盛らを全滅させたことが明らかであり、この物語はいかにも鋭くその間の事情をえぐったものといえよう。

また『著聞集』には、足利左馬入道義氏が美作国から連れてきた猿が、将軍の面前で見事な舞いを見せたが、のちに厩の前につないでおいたところ、馬に背中を食われてしまい、以後は舞いもしなくなったという話がある（魚虫禽獣第三十）。すでに柳田国男先生以来問題とされているように、馬と猿、河童駒引について論ずる場合の資料となるだけでなく、のちに室町幕府をひらいた足利尊氏の先祖の、鎌倉幕府における地位の一端を示す材料でもある。美作国は、鎌倉時代の足利氏の所領がいくつも集中していた地方であったから、この猿はその所領の一つからつれてこられたのであろう。

ところで、『吾妻鏡』の寛元三年（一二四五）四月廿一日条には、次のように記されている。

「天晴る、左馬頭入道正義（足利義氏）美作国領所より将来の由を称し、猿を御所に献ず、彼の猿舞踏すること人倫の如し、大殿（藤原頼経）幷びに将軍家（藤原頼嗣）御前に召し覧ず、希有の事たるの旨、御沙汰に及ぶ、教隆（清原）云ふ、是れ直《すぐ》なる事に匪《あら》ざるか」。

『著聞集』に載せられたのと同一の猿であることにまちがいなく、この場合にも『著聞集』の物語はかなり正確で筋のよい事実を伝えているものとみてよいだろう。

それではこうした関東の武士たちの物語は、いったいどのようなルートによって京都の橘成季のもとに伝えられたのであろうか。もちろん当時流布されたうわさ話とか、すでに書き記されたものからの抄録という場合も多かったにはちがいない。しかし、承久四年（一二二二）夏、武田信光が駿河で狩りをしたときの物語の末尾に「召人にて武田があづかりたる、その狩に具せられてまさしく見たりしとてかたりし也」（魚虫禽獣第三十）とあるように、承久の乱の京方で敗れてとらえられ、武田氏に囚人としてあずけられた人物の実見談を聞いたという、いわば直接の取材が行われたことはたしかである。そしてこのような成季の取材には、また別のルートもあったのではなかろうか。

『著聞集』の最後、跋文のすぐ前に、都鳥のはなしの一段がある。ある殿上人から都鳥をあずけられた著者成季が、この鳥を飼うのもめんどうくさいので、「ゆゝしきものかい」の小早河美作茂平にあずけて飼わせておいたところ、建長六年（一二五四）十二月二十日、節分の方《かた》違《たがえ》で前相国西園寺実氏の屋敷に後深草天皇の行幸があったとき、実氏はこの都鳥を召し出して進覧したという内容である。

跋文のいう『著聞集』完成の竟宴以後に書き加えられたことの明らかなこの部分が、『著聞集』成立過程の究明にどのような問題を投げかけるのか、それは今問わない。注意したいのは、ここにあらわれる小早河茂平という人物である。

もっともこの名前、もとは「小田河美作茂平」とあったものを『新訂増補国史大系』の編者が、意によって「小早河」と改められたのであるが、当時「小田河美作茂平」という名のまったく知られていないのに反して、小早河美作茂平とすれば、鎌倉幕府創業の功臣の一人土肥実平の曾孫で、瀬戸内海中央部の要衝安芸国沼田《ぬた》荘（現在の広島県三原市の西方一帯）の地頭であり、美作守にもなった人物が、ちょうどこの時期に活躍中なのであるから、この校訂はまず正しいといってよいだろう。

だが、これには疑問が生ずるかもしれぬ。小早河氏といえば相当に有力な関東武士で、京都の下級貴族である橘成季などから、そう気安く鳥の飼育などたのまれる間柄になるはずはないのではないか。また小早河氏の本家である土肥氏は、茂平の伯父維平らの一門が例の和田合戦で義盛に党して敗北し、数多く殺されて没落したため、茂平は相模の本領を離れて安芸の沼田荘に本拠を移し、在地の支配権確立に専念したはずであって、『著聞集』の前後の叙述からよみとれるように在京して成季や西園寺実氏との関係をもっていたとは考えられないのではないか、と。

しかし、このような疑問には、小早河氏の家に伝えられた数多くの文書をさぐることによって、かなりの程度、解答を与えることができる。第一に茂平は、実に幕府の命令によって京都に常住し、市中の警衛にあたる在京奉公の御家人の一人なのであった。茂平没後間もなく、所領の譲与を安堵された子供の一人、政景が「亡父本役の時の如く」「在京」「奉公」を命ぜられている事実[*1]がこれを証明している。

第二に、茂平が地頭であった沼田荘は実氏の父西園寺公経の所領であったが、[*2] 茂平の子政景は公経の家に「参候」し、これに仕える身分でもあって、[*3] 茂平と西園寺家にはかなり深い関係があったことが明らかである。

これらの事実は『著聞集』にあらわれる茂平を、小早河茂平と認定する有力な根拠たりうるであろう。

さてここで思い出されるのは、このころの西園寺家に奉仕していた橘氏の人物がある、ということである。西園寺氏が領家職をもっていた筑前国宗像社の預所には、正嘉・弘長年間（一二五七〜六四）に備中守橘朝臣、文永年間（一二六四〜七五）に前中宮権大進橘朝臣があらわれるが、[*4] この沼田荘の正検注目録に正検使として地頭の茂平とならんで署名したのは仁治四年（一二四三）には刑部大輔橘朝臣、建長四年（一二五二）には前若狭守橘朝臣の二人であった。[*5]

『著聞集』の作者橘成季の生涯について、私は中島悦次氏の著書一冊を読んだだけで、その後の専門学界の進歩についてなんの知識もなく、西園寺家に仕える橘氏と成季との関係について明らかにすることのできないのは残念であるが、かつて寛喜・暦仁年間（一二二九〜三九）、九条道家に奉仕していた成季が、建長（一二四九〜五六）ごろ西園寺家に仕える可能性もあるいはまったく絶無とはいえないかもしれぬ。ともかく、都鳥の物語からうかがえば、成季と実氏との間は当時決して無関係とはいえないようにおもわれるのである。

こう考えてきて、私は成季と小早河茂平との間に、都鳥の件以外にもふだんからかなり深い関係があったことを想定したい。そしてこの茂平をとおして成季が関東の武士たちの物語を伝え聞き、これが『著聞集』にとり入れられた場合もあったのではないか、と考えたい。まったくの空想ではあるが、「友をくらう三浦犬」の物語の背後には、和田合戦に一族を失った小早河茂平の姿が、なんとなく見えがくれするようでさえある。

注

*1——『大日本古文書』小早川家文書之一、小早川家証文一二号
*2——同四号
*3——小早川家文書一一五号
*4——宗像神社文書
*5——小早川家証文八・一〇号

武士の置文と系図――小代氏の場合

本章では鎌倉時代末に書かれた小代《しょうだい》伊重《これしげ》(宗妙)という武士の置文《おきぶみ》を紹介しつつ武士の家の観念について考えてみたい。小代氏は武蔵国北部一帯に大きな力をふるった武士団児玉党の一分流であり、その「名字の地」小代郷(また勝代郷とも書く)は、現在の埼玉県東松山市の正代にあたる。平安時代末から鎌倉時代はじめにかけて、この一族に小代八郎行平という武士があらわれて源頼朝に仕え、一ノ谷合戦や奥州藤原氏攻めにも参加したことが『吾妻鏡』に記されている。行平は本領の小代郷を安堵されただけでなく、建仁三年(一二〇三)には越後国青木と中河保、安芸国壬生荘の三ヵ所の地頭に任ぜられているから、[*1]幕府の御家人としてはまず中堅どころであろう。

さて行平には弘家という実子があったが、早世したので兄の子俊平を養子とし、承元四年(一二一〇)、武蔵国入西《にっさい》郡小代郷の村々と屋敷等を譲った。宝治元年(一二四七)六月、北条氏が相模国の豪族三浦氏一族を全滅させた宝治合戦のとき、俊平の子の重俊は勲功の賞として肥後国野原荘の地頭に任命された。*2 以後、その子孫はもっぱらここを根拠地とし、肥後国北部の有力な在地の武士として活動をつづけたのであるが、問題の置文を記した伊重は、俊平には曾孫、重俊には孫にあたり、伊重七十三歳のときに書かれたというから、鎌倉時代末、一四世紀の一〇年代から二〇年代くらいの作とみられる。

置文は全体で九つの部分に分かれる。かりに番号をふって表示すると、(1)〜(4)は行平の勲功、(5)は行平の曾祖父弘行の功績にはじまり、その後の小代家の衰微、(6)は小代の岡の屋敷の御霊《ごりよう》のこと、(7)は行平の給わった重要書類の行方に関すること、(8)は後三年合戦絵巻に描かれた弘行の功業、(9)は伊重がこの置文等を記した理由ということになろうか。以下、原文を紹介し、各節ごとに大意を述べてゆく。原文には濁点、句読点はないが、読みやすくするために加え、また平がなで訓を傍注した*3（ただし、もとからの片かなの訓はそのまま残した）。

「小代八郎行平注《ちゆうしおく》　置条々内（此外事等者別記録在之）

(1)一、鎌倉ノ御《ご》料《れう》、奥州へ御下向有リテ、秀衡入道ガ子息康(泰)衡ヲ追討セ令《し》メ給フ時、行平阿津加志《あつかし》ノ合戦ニ先ヲ懸《か》ケタリキ、彼《かの》勲功ノ賞ニ気《ケ》仙《セン》ノ郡ヲ充《あ》テ給ハリテ、先キ使宇二ヲ入レタルニ、㝡《もつとも》狭少ノ所タルヲ申《まうす》ニ就テ、上表《じやうへう》セ令《し》メ畢《をはん》ヌ、後日ニウケ給ハレバ、彼気仙郡ハ広博《くわうはく》ノ所ニテ有リケリ」

〈大意〉源頼朝公が奥州藤原氏を攻撃されたとき、小代行平は阿津加志山の合戦で最初に敵陣に攻めこむ先懸けの功をたてたので、恩賞に陸奥国気仙郡を与えられた。しかし先に派遣した使者が大変に狭い土地だと報告してきたので、行平はこの恩賞を辞退してしまった。

(2)

「一、右大将ノ御料、伊豆ノ御山ニ御参詣ノ時、行平御共随兵《ずいひやう》ヲ勤メタルニ、御料石橋ヲ下《くだら》セ給フトキ、行平ガ肩ヲ抑ヘサセ給ヒテ、御心安キ者《も》ノニ思《おぼ》シ食《め》ス由ノ御定《ごぢやう》ニ預カリキ、面目《めんぼく》ヲ施コシタリキ」

〈大意〉頼朝公の伊豆の走湯山への御参詣の際、行平はお供として随行していたが、石の階段を下るとき、頼朝公は行平の肩をおさえて「お前を心安き者と思うぞ」とおっしやった。

(3)

「一、右大将ノ御料、信濃国三原《みはら》ノ狩ヲ御覧ノ為メニ御下向于時《ときに》建久四年也、武蔵国大蔵《おほくら》ノ宿《しゆく》ニ付給ヒテ、「小代八郎行平ハ参リタルカ」ト御尋ネ有《ある》処ニ、梶原平三景時御前ニ候ケルガ、「行平ハ御堂興仏寺是也造立、明日供養《くやう》ニテ候間、彼《か》ノ営《いとなみ》アルニ依リテ、遅参《ちさん》仕《つか》マツリテ候」由ヲ申上ゲタルニ、「其儀ナラバ近隣ノ者ノハ皆ナ、行平ガ御堂供養ニ逢ヒテ後チ参ル可キ」由ヲ、梶原ニ仰セ下ダ被《さ》ル、上ヘ、梶原ノ三郎兵衛尉宗家ヲ御使ニテ、黒キ御馬ヲ給ハル、御使其日ノ装束ハ、薄布村濃《うすぎぬむらご》ノ水干《すいかん》ナリ、烏帽子《ゑぼし》ヲ引キ立テ、、御馬ヲ導師《だうし》ニ引被《ひかれ》タリキ、御定ノ旨ニ任セテ、御堂供養過ギテ後チ、行平幷ニ御堂供養ニ逢タル人々、上野国山名《やまな》ノ宿ニ馳《は》セ参ル、御料鎌倉ニ入ラセ給ヒテ後チ、行平参リテ、御馬ヲ給ハリタル面目ノ子細ヲ申上タル処、免田《めんでん》十二町充テ給ハリテ、弥《いよいよ》面目ヲ施コシタリ、且ハ彼免田事、十二町トテ充《あて》給ハリタレドモ、内検《ないけん》広ク、屋敷数ケ所有リ、仍テ供《ぐ》□〔僧等カ〕数《す》輩有《はいある》間、御願所《ごがんしよ》トシテ長日《ちやうじつ》ノ上《かみ》ノ御祈禱ヲ〔致シ脱カ〕御巻数ヲ奉《たてまつる》者也」

〈大意〉建久四年（一一九三）、頼朝公が信濃の浅間山の麓、三原の狩を御覧の際、武蔵国大蔵の宿で「小代八郎行平は参っておるか」とのお尋ねがあった。梶原景時が「行平は御堂を造立して明日が供養の日にあたるので遅参する由です」と申し上げたところ、「では近隣の者はみな行平の御堂供養に参列し、その後に頼朝の供をせよ」とおっしやった。

(4)「一、比企判官謀叛《ひきのほうぐわんむほん》ノ時、行平在鎌倉《かまくらにある》間、北条殿ヨリ田代藤二《たしろとうじ》ヲ御使ニテ、憑思食《たのみおぼしめ》ス由ノ仰セヲ罷蒙《まかりかうぶる》、依《よつて》時ヲ替《か》ヘズ、行平手勢《てぜい》皆ナ相具《あひぐ》シテ、北条殿へ馳セ参リテ守護シ奉マツル処ニ、比企判官名越《なごえ》ニテ討レ奉マツリヌト聞キ、彼一族等北条殿へ寄セ奉マツルガ、行平大勢ニテ馳セ参リテ、守護シ奉マツルト聞テ、引返滅畢《ほろびをはん》ヌ、然レバ北条殿ノ奉為《おんため》メニ、行平程ノ大功ノ人ハ有可《あるべか》ラ不《ざ》ル歟《か》、爰《ここ》ニ田代藤二後日ニ行平ニ語リ申、比企判官ノ謀叛ノ企《くわ》ダテヲ北条殿御存知有リテ、我身其レヘノ御使ニ立テ被《ら》レタル事ハ、二位殿《にゐどの》ヨリ夜ニ入テ彫《ほ》リ穴《あな》通リニ、女房達ヲ御使ニテ、明日小御所《こごしよ》ヨリ御使トテ何カニ召サ被《れ》給フトモ、穴賢《あなか》シコ御参リ有ル可ラ不《ざる》事也、其故《ゆ》ヘハ、御所ノ召シトテ呼奉マツランニ、定メテ参リ給ハンズラン、其時取リ籠《こ》メテ討《うち》奉マツラント、比企判官相議シタル由ヲウケ給ハリ定メタル間、其御心得ノ為メニ参リタル御使ナリトテ、申サル、通リヲ北条殿聞セ給ヒテ、其旨ヲ御存知有ル処ニ、案ノ如《ごとく》明クル朝シタ、小御所ノ召シトテ、比企ノ判官、北条殿ヘ使者ヲ奉マツリタルニ、兼《かね》テ御存知有ル事ナレバ、相労《あひいた》ハラセ給フ由ノ故障《こしやう》有リテ、我カ身其レヘノ御使ニ罷《まかり》向フニ、比企判官謀叛ノ企ダテヲバ事《こと》ナラヌ躰《てい》ニ取成《とりな》シテ、御労《いた》ハリノ御訪《とぶら》ヒト号シテ、乗《のり》替《かへ》ヲバ相ヒ具セ不《ず》シテ、只身《ただみ》一騎葛《くず》ノ水干《すいかん》ニ徒《か》チ走《ば》シリ許《ばか》リニテ名越ヘ参セ被《ら》レシニ、小町《こまち》ニテ我カ身比企ノ判官ニ行合タリキ、内儀《ないぎ》ヲ存知シタル事ナレバ、「アハレ組マバヤ」ト心ハ頻《しき》リニハヤリシカドモ、又思フ様ウ、「比企ノ判官究継《シツキノ》勢モ有ルマジキ者ナラバ尤《もつとも》組ム可シ、而ルニ比企ノ判官名越ニテ討レ奉マツリヌト聞カバ、彼ノ一族等定《さだ》メテ大勢ニテ寄セ奉マツランズランニ、我身是ニテ組マデ行平ニ告ゲ申サヾランハ、思慮モ無キ犬死《いぬじに》ナル可《べし》」、翻《ひる》ガヘス心有リテ、打チ通リテ、北条殿ノ仰ノ旨ヲ申就《まうすについ》テ、時ヲ替《か》ヘズ、行平手勢皆ナ相具シテ、北条殿ニ馳セ参リテ守護シ奉《たてまつる》被処ニ、案《あん》ノ如《ごと》ク比企ノ判官名越ニテ討レ奉マツリヌト聞テ、彼ノ一族等北条殿へ寄《よせ》奉マツルガ、行平大勢ニテ馳《は》セ参リテ守護シ奉マツルト聞テ、引キ返リテ滅亡シタル事ヲ、「田代藤二小町ニテ組マ不《ず》シテ、打チ通リテ行平ニ相告ゲタル所存、臆《おくぢ》持有ル者ノニテ有リケリ」ト北条殿ノ御感《ぎょかん》ニ預カリテ、面目ヲ施コシタル由ヲ田代藤二語リキ、」

〈大意〉建仁三年（一二〇三）、比企能員が北条時政と政権を争って滅されたとき、行平は時政から使者田代藤二を通じて協力を依頼され、北条邸の警備にあたって大きな功績をあげた。北条殿のために行平ほど大功ある人物はいない。

(5)「一、行平ガ曾祖父児玉《こだま》ノ有大夫《ありたいふ》弘行ノ所領ノ事、余《よ》ノ国々ノ分マデニハ注《しる》スニ及バズ、武蔵一ケ国ノ分ニハ、児玉・入西両郡、并ニ久下《くげ》・村岡・中条《ちゅうでう》・忍《おし》・津戸《つど》・野村・広田・屈須《くす》・小見野《おみの》・三尾乃野《みをのや》、弘行ノ所領タリキ、此外ニモ猶ヲ有リキ、然レハ弘行ハ分限《ぶげん》モ広ク、武芸道《ぶげいのみちを》立テ被《ら》ル、ニ依リテ、児玉ヨリ入西へ越へ被ル、時ト謂《い》ヒ、惣《す》ベテ行カ被《るゝ》時ハ、随兵《ずいひょう》百騎ヲ相ヒ具《ぐ》セ被レキ、又児玉ノ郡ト入西郡ト行程《かうてい》六十余里タルヲ、弘行ノ二男入西ノ三郎大夫相行 行平ニハ祖父也 父弘行ノ見参ニ入ランガ為メニ、三日ニ一度ハ必ラズ入西ヨリ児玉へ参被《まゐられ》ケルニ、毎度ニ随兵五十騎ヲ相具セ被レキ、而ルニ分限次第ニ成リ下リテ、行平ガ分限狭少ナリト雖エドモ、父祖ノ余風ニ依リテ、鎌倉ノ大将ノ御料ノ御時、御椀飯《わうばん》ノ頭役《とうやく》ヲ相勤メテ、又自然《じねん》ノ御大事モ出デ来《きた》ラバ、先祖ノ吉例《きちれい》ニ任テ、定メテ一方ヲバ仰セ付ケ被《ら》ル可《べ》キ由ヲ心挿《さし》バサム身タルニ、鎌倉右大将ノ御料御隠《かく》レノ後チ、不思議《ふしぎ》ノ讒奏ニ依リテ、只小代許《ばか》リヲ残コ被《さ》レテ、所々ノ所領等皆ナ以テ召シ上被《あげら》レヌ、子孫等ニ至リテ、人ノ数《か》ズニモ入ラ不《ず》シテ、重代ノ名誉失可キ事コソ浅猿《あさま》シケレ、爰ニ行平ガ誤マリ無キ子細ヲバ聞コシ食《め》シ 被《ヒラカレタル》 事ナレバ、召上ケ被ル、所領《しよりやう》等、縦《たと》ヒ行平ニコソ返ヘシ給ハラ不《ず》ト雖《い》フトモ、子孫等身ノ不肖ヲ顧ヘリミ不《ず》シテ奉公ヲ致シ、御大事ニ逢ヒ奉マツリテ召シ上被レタル所領共ヲ返ヘシ給ハリ、重代 奉公《ぢゆうだいのほうこう》ヲ相継《あひつい》デ、身立《みをたて》家ヲ興コス可者也《べきものなり》」

〈大意〉行平の曾祖父児玉有大夫弘行は、武蔵国だけでも児玉・入西両郡をはじめ、久下・村岡・中条・忍・津戸・野村・広田・屈須・小見野・三尾乃野などの多くの所領をもつ、武芸の道にすぐれた人物だった。児玉郡から入西郡に行かれるときなど、すべて行動のときには百騎の随兵をひき連れて行かれた。また、弘行の二男の入西三郎大夫相行（行平の祖父）は、父に会うために三日に一度は必ず入西から児玉へ六十余里の道を、随兵五十騎を連れて往復されたほどだった。その後、行平の代になって所領は狭少となったが、父祖の余風によって鎌倉殿の御椀飯の頭役をつとめたり、万一の大事のときには先祖の吉例によって一方の大将をも承るべき身であったのに、頼朝公おかくれののち、讒言をうけて小代郷以外の所領はみな没収されてしまった。子孫らの代になって人の数にも入らず、重代の名誉を失うようなことがあっては、まったく残念なことである。行平に罪などなかったことは、ちゃんと将軍のお耳にとどいているはずだから、没収された所領はたとえ行平には返し給わらずとも、子孫らが万一の大事の際に一心に将軍に御奉公して功績をあげ、返還していただくよう、重代の奉公をついで身を立て、家を興すべきものである。

(6)「一、小代ノ岡ノ屋敷ハ、源氏ノ大将軍左馬頭《さまのかみ》殿ノ御嫡子《ちゃくし》、鎌倉ノ右大将ノ御料ノ御兄悪源太《あくげんた》殿、伯父《をぢ》帯刀《たちはき》ノ先生《せんじやう》殿ヲ討チ奉マツリ給フ時、御屋形《やかた》ヲ造《つ》ク被《ら》レテ、其レニ御座《お》ハシマシテ、仍テ悪源太殿ヲ御霊《ごりやう》ト祝《いは》ヒ奉マツル、然レハ後々将来ニ至ルマデ、小代ヲ知行セン程ノ者ノ惣領主《そうりやうしゆ》ト謂《いひ》、庶子《そし》等ト謂ヒ、怠《おこ》タリ無信心致《なくしんじんいた》シテ、崇敬《すうけい》シ奉マツル可者也」

〈大意〉小代の岡の屋敷は源義朝殿の嫡子、頼朝公には御兄の義平殿が、伯父義賢殿を大蔵宿で討滅された際、館をつくられて住んでおられた所だから、義平殿を御霊としておまつりしてある。将来とも小代郷を知行する人は、惣領主も庶子も怠りなく信心して崇敬すべきものである。

(7)「一、此ノ段ハ小代ノ古老《こらう》ノ人々ノ語ラ被ルニ就テ、宗妙見《みる》ヲ注置ク、小代八郎行平、鎌倉ノ右大将ノ御料ヨリ充給《あてたま》ハ被《ら》ル、所ノ数通ノ御下文《おんくだしぶみ》・御教書《みげうしよ》、不思議ノ御状等ノ事、行平皆ナ以テ妻女《さいぢよ》河越《かはごえ》ノ尼御前ノ許《もと》ニ預ケ置カ被《る》ル間、行平他界《たかい》ノ後チ、家《か》嫡《ちやく》ヲ相ヒ継ガ令《しむ》ル小代小次郎俊平 宗妙仁和（に、わ）曾祖父 行平預ケ置カ被《るゝ》御下文・御教書・御状等ヲ河越ノ尼御前ニ乞《こ》ヒ奉マツリ給ヒケレドモ、正文ヲモ案文ヲモ終《つひ》ニ出シ給ハザリケル事、河越ノ一門ヲ養《やしなは》セ被《ら》レケル間、彼ノ養子ニ給ヒ与《あたふべ》可キ所存《しよぞん》ニテ有ケル由ヲ語《かたられ》被キ、凡《およそ》先段ニ申右大将ノ御料ノ御下文・御教書・御状等ヲ捜《サクリ》求メテ持ツ可也、其故ヘハ、御下文・御教書等ハ、彼ノ地ヲ当時《たうじ》知行《ちぎやう》セネドモ、恩賞ニ預カル事モ有ラン時ハ、望ミ申タキ子細モ有《ある》可シ、又色々ノ不思議ノ御状等ハ、当世ノ人々ハ存知セ被レヌ事モ有ル可キ上《う》へ、重代奉公ノ名誉ヲ顕サンガ為メニモ、尤モ上ノ見参ニ入レタキ者也、又大将ノ御料御隠《かく》レ以後、行平充テ給ハ被ル所ノ数通ノ御下文等モ、行平皆ナ以《もつて》妻女河越ノ尼御前ノ許ニ預ケ置カ被ケル間、是又正文《しやうもん》ヲモ案文《あんもん》ヲモ終《つひ》ニ以出シ給ハズ、爰ニ右大将家以後ノ御下文等之内、建仁三年ノ御下文三通ノ正文ハ、小代三郎左衛門入道法名道念跡《あと》ニ有ル間、案文ヲ写シ置ク者也」

〈大意〉小代の古老の人々から聞いたところでは、行平が頼朝公から頂いた数通の御下文・御教書、あるいは感状など重要書類は、すべて行平から妻の河越の尼御前に預けられていた。ところが行平死去のあとに家嫡を継いだ小代小次郎俊平が、これら重要書類の返却を請うたけれど、尼御前はついにそれに応じられなかった。なぜなら尼御前は河越の一門の一人を養子としており、これら重要書類はその養子に与えるつもりであったからだということだ。これらの重要書類の正文でも写でも、なんとか探し出してもつようにすべきである。なぜならば御下文・御教書に載せられた土地は、たとえ現在は知行していなくとも将来恩賞にあずかるときなどに、由来を申し述べて請求する材料となるからである。また頼朝公の感状は、重代奉公の名誉を顕わすためにも、是非、上の見参に入れたいからである。さてまた、頼朝公がなくなったあとに行平が将軍家から給わった数通の御下文等も、みな行平が尼御前に預けおかれたために正文も写もついに返却されなかった。ただ建仁三年（一二〇三）の将軍家下文三通だけは、小代三郎左衛門入道の子孫がもっていたので、その写を作成しておいた。

(8)

「副将軍トシテ相並ビテ朝敵ヲ追討ノ次第絵図ニ書カ被《れ》キ、奥州征伐ノ後、有大夫弘行・同有三別当経行、武州児玉郡ヲ屋敷トシテ居住セ令《し》メ給フ、凡ソ児玉ノ先祖代々君ノ奉為《おんた》メニ忠勤吉例ノ事、諸家ノ記録ニ載セ被ル上、世以テ其隠レ無歟《なきか》、又右衛門佐朝政、関東ノ御代官トシテ在京ノ時、蓮花王院《れんげわうゐん》ノ宝蔵《ほうざうの》御絵ヲ申出シテ拝見セ令《し》メケルニ、奥州後三年《あうしうごさんねん》ノ合戦《かっせん》ノ次第《しだい》書カ被《れ》タル所ニ、東八箇国ノ人々ハ皆ナ以テ大庭《おほには》ニ敷《しき》皮《がわ》居烈《ゐつらな》レリ、八幡太郎義家ノ朝臣、大将軍ニテ屋形《やかた》ニ御座《お》ハシマスニ、児玉ノ有大夫弘行ノ朝臣、副将軍《ふくしやうぐん》ニテ同屋形ニ赤革《あかがわ》ノ烏帽子懸《ゑぼしかけ》シテ、八幡殿ノ御対座《たいざ》ニ書レ給ヒタルヲ、平児玉倉賀野《くらがの》ノ八郎公行当座《たうざ》ニ有合《ありあひ》テ拝見シタリキ、其後関東ノ人々ノ中ヨリ、内義《ないぎ》ヲ作クリ上セ、秘計《ひけい》ヲ廻《めぐ》ラシテ、有大夫弘行ノ銘《めい》ヲ消シテ、別ノ人ノ銘ニ書キ替へ被レタル由ノ風聞有《ふうぶんある》事、副将軍ナラ不《ず》シテ、八幡殿ノ御対座ニ書カル可シトハ覚へネドモ、不思議ニ書キ替へ被レタル事モヤ有ルラン、然レバ児玉一門等ノ中ニ、蓮花王院ノ宝蔵ノ御絵ヲ拝見セシニ、風聞ノ説ノ如クニ、絵図ノ銘ヲ書キ替へ被レタラバ、奏聞ヲ経テ、儒者ニ仰セ下ダ被レテ、本ノ如クニ有大夫弘行ノ銘ニ書キ直サセ奉マツル可キ者也」

〈大意〉（児玉の有大夫弘行が、奥州後三年の合戦の）副将軍として活躍された次第は絵図に書かれており、その後、弘行と有三別当経行とは武蔵国児玉郡を屋敷として居住された。およそ児玉の先祖が代々君のために忠勤をはげんだことは、世にかくれもないことで、また平賀朝政が京都守護として在京中、蓮花王院の宝蔵の絵巻を拝見したとき、奥州後三年合戦絵巻のなかに大将軍義家公の対座に副将軍として弘行の姿がたしかにえがかれているのを、そのときに同席した平児玉倉賀野の八郎公行が確認したということである。ところがその後に関東武士のなかによからぬたくらみをして、絵巻の弘行の名をすり消して別人の名に書き換えてしまった者があるとのうわさだ。もしやそのようなことが行われたかもしれないので、児玉一門のうちで宝蔵の絵巻を拝見した者は、万一そのように書き直されていたならば、上奏して本のように訂正していただくべきものである。

(9)
「児玉乃《の》先祖乃《の》次第并系図、又小代八郎乃《の》条々記録乃《の》状事、所領共於《を》召志《し》上遣《げ》被礼天《られて》身乃《の》置所毛《も》なしといへども、我加《が》身仁《に》おきてハ一塵《いちぢん》乃《の》誤なき間、定天《さだめて》立直らんとたのもしくおぼゆ、爰仁《ここに》物書せつる仁等ハ皆退出しぬ、心仁《に》相叶天《あひかなひて》物書幾《き》つる寺乃《の》蓮敬房《れんきやうばう》波他《はた》界《かい》しぬ、誂江《あつらえ》書寿《す》べき人波《は》なし、先祖乃《の》御名残《なごり》仁《に》御名字許於毛《ばかりおも》残志《し》留免《め》奉末ツ里《まつり》たき心ざし切《せつ》奈里《なる》余里《り》、宗妙今年七十三仁《に》なる間、気力毛《も》衰江《え》たる上、今乃《の》歎仁《に》思悦天《おもひくるひて》、筆乃《の》立所毛《も》定加于《さだかに》見別遣《わけ》られねども、抑江天《おさえて》書しむる間、書幾《き》損寿留《ずる》所多久天《くて》切里《り》継幾《ぎ》々したり、然者《ば》よく物かゝん人仁《に》よからん紙仁天《にて》清書せさすべし、但志《し》宗妙加《が》書多留《たる》状紙毛《も》わろく、継目がちに、或波《は》反故乃《ほごの》裏たりといへども、宗妙懇切乃《こんせつの》心ざしにて書たる状なれバ、引失なハずして、清書乃《の》状仁《に》加江《え》置久《く》べき者也、且ハ裏仁《に》行平乃《の》記録乃《の》状書たる反故ハ、年来志深久《く》申承波留《はる》人々乃《の》文仁天《にて》記念仁毛《にも》置幾《き》たき間、態登《と》彼乃《の》文乃《の》裏仁《に》書多留《たる》者也」

〈大意〉児玉の先祖の次第と系図、また小代八郎の条々の記録の状の事、今は所領を没収されて身のおきどころもないが、我が身にはなんの誤りもないのだから、必ずや立ち直ることもあろうと将来に期待している。これまで書記役として物を書かせていた従者たちはみな立ち去ってしまった。自分の心にかなうような書記役だった寺の蓮敬房はもう他界してしまい、いまさら執筆を依頼できる人間はいない。先祖の御名残りに御名字ばかりでも残し留めておきたい志の切な余り、宗妙（伊重）は今年七十三歳で気力もおとろえ、歎きに心も狂って筆を立てる場所も定かに見分けがたいが、それをおしてあえて書き進めてきたので、書き損じも多く、切り継ぎ切り継ぎしてある。だから後になって能筆の人によい紙で清書をさせるべきである。ただし宗妙の書いたものは紙も悪く、切り継ぎだらけで、また反故の裏を使ったりしてあるけれど、懇切の志で書いたものだから紛失せぬよう、清書とともに保存してほしい。とくに行平の記録を書いた紙は、年来深い交わりのある方の書状の裏に記念としてわざと記したものであるから注意してもらいたい。

以上が小代伊重の置文である。(8)の冒頭の部分には明らかな欠脱があり、なお何ヵ条かが失われている可能性もある。全体の排列がこのままでよいか、多少の問題もあるが、私は内容、文体、用語、「御心安キ者ノ丶」といった類の捨てがなの多用や、宣命体などの書記形式、そして他の史料との比較対照などから考えて、この置文を鎌倉時代末期の史料として十分使用に堪えるものと判断している。*4 そうした立場から、以下、中世武士のイエの実態に迫っていきたい。

伊重の語る「児玉の先祖の次第」に登場するのは、まず武蔵国児玉・入西両郡はじめ多くの所領を支配し、武芸の道にすぐれた児玉有大夫弘行、その子の入西三郎大夫相行、相行の孫の小代八郎行平などであり、彼らの「重代奉公の名誉」の数々が、この置文の主要な内容となっている。だが小代家の歩みはその後必ずしも恵まれたものではなく、伊重の代に所領を全部没収されて「身の置所もなし」という悲境に立ちいたった。まさにこの時期に、「先祖の御名残に御名字をも残し留め奉りたき志」ゆえに、輝かしかったイエの歴史を語りつつ、「重代の奉公を相継いで身を立て家を興すべきものなり」と子孫に訓戒を垂れたのが、この置文なのである。そして「父祖の余風」が強調されているように、父系を通じて「重代奉公の名誉」と「御名字」を継承し、興し立てていくべきものが伊重のイエなのであった。

同じ小代家に伝来した一巻の児玉系図には、十五世紀半ばくらいまでの人名が記されているから、これがそのまま伊重置文とともに書かれたものとはいえない。しかし伊重の書き伝えた系図にさらに書き継ぎが重ねられたものとみることは十分に可能である。二四六頁以下に紹介しよう[*5]。

次にこの系図に即して今少しイエの実態を考えよう。始祖は藤原姓、摂関家の道隆とされているが、その孫の有貫主遠峯に「児玉先祖也」の注がある。「有」とは有道姓の略、遠峯の子や孫に児玉有大夫、有三別当、真下有権大夫とみえ、鎌倉時代にもこの一族が有道某と名のっていたことは、いくつもの実例がある。当時の中央の記録に摂関家の子弟として遠峯の名が一つもあらわれぬうえ、藤原姓が突然有道姓に変化した理由も不明である。同じく道隆の孫から出たと、この系図で記されている肥後の菊池氏の場合と同じく、摂関家に臣従した地方豪族が、主従関係を親子関係に擬制して系図に表現した結果であろう。[*6]

置文には「児玉一門」の表現があり、系図から有道遠峯を先祖と仰ぐ一族であるとわかる。なかには小代はもちろん入西・真下・浅羽・越生・庄・塩谷・富田等々、弘行の主要な所領の児玉・入西両郡内の地名を「名字」とする家々がふくまれているが、これらはいずれも父系を通じて有道の姓を共有する一門であった。

ここに考慮を要するのは、置文中にみえる「平児玉倉賀野八郎公行」の名である。なぜ藤原や有道姓ではなく「平児玉」なのか。系図から判読すれば、遠峯の子の有三別当経行の妻は、隣接する秩父郡の豪族秩父十郎武綱の女であった。その間に生まれた子の行重は、やがて母方の伯父重綱の養子となって、有道姓を改めて秩父の家の姓である平姓となったという。また別の武蔵七党系図[*7]によれば、行重の弟の行高も同じく重綱の養子となって平姓に移っており、その孫に倉賀野八郎公行がみえているので、「平児玉」と冠称された理由もはっきりする。

問題は本来有道姓でありながら養子によって母方の平姓に変じた一族も「児玉一門」なのか、という点である。小代家本の児玉系図では末尾に付載されていて別格扱いであるが、今一つの本では明らかに児玉党の一門として記載されている。置文(8)の内容や、「平児玉」の冠称から

校合畢
児玉系図

天智天皇御宇藤原姓始賜本者中富（ママ）姓也

鎌足
大職冠十二代
内大臣

道隆
中関白

町尻殿

伊周
儀同三司
有御任子内大臣

隆家
輔中納言

政則
左京大夫
鎮西菊池先祖也

遠峯
有貫主
於武州郡
児玉先祖也

弘行
児玉有大夫

経行
有三別当

家行
武蔵権守

相行
入西三郎大夫

基行
真下有権大夫

行成──○
浅羽小大夫
先テ父死去

家弘
庄太夫又河内守

小代次郎大夫 遠弘
越生新大夫 有行 ―○

小代小次郎 遠経 令継家嫡也 ― 経行
高坂三郎 直行 ― 高坂太郎 義行 ― 小三郎 助定
小代五郎 隆遠
小代七郎 遠平 ― 小次郎 俊平 ―○

塩谷平五大夫 家遠
塩谷太郎 家光
同次郎 家俊
塩屋四郎 基家
同五郎 維弘
同六郎 家経

富田三郎 親家 ―○
親重
同五郎 惟親
同六郎 長家

庄権守 弘高 本庄
同三郎 忠家 四方田
同四郎 高家
同五郎 弘方

- 小代八郎 行平 右馬頭法名行蓮
  - 小代小次郎 俊平 生蓮 法名（行平舎兄七郎遠平子息也而ニ行平依舎兄遠平遺命以甥俊平令継家嫡者也）
  - 小太郎 弘家（母葛貫別当平義隆女河越太郎重頼妹也、彼弘家先テ父死去、自此小代ニ不付太郎名字者也）
  - 小次郎左ヱ門尉 実行 実本領主
    - ○
  - 小代三郎左衛門尉 能行 同信領主
    - ○

- 平内右ヱ門尉 重俊 法名仏蓮
  - 右衛門次郎 重泰 法名宗心 母多胡宗内左ヱ門惟宗親時女也
    - 又次郎 伊重 法名宗妙
      - 彦次郎 伊忠 法名宗為 六郎藤原家居女也
        - 肝冠者
        - 右ヱ門次郎 国重
        - 彦三郎 行家
        - 彦四郎 貞行
    - 中分次郎三郎 重行 自此馬場出
    - 孫次郎 重高 法名□蓮
      - 小次郎 重弘
      - 八郎次郎 重峰
    - 宮内 自此徳双出
  - 益永七郎右馬允 政平 法名上蓮
  - 荒尾八郎左ヱ門尉 泰経 法名広満
  - 一分右ヱ門九郎 資重 法名観心
- 吉田三郎 俊光
- 四郎兵ヱ尉 直俊

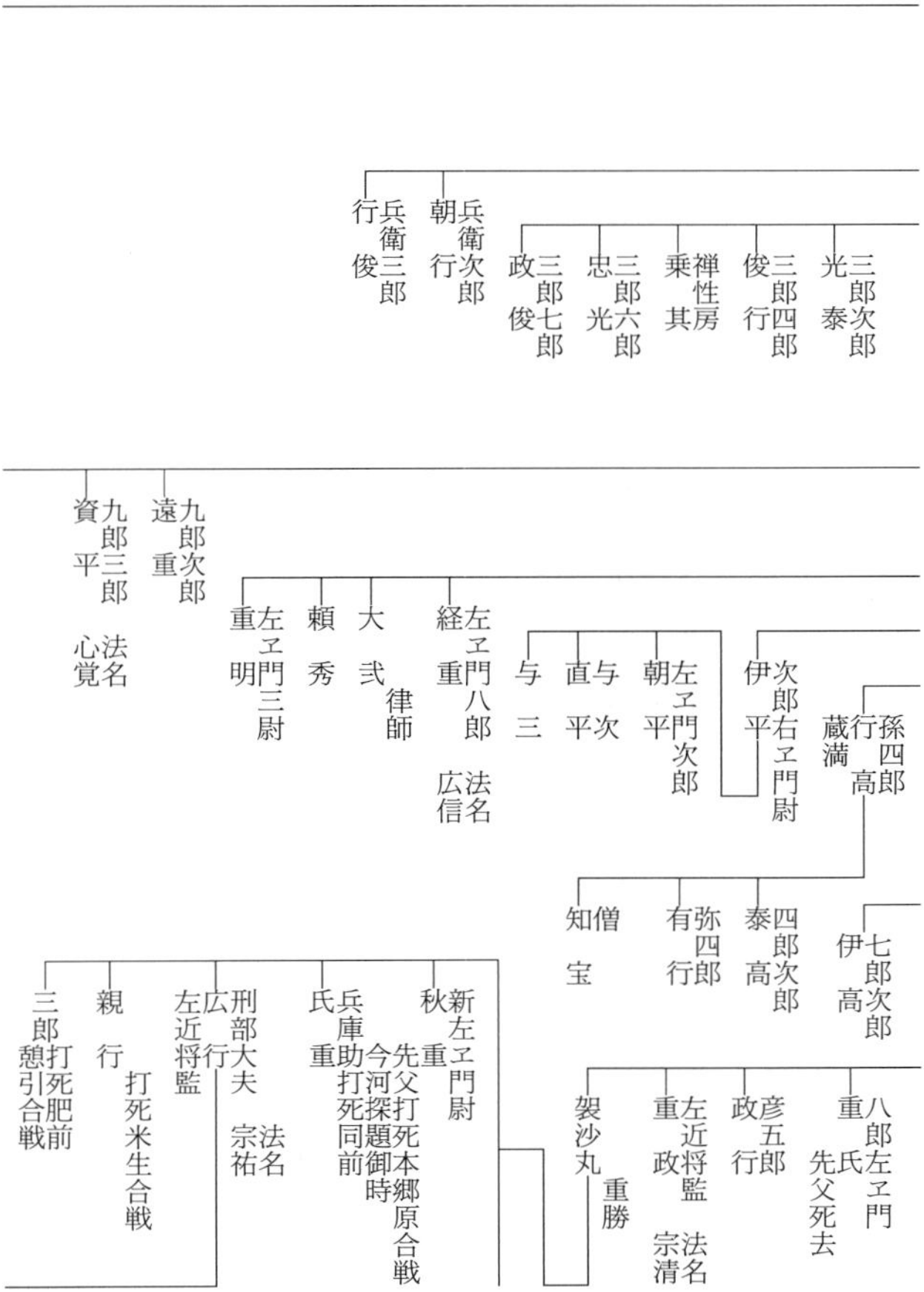
三郎次郎 光泰
三郎四郎 俊行
禅性房 乗其
三郎六郎 忠光
三郎七郎 政俊
兵衛次郎 朝行
兵衛三郎 行俊
九郎次郎 遠重
九郎三郎 資平 法名心覚
左ヱ門八郎 経重 法名広信
大弐律師
頼秀
左ヱ門三尉 重明
次郎右ヱ門尉 伊平
左ヱ門次郎 朝平
与次 直平
与三
孫四郎 行高 蔵満
四郎次郎 泰高
弥四郎 有行
僧 知宝
七郎次郎 伊高
八郎左ヱ門 氏重 先父死去
彦五郎 政行
左近将監 重政 法名宗清
袈沙丸 重勝
新左ヱ門尉 秋重 先父打死本郷原合戦 今河探題御時
兵庫助 氏重 打死同前
刑部大夫 広行 法名宗祐
左近将監
親行 打死米生合戦
三郎 打死肥前 憩引合戦

九郎四郎
重範

彦九郎
重光

顕日

法名
宗三

菊童丸
八郎政広

八郎次郎
泰弘
刑部少輔

女子
号乳母御前

秩父権守号重綱也(室脱カ)　彼重綱者、高望王五男村岡五郎義文五代後胤秩
父十郎平武綱嫡男也、

秩父権守、平重綱為養子令相継秩父郡間改有道姓移テ平姓、以来於
行重子孫稟平姓者也、
母秩父十郎平武綱女也、

下総権守
行重

秩父平武者
行弘

武者太郎
行俊

蓬萊三郎
経重　母江戸四郎平重継女
也、経重者畠山庄司
次郎重忠一腹舎兄也、

みれば、彼らもやはり児玉一門とみるべきであろう。そうすれば、母方の養子に行っても、やはり父方の一門一族に包括されていたことになる。武士のイエの継承においても、一門一族の関係においても、父系の優越を考えざるをえないのである。

ところで近年の学界では、中世領主層の「族縁共同体」における「外祖父－女子－外孫」という外戚の役割の大きさを強調し、ここに「一定の母系制原理にもとづいた相続体系」の存在をみようとする鈴木国弘氏の主張が注目されている。鈴木氏の主張の基本は、①鎌倉時代、惣領権に裏づけられた「家父長的（父系制的）相続集団」としての一族が、幕府のもとに、その「基本的存立基盤＝理念的土台」として把握されていた、②しかし「在地の実際的な族的結合である親類の実態はこれとは異なって、上述したような「外戚」原理を中核とした「一定の母系制原理」にもとづく集団であった、という二点にある。[*8] ①・②間のズレという基本的構想はたしかに鋭く、魅力的である。しかし②を論証するための素材として、幕府内では最上級層にあたる評定衆が、裁判の当事者と一定の親縁関係にあるときには、利害関係者として訴訟審理の場から退かねばならない、という「退座」の規定を用いることは適当かどうか、さらにその論証法や結論には問題点が少なくない。[*9] 児玉一門のなかに「平児玉」一族がふくまれていた事実も、この問題点の解明にかかわってくるであろう。

またこれと関連して注意すべきは置文(7)の内容である。すなわち行平の妻は秩父氏一族から出た有力な武士河越重頼の妹で「河越ノ尼御前」とよばれ、行平から預けられた重要書類を養子の俊平に渡さず、これらの書類はついに小代家には返却されなかったが、それは河越尼が「河越一門」中から養子をとり、重要書類をこの養子に譲ろうとしたからだという。

　行平と河越尼との間の子小太郎弘家が早世したのち、行平のあとの継承をめぐって、行平の兄の子俊平を養子とする父方の「児玉一門」と、母方の「河越一門」側が対立する形勢にあったとうかがわれるが、小代家に伝わった文書、あるいは他の同時代史料によれば、小代郷の主要部は俊平の子孫が支配していたとみられる。置文(6)の「小代ノ岡ノ屋敷」は、正代の集落のある台地上にあたり、御霊神社が今もまつられているが、ここには弘安四年（一二八一）七月一日に建てられた高さ二メートル余、幅六十センチメートル弱の大きな板碑《いたび》が立っている。その銘文には、「撫民の徳」が深く、「仁恵の情」に厚かった「前右金吾禅門」の「聖霊」のため、また「累代の幽魂」のために、関係の深かった「一列諸衆」が協力してこの「毘盧《びる》の廟石」を建立した、と記されている。[*10]「右金吾」とは右衛門府の役人のことで、これこそ小代俊平の子、右衛門尉重俊にあたるからである。

　さて行平の妻の河越尼が養子にして重要書類を譲ろうとしたのが、河越一門内の誰であったかは不明であるが、一門としての構成原理は児玉一門と同一であったとみられる以上、行平あとの相続をめぐる紛争も父方とは母方との対立ではあっても、父系と母系との対立とはいえないだろう。そしてこの場合にも、現実的には父方の勝利に帰したと考えられるのである。

中世武士団のイエのなかに「外祖父−女子−外孫」関係が強く働いている例のあることは確かである。だが鈴木氏の主張されるように②を代表する「親類」が、果して①の「一族」を全体的に包摂する、より高次の集団として機能していたのであろうか。小代氏の場合には、むしろ逆であったようにみえるのだが、これは父系制の確立した鎌倉末期の置文や系図を史料としたための誤解なのだろうか。論理的にも実証的にも、今後の大きな検討課題であろう。

次に小代氏の所領の実態をみよう。幸いにも小代行平が承元四年（一二一〇）、養子俊平に与えた譲状が今日に伝わっているので、これを左に掲げよう。[*11]

合

入西郡内勝代郷村々幷やしき（屋敷）等事

一所　屋敷　ほり（堀）のうち（内）なり

一所　よしたのむら（吉田村）の四至

東　こさむのつゝみ（堤）をかきる

南　あとかはをかきる

西　大たう（道）のふるみちをかきる

北　たむきのさかひをかきる

一所　みなみあかを《（南赤尾村）》のむらの四至
東　なかぬま《（沼）》のしつてをかきる
南　あとかはをかきる
西　えそぬま《（沼）》のしつてをかきる
北　えそぬま《（沼）》のしつてよりしほぬま《（沼）》のかしらにきりつく
一所　をつへ《（越辺）》の村四至
東　えそぬま《（沼）》のしつてをかきる
南　かたやき《（片柳）》のさかひをかきる
西　みそ《（溝）》をかきる
北　すけさねかた《（助真方）》のさかひをえそぬま《（沼）》のみなみ《（南）》のはたにきりつく
一　阿弥陀堂壱宇加之
一　可立本田弐拾肆町加之
右村々并やしき、有道としひら《（俊平）》、沙弥行蓮やうし《（養子）》たるによりて、ゆつりあたふる事実《じつ》正《しよう》也、但永代《えいたい》をかきりて、またく《（全）》た《（他）》のさまたけ《（妨）》あるへからす、仍後日そうもむ《（証文）》のためニ、てつき《（手継）》の文書をわたす《（渡）》ところ如件《くだんのごとし》
承元四年三月廿九日
沙弥行蓮（花押）

堀の内の屋敷が最初にあげられているところに、その重要性が示されている。次に吉田・南赤尾・越辺の三村が「四至」(境界)を明示して掲げられ、最後に阿弥陀堂と「立つべき本田」二十四町が追加されている。堀の内の屋敷とは台地の尖端部の上の、正代の集落付近で、現在なお一部に堀の遺構をとどめる。上述したように置文(6)にいう「小代ノ岡ノ屋敷」を守護する御霊の社が今も残るところからも、小代重俊はじめ累代の先祖のために弘安四年(一二八一)に造立された大きな板碑の立つことからも、この地を小代氏の中心的な屋敷のあとと考えることができよう。その西南方約一・五キロメートル強の距離の所に小字の香仏寺がある。これが置文(3)にみえる行平の造立した御堂の「興仏寺」であり、行平が俊平に譲った阿弥陀堂でもあったろう。「立つべき本田」二十四町とはなにか、はっきりしないが、あるいは置文(3)に頼朝から御堂に与えられた免田十二町が、実際ははるかに広大であったと述べていることと関係するのではないか。

三ヵ村のうち吉田村は今の埼玉県坂戸市上吉田、南赤尾村は同じく坂戸市赤尾が遺称地であろう。越辺村は今その名を失っているが、四至の記載からすると南赤尾村の西方、坂戸市片柳の北方にあたり、坂戸市島田一帯になるのではないか。いずれも越辺川の流れに近い低湿地帯であることは「えそ沼」「なか沼」「しほ沼」「あとかは」などの地名が物語っている。

小代氏の小代郷の支配の実態については、まだ深めなければならない点が多いのであるが、郷支配の原点である屋敷・堀の内と、そこの守護神の御霊の神、前の主人や累代の祖先の霊をまつる板碑が今なお残っていること、また屋敷の近くに行平によって建立された阿弥陀堂の所在の明らかなことは重要である。そして小山氏の場合と同じように、置文(5)・(8)には有大夫弘行らの所領児玉郡を「屋敷トシテ居住セ令メ給フ」と述べて、「名字の地」である一郡を「屋敷」とみる観念を表出していることにも注意すべきであろう。

注

*1——『熊本県史料』中世篇一、小代文書一号、小代氏重書写

*2——同上書、小代文書三号、宝治元年六月二十三日将軍家藤原頼嗣下文

*3——本文書は、江戸時代後期、大石真磨の編纂した「肥後古記集覧」に収められている。ここでは花岡興輝「熊本県史料補遺」『熊本史学』四二号、一九七三年六月、三七－四〇頁、および『東松山市史』資料編二、一九八二年八月、一九二－九六頁、この二種の刊本を対校しつつ、そこから採録した。

*4——こうした史料批判的検討に関しては、別に述べることにしたい。

*5——花岡興輝、上掲史料紹介により採録した。

＊6――石井進『中世武士団』（小学館『日本の歴史』一二）一九七四年、一五九―六〇頁
＊7――『系図綜覧』第二、おおむね鎌倉時代末頃までに成ったものとおもわれる。
＊8――鈴木国弘『在地領主制』雄山閣出版、一九八〇年、七五―九四頁
＊9――前近代女性史研究会「古代・中世の家族・親族論の現代と課題」『日本史研究』二五六号、一九八三年。なかでも黒田弘子「『退座』規定と中世女性」の六〇―七一頁の批判を参照されたい。
＊10――『東松山市史』資料編二、六二五頁
＊11――『熊本県史料』中世篇一、小代文書二号

Ⅱ

相武の農村

なお残る中世の村のすがた

鎌倉時代の相武地方の農村に関する文献史料は、きわめて数少なく、しかも村や耕地を所領として支配していた武士の家に残る文書ばかりであるが、まずはこの種の文献を中心に、今もなおあとをとどめる遺構や地名、さらに歴史考古学の成果をも利用しつつ、当時の村の姿を復原することにつとめてみたい。

このころの相武の農村は、開発領主の系統をひく武士の屋敷を中心に、農民たちの家（在家《ざいけ》とよばれることが多い）が集まり、周囲に水田や畠地、山野がひろがっているのがふつうだったとおもわれる。武士の屋敷は周囲に堀や土塁をめぐらしていたので、しばしば堀ノ内とか土居《どい》、館《たて》ノ内、竹の内、殿《との》屋敷などとよばれていた。とくに堀ノ内の地名は、川崎市川崎区、横浜市南区、横須賀市（京浜急行線の駅名）、葉山町、綾瀬市、相模原市、小田原市などをはじめとして、今も県内の各地に残っている。相模原市の田名《たな》の堀の内では、湧水地をおさえる地点に多少の土塁のあとが残り、それに接近して半在家《はざいけ》の地名もある。まさに中世の武士の館と、その近くに住み、武士に従っていた農民の家のあとを示している。

厚木市内、中津川東岸の台地の南端付近に位置する金田の集落は、鈴村茂氏の研究[*1]によって、鎌倉時代の依智《えち》郷の領主本間氏の館あとであることの明らかにされた所である。中津川からとり入れた牛久保（金田）用水によって三方を囲まれ、集落の中心部には鎌倉時代の武士本間重連の宅地あとと伝えられる妙純寺や、本間氏の菩提《ぼだい》寺で、南北朝から室町時代中期までの宝篋《きょう》印塔《いんとう》など二十数基のある建徳寺、鎮守の金田神社（もとは船木田明神社）、さらに妙純寺の南には本間重連の母の供養塔とされている鎌倉時代の五輪塔などがある。また妙純寺の南側に連なる土塁や、そこに平行する桜の馬場、そして妙純寺の境内から北方を本間屋敷、南方を堀ノ内とよぶ地名が今でも残っている点などからも、ここが中世以来の古い集落のあとをとどめていることがわかる。

船木田明神社の縁起によると、牛久保用水は、かつて鎌倉時代に領主の本間重連が命じてひらかせた用水だといい、また金田ではこの用水を本間用水ともよんでいたことからすれば、本間氏との関係は密接であった。ちょうど本間屋敷・堀ノ内の西側を流れ下る用水は、一部でなおかつての武士の館の防禦線だったらしいあとをとどめている。その開創が中世にさかのぼり、本間氏の居館や金田の集落の外廓を防衛する役割をもつと同時に、周辺部の水田の灌漑《かんがい》用水と

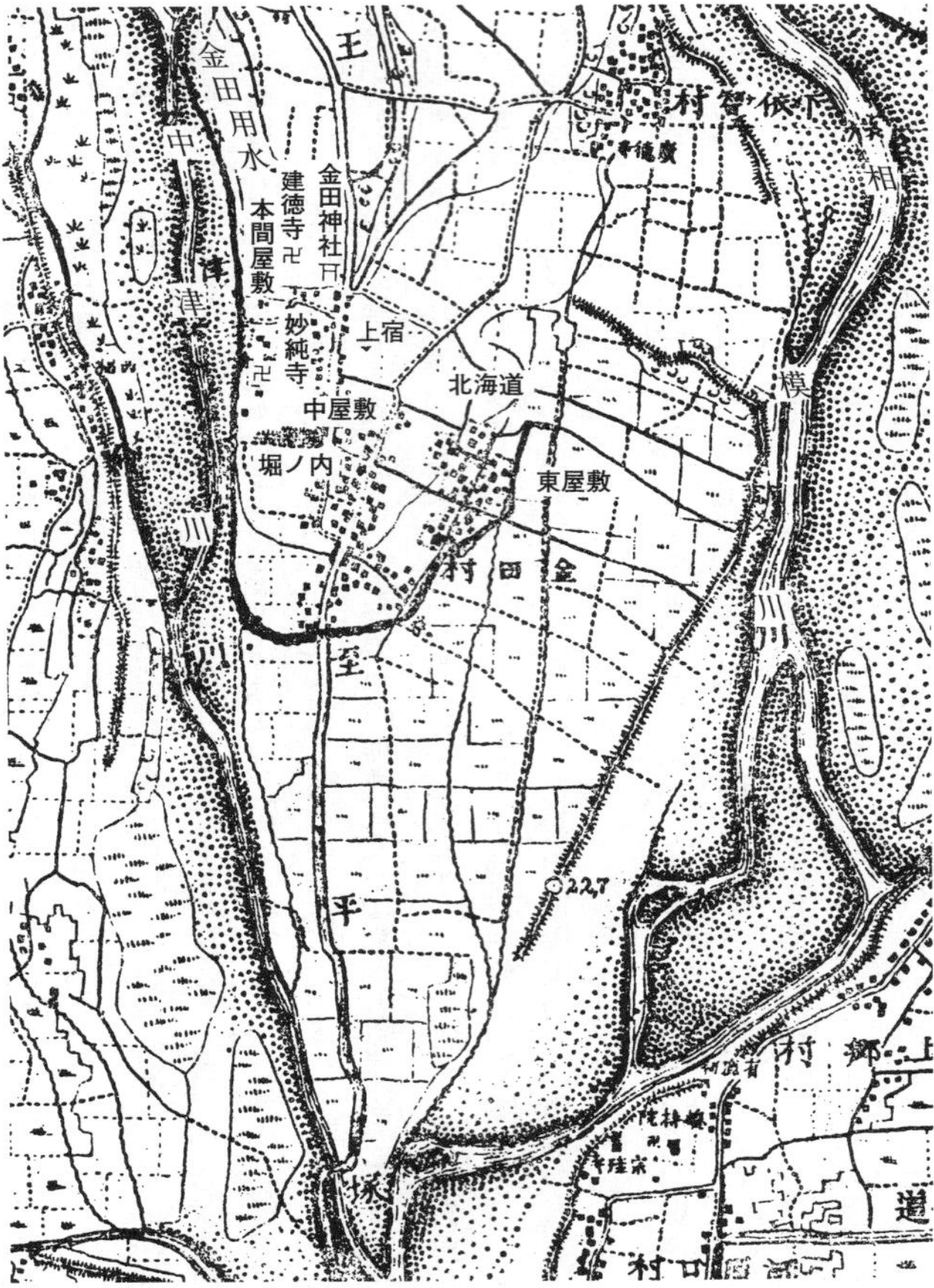

●——金田付近（明治15年測量２万分１迅速測図「厚木町」により作成）

しての大きな任務を果したことは疑いがない。そして用水をめぐらさぬ北方のみは、後方の台地に連なり、山野がひろがっていたのであろう。その東よりのあたりに、近世には領主の支配する山野の地頭山があったという。中世でもおそらく同様であったろう。

金田の集落内にはほかに宿屋敷、中屋敷、東屋敷、それに北海道、伊藤海道などの中世にさかのぼる地名がみられる。屋敷とは、多分本間氏の一族か、有力農民の家から出た名であり、海道とはもともと「垣内」と書き、カイト、カキウチと読む、垣をめぐらした屋敷や畠地をさす言葉である。本間氏の館を中心に堀をめぐらし、内部に屋敷・垣内のならぶ景観が想像されるのである。

次にいくつかの文献史料にあらわれる当時の村の実情をみよう。第一の材料は、三浦氏の一族和田氏が地頭として支配した公領の南深沢郷（今の鎌倉市の西部、腰越津付近一帯）についてのものである。地頭和田氏はこの地で「給田十五町」を支配し[*2]、さらに「重代の堀の内」として「南深沢の内、津村の屋敷・手作」をもっていた。その「屋敷・手作」の境界は「北は限る、そうたうの南の境かさうけのま□はの後の道、東ハ、ひたり四郎か家の横道、たての御前の屋敷の前らなり、又あむしか家の前のたかつか十郎が畠の後なり、西は限る、峰の打越の中谷のちうすむ、そうたうの西の打越の中谷也」と記されている[*3]。現在の津村一帯はもはやまったく住宅地と化し、かつての景観を失っているが、ほぼ南にひらく小さな谷々のなかに、地頭和田氏の館があり、それを中心に地頭が直接に経営する「手作」地がまとまって存在し、なかには地頭の一族かとおもわれる「たての御前の屋敷」や、農民らしい「ひたり四郎」「あむし」「たかつか十郎」などの家や畠のあったことがうかがわれる。金田の場合とは多少、地形的条件がちがうとしても、相当広大な地域が山野や水利までふくめて地頭の支配下におかれ、そのなかに屋敷や在家が存在していたのであろう。そして「給田十五町」とは、多分この津村の「堀の内」以外の地に、和田氏が有していた水田なのであろう。

武士の農業経営

次に第二の材料は、武士の山内首藤氏が支配していた早河荘の田子《たご》郷の一得名《いっとく》に関するものである。鎌倉初期に活躍した武士の山内首藤経俊の孫の重俊が、寛喜二年（一二三〇）嫡男の宗俊に譲った分A[*4]と、建長元年（一二四九）、宗俊がさらに嫡子の時俊に譲った分B[*5]が、その史料で、内容は別表のとおり。荘園内の一つの名田を、一族内で分割支配していた代表的な例として知られている。

別表を見ながら少し詳しく考えてみよう。その所領は主に(イ)の田地、(ロ)の本屋敷、(ハ)の百姓の在家、そして畠地から成り立っている。(ロ)の山内首藤氏の本屋敷は、北は丸子《まりこ》河（酒匂川）、南は大道（おそらくは東海道）に面し、東西はそれぞれ堀で囲まれていたらしい。酒匂川の流路

早河荘田子郷一得名

A　寛喜二年の分	B　建長元年の分
(イ)　田地	(イ)　田地
ⓐ　西門坪　4反	ⓐ　西門坪　4反の内2反
ⓑ　幡馬作　120歩を加う	
ⓑ　大柳　6反 （百姓田）	
ⓐ　足小河　2反120歩	ⓐ　足小河　2反120歩
ⓐ　同所　1反	ⓐ　同所　1反
ⓐ　蓑和田　5反	
ⓑ　同所　3反 （高別当作）	
ⓑ　権二郎作　6反	
ⓑ　別当太作　2反	
ⓐ　くわつぼ　1町	
ⓐ　大窪　1反	
ⓐ　高蓑和田　4反 （内箱根大般若田1反）	ⓐ　蓑和田　4反 （内箱根大般若田1反）
ⓒ　二宮々司 宮大夫三郎作　5反 （但、加地子許也）	ⓒ　二宮々司 宮大夫作　5反 （加地子ノ定）
ⓒ　木蔭　3反 （同作人）	ⓒ　木蔭　3反 （同作人）
合計　5町2反240歩	合計　1町7反120歩
(ロ)　田子往古本屋敷1所 東は倉後笠堀を限る 西は若宮西笠堀を限る 北は丸子河を限る 南は大道を限る	(ロ)　本屋敷1所 東は井通北南を限る 西は大門通笠堀を限る 北は丸子河を限る 南は大道を限る
(ハ)　在家	(ハ)　百姓分在家
大柳　1宇	
権二郎　1宇	
伴細工　1宇	伴細工　1宇
別当太　1宇	
宮大夫三郎　1宇	宮大夫三郎　1宇
(ニ)　“野畠ハ年来作〻可付屋敷也”	

も変化し、市街地化も進んでいるので、現地比定は今のところ不可能だが、小田原市内で、国鉄小田原駅の北方約二キロメートル、扇町三・五・六丁目や多古付近一帯のどこかにあたることは、現に大雄山線井細田《いさいだ》駅南方に若宮八幡宮があり、付近の小字にも下屋敷、屋敷ノ内などの地名が残っているので、推察できる。その面積は、やはり相当広大であったろう。その他、水田や百姓の在家の所在地については、ほとんど手がかりがない。しかし、金田や津村のように、武士の館を中心に農民の在家が存在し、水田は多分、足子川《あしこ》(今の久野川)沿いの低湿地にひらかれていたであろうことは想定できる。

その水田であるが、(イ)の田地の目録をみると、これらはおおよそ三種類の方法によって経営されていたようである。*6 まずAからみてゆくと、ⓐの「西門坪　四反」のように作人の名の記されていない場合(合計面積二町七反百二十歩)。これは山内首藤氏が下人などの隷属性の強い人々を使用して、「手作」経営を行っていたのであろう。ⓑの「権二郎作　六反」のように、作人の名が記されている場合(合計面積一町七反百二十歩)。作人に耕作させる、いわば小作経営であるが、作人のうち権二郎・別当太・大柳の三人は、(ハ)の在家に名がみえるので、その住居とともども山内首藤氏に支配されていたわけである。一方、幡馬と高別当の二人は、そうではないので、あるいは下層の農民だったために、独立の在家の主としてはみとめられていなかったのかもしれない。ⓒの「二宮々司宮大夫三郎作　五反(但、加地子許也)」のような場合(合計面積八反)。ここでもⓑと同じく作人の名が記され、その住居も(ハ)の百姓分の在家にふくまれている。ただこの田からの収入が加地子だけだと注記されていることがちがう。加地子の率などは不明だが、ⓒの作人は二宮の宮司という肩書をもっているので、ⓑの場合よりは作人の地位も高く、山内首藤氏のうけとる得分は少なかったとみてよかろう。

以上をまとめると、一得名の田地の経営は、ⓐ山内首藤氏の「手作」、ⓑいわば「小作」、ⓒ作人の地位の高い「小作」という三種の組み合わせから成り立っていた。これは約二十年後のBでも、基本的には変わらない。ただ田地面積は合計一町七反百二十歩と、ほぼ三分の一に減り、在家の数もこれに見合って五宇から二宇になっている。そしてみえなくなった在家はみなAのⓑで作人としてあらわれた百姓ばかりであった。それゆえBは、ⓐとⓒのみで、ⓑが消滅しているのが特徴であるが、この部分は宗俊から時俊以外の子たちに分割して譲られたのかもしれない。

なお耕地としては、水田とともに畠地にも注意しておかねばならない。Aには、野畠は年来のように耕作し、屋敷地とともに支配せよ、と述べているだけで、その面積などは明らかでない。すでに平安後期の大庭御厨の産業について記したように(一三〇―一三二頁)相武地方では畠作農業がかなりさかんだったとおもわれるが、一般に荘園領主などは水田を基準とした支配や収取を行ったため、文献史料上にはほとんどあらわれてこないのである。ただそれにもかかわらず鎌倉時代の相武地方では、河村郷の地頭河村氏一族の間の所領配分の際に「畠八町二段半、在家一宇四郎三郎跡」とはあっても田地はなく、[*7] また「田五反、在家二宇、畠拾四町」[*8] と、圧倒的に畠地が多い例や、おそらく相模国の中央部に近い某郷の田畠注文で「見作田」[*9] はわずか二町百二十歩に対して、麦畠は「田成（畠から田になった分）」四町六反二百十歩を加えての合計が十六町九反百五十歩という例をあげることができるので、やはり相武地方での畠作の重要性は否定できないとおもわれる。

もう一つ、ここで考えておきたいのは村の鎮守である。一得名の若宮はたぶん、この田子郷の鎮守であったろうが、それぞれの村の中心には、当時、鎮守の宮がまつられていた。すでに平安後期の武蔵の稲毛荘で、各郷ごとに鎮守の神のための神田が三反ずつおかれていたことをみた（一三四頁）が、鎌倉時代の相模の大友郷に鎮守宮があり、[*10] 南北朝時代の柳下郷には鎮守として賀茂・八幡の両社があった。[*11] 金田の集落では鎮守は本間氏の屋敷の東北方に位置しているが、領主の館の鬼門または裏鬼門にあたる北東や北西の方角に神社をまつる例は多くあったのである。

中世村落の復原

次に第三の材料は、郷司で地頭でもあったらしい武士海老名氏の譲状にあらわれた公領の下海老名郷の地頭給田の一部の様子である。海老名季景が文永元年（一二六四）と弘安九年（一二八六）の二回にわたり、子の季直に与えた譲状[*12]によると、その内容は、

㈠田一町三反小（新平太作八反百二十歩 御霊町ノ北ノ田五反）

㈡田一町、しやうしやく分、

㈢田一町、いちこしま道の北、大道の東の溝沿い、

㈣在家一宇　中七垣内畠、

㈤屋敷一所　新藤三かきうち、かちのめんの東、大道より西、

の五ヵ所で、どれも地頭給田の一部らしい。㈡の「しやうしやく分」とは漢字をあてれば「正作分」で領主の手作地を意味している。ここでも先の一得名と同様、田、在家、屋敷、畠を基本に、ⓐ・ⓑ式の手作と小作を兼ねた経営が行われていたと推定される。そして在家も屋敷も、ともに同じく「垣内」であったことがわかる。また「かちのめん」とはおそらく鍛冶免のことで、鍛冶屋に対して与えられる給与としての租税免除地であった。そして「御霊町」という地名とは「こりやうかまち」と同一で、鎌倉権五郎景政をまつったかどうか不明のものの、荒々しい神としての「御霊」をまつる神社が、この郷内にもあったこと、あるいはそれが郷の鎮守だったかもしれないことを物語ってくれる。この下海老名郷が、海老名市内のどこにあたるかはまだわかっていない。しかしこの史料もまた当時の農村に関する貴重な情報をふくんでいる。

さて第四の材料は、渋谷荘の領主だった渋谷氏一族の家の文書にあらわれる荘内の村々、とくに寺尾村の状況である。鎌倉初期に活躍した武将渋谷重国の孫の曾司《そし》五郎定心《じょうしん》が、自分の子の五郎四郎重経に、寛元四年(一二四六)、寺尾村はじめ伊勢や美作の所領を譲った。*13 このとき、寺尾村の境界は次のように記されている。

東限　原中新牓士(示)堺　小紀太上路同堺　又田岸堺
南限　古堺路
西限　佃大道
北限　弘成前堤通

今は綾瀬市内、厚木飛行場の西側、東名高速道路の通過する付近一帯が寺尾である。相模原台地の中部を南へ流れる引地川の支流の比留《ひる》川やその支谷によってつくられた舌状の台地で、おそらくかつて寺院があったので、寺のある尾根、寺尾の地名が生じたものであろう。さて上の境界によると、寺尾村の東の堺はまず原の中や、百姓小紀太の家の上の路に立てられた新しい「牓示《ぼうじ》」(境の標示)で示されるという。平坦な台地面の上では目標物に乏しいので、「牓示」の柱などが立てられたのであろう。やがて南へ下ると比留川のつくった小さな谷に水田がひらけ、その田の岸が東の堺《さかい》となっている。南・西・北はそれぞれ「古堺路」「佃大道」「堤通」などの道路が境界である。北の堺は、おそらく名主らしい弘成の家の前にきずかれた堤に沿う通

●——寺尾村付近（明治15年測量迅速測図「下鶴間村」「厚木町」「原宿村」「下糟屋村」により作成，縮尺５万分１）

路らしく、そうなると村の北方の台地面には土塁がきずかれていたのかもしれない。
建治三年（一二七七）になって、渋谷重経は、嫡子重通に村の主要部分を、孫娘竹鶴に村の一部である「源五郎もりすへか在家／同じき在家付の田・給田」を与え、その堺は「やすきよ法師か南の堺、西はやなかの溝の流、南は堀をほりて並木を植へたり」と記し、さらに原は「東原を仮令《けりやう》三つに分けて、なか十丁は竹鶴か分也、牓示をうちて定めたり」とつけ加えた。[*14] 同時に重経は後家に対して、「寺尾の廐《うまや》の東の道を東へ、ひんすが屋敷を具して、又のたけの道を道々北の堀の通まで」一生の間は与えている。[*15]

さらに嘉暦三、四年（一三二八、二九）に、重通の孫にあたる重広と弟の重名との間で、所領支配をめぐる訴訟事件がもち上がり、両者はそれぞれ所領の明細を書き上げた。その目録のなかの寺尾村[*16]の分は、(一)田地四反、(二)在家二字で、(三)その他の在家五字は法恩《(音)》寺の院主宗万房に押領されていた。この当時、遠い薩摩の所領に本拠地を移し、その地の経営に主力をそそいでいた渋谷氏にとって、寺尾村に対する支配力は弱まっていたのだろう。(二)の内訳についても、重広はうち一宇が地頭屋敷で、「山野立野」は一町だとするのに対し、重名は真っ向から否定して、二宇ともに往代の百姓の屋敷であり、一宇は中三郎入道屋敷で等級は上、今一宇は後藤太郎屋敷で等級は下、「山野立野」は一町だと主張する始末であった。

以上が鎌倉時代の寺尾村について、文献の語るところであるが、渋谷氏一族が付近の村々にもっていた所領の内容については、ほかに多少の史料がある。

a　上深屋村内　北尾屋敷田畠在家立野[*17]

b　落合上村内　平三郎屋敷幷屋敷付田地五反[*18]

c　藤意《ふじごころ》内　立野五町堺見絵頭[*19]

d　藤意村藤次在家・同屋敷付田畠荒野自道西仁立野在之、副南[*20]

e　吉田上庄内　清太入道西在家一宇在四至、東限屋中溝、南西北見古堺[*21]

これら寺尾村の隣接地域についての史料をも考慮しながら、ここで今一度、鎌倉時代の寺尾村の実態について考えてみよう。村の中心部、おそらくは舌状台地のへりのあたりには領主渋谷氏の館があり、堀をめぐらして堀ノ内とよばれていた。その東側には厩《うまや》がおかれ、馬が飼われていた。村内には少なくとも七宇以上の在家があり、「上」から「下」まで多くの層に分かれていただろう。上の源五郎もりすへ在家のように、堀をほって並木を植えて境とした場合もあり、eの清太入道西在家のように、従来一つの在家であった敷地を溝で分割して、その西側に新たにつくられた場合もあった。「在家付の田・給田」「屋敷付田畠荒野」など、在家・屋敷とセットにされた土地は、ごく接近した場所にあったものと考えれば、比留川などの小さい谷に、台地の下から湧き出す清水・泉を利用してつくられた谷田《やとだ》の水田沿いに、在家や屋敷の点在する風景が想像される。村内には「佃《つくだ》」があったが、それこそ領主の「手作」地であり、渋谷氏もまた一得名の山内首藤氏と同じく⒜式の直接経営を行っていたにちがいない。

台地面には村の北の堺となる土塁が走っていたらしいが、その他、村内には堀や溝が何本もつくられていた。そして台地の上の一部は畠地とされ、ほかは荒野や原のままであった。東の原の三分の一にあたる十町ほどを竹鶴に与えたことから推せば、東の原だけでも広さは三十町以上あったわけである。新たに境を区切って分かち与えたという原こそ、史料にみえる「山野立野」にあたるのではないか。そこはたぶん、草木を採り、馬などを放牧する牧場としても役立てられたであろう。

掘り出される中世

さて寺尾村の西方、約二キロメートル、相模原台地の西のはずれに連なる座間丘陵の南端のあたりには、先年、神奈川県教育委員会による発掘の行われた上浜田遺跡がある。ここでは南に流れ出す大谷川の源流の谷の頭部、東向きの傾斜地から、ほぼ十三世紀から十五世紀くらいまでの時期の屋敷あとや関連の遺跡・遺物が発見された。そこはあたかも現代の雛段式《ひなだんしき》宅地造成のように背面の丘陵を削り、約一メートルの段差で二段の平面をつくり出し、上段はほぼ四百七十平方メートル、下段は約千五百平方メートルほどの広さである。この二つの平面から、主屋と付属の住居、台所、納屋、倉庫、そして厩や井戸、これらを囲む柵の列などの遺構が発

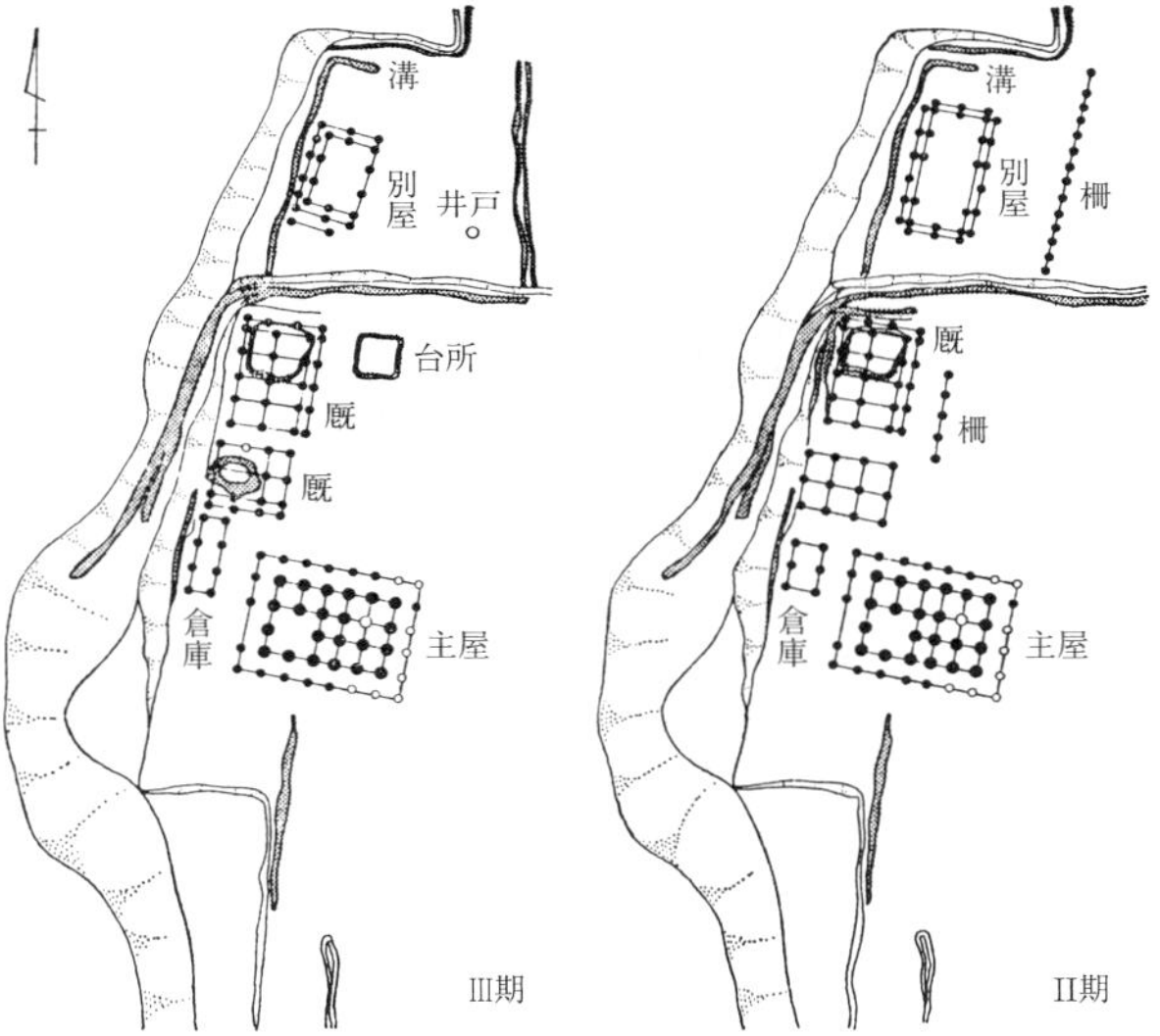

●——上浜田遺跡Ｉ地区中世遺構変遷図（神奈川県教育委員会『上浜田遺跡』より作成，○印柱穴は損失および未検出を示す）

見された。何回かの建てかえのあとから、この遺構はほぼ四期に区分されるが、なかで十三世紀後半から十五世紀後半までの二、三期がもっとも充実していたとみとめられるという。とくに注目されるのは馬具などの出土によって厩と判断された建物が二期には一棟、三期にはもう一棟ふえて二棟となり合計三頭が飼われていたとみられることである。

さらに背面の丘陵上には、おおむね幅は一・八メートルから二・六メートルくらいで、深さは一メートル以上、底面で〇・五メートルから一メートル弱の溝が少なくとも五本以上走っており、溝の両側には角柱の柱穴が連なって、外側には土塁の存在も予想されるという。その一本は長さ二百五十メートル以上、今一本は百五十メートル以上で、ともに南北方向に丘陵の端を区切っているが、しかも両者は接触部分で多少の食いちがいを示すらしい。この溝こそは牧場のあとの、いわゆる馬よけの柵と溝であり、食いちがい面から馬の出し入れをしたものと想像されている。丘陵の上には一つ、小さな小屋のあとがあり、これは牧の馬の管理のための小屋かと推定される。こうみてくると、丘陵上の遺構群と、下の建物群とは、馬や厩を通じて見事に結びつくのである。

すると下の屋敷は武士の館である可能性が高いが、出土遺物の内容からもその点は確かめられる。というのは、下の建物はみな掘立柱の建築ではあるが、中国・朝鮮から輸入された青磁・青白磁・白磁・天目《てんもく》などの高級な陶磁器や、国産の古瀬戸・美濃・常滑《とこなめ》・渥美《あつみ》などやきものの破片を出土する。そのなかには中国の龍泉窯《りゅうぜんよう》の砧青磁碗《きぬたせいじわん》・大盤・盤と龍泉窯系の青磁碗、さらに青白磁や白磁では景徳鎮《けいとくちん》系の渦紋瓶・碗、天目では建窯《けんよう》の碗、さらに高麗《こうらい》の青磁《せいじ》象嵌《ぞうがん》瓶など輸入品がみられるが、それらは鎌倉の若宮大路の西側八幡宮よりの地から発掘された十三世紀から十四世紀前半ごろの青磁・青白磁と共通する点が多いからである。鎌倉の若宮大路沿い、八幡宮近くに邸宅をかまえていたとなれば、それは有力な御家人武士にちがいない。この下の屋敷の主も同質の人間だったとすれば、それはこの渋谷荘を支配し、鎌倉にも関係深い武士と考えられるからである[*22]。

それはおそらく、上に文献にもとづく第四の材料として述べてきた渋谷氏一族の一人であったろう。かりにそうでないとしても、同様な立場にある武士だったことはまちがいない。ここで歴史考古学の成果と、文献史料にみえる諸情報とは接触点を得たことになる。まず気づくのは、丘陵上の五本もの溝・柵列が、文献に記された台地面の堀、堤と同じものではないか、ということである。そしてこれらの溝や堀によって区切られた台地面、丘陵面こそが、領主の支配する「山野立野」にあたるのではないかと考えられる。これらの山野を背にし、台地の縁辺部に造成された平面に立つ武士の館の周辺部は、中世では湿地帯であったというが、それこそまさしく谷田《やとだ》のひらかれた場所にちがいない。そこには農民の在家・屋敷が存在していたはずである。歴史考古学の発展によって、それらもふくんで中世農村の全貌が明らかにされる日は、近いうちに必ずやってくることだろう。

注

＊1——『本間氏について』『厚木中世史話』など
＊2——『鎌倉遺文』一五一九
＊3——同五八〇一
＊4——同三九二七
＊5——同七一一〇
＊6——竹内理三「相模国早河荘」(2)『神奈川県史研究』九、福田以久生「相模国早河庄」『駿河相模の武家社会』清文堂、一九七六年参照
＊7——『鎌倉遺文』一六五〇九
＊8——『神奈川県史資料編』2　中世二二六五
＊9——『鎌倉遺文』一八九〇九
＊10——同一一六〇五
＊11——『神奈川県史資料編』3　中世三七七一
＊12——『鎌倉遺文』九一四八・一五九八五

＊13――同六六五六
＊14――同一二八五九・一二八六〇
＊15――同一二八六一
＊16――『神奈川県史資料編』2　中世二六八四・二七二五
＊17――同3　中世三一七〇
＊18――同　中世三九九八
＊19――『鎌倉遺文』九三二三
＊20――『神奈川県史資料編』3　中世三六九三
＊21――＊19に同じ
＊22――以上、神奈川県教育委員会『上浜田遺跡』に拠りつつ、筆者なりの理解でまとめた。

地頭の開発

一

源平合戦の山場の一つ、一ノ谷合戦の前夜、京都奪還をめざして旧福原京一帯に上陸した平氏側の大軍のなかに、備中国の新見《にいみ》郷司と名のる武士があった。『平家物語』諸本のうちでも鎌倉時代末の延慶二、三年（一三〇九、一〇）書写の転写本という最古の由来と、独自の内容で知られる『応永書写　延慶本平家物語』には、一ノ谷にたてこもった「平家年来祗候の伊賀・伊勢・近国の死残りたる輩、北国・南海よりぬけ〳〵に付ける輩」として播磨国の津田四郎高基以下三十七名余の西国武士たちの名を列記しているが、そのうち「備中国には石賀入道・建部太郎・新見郷司」三名がふくまれているからである。

さて備中の新見郷司といえば、高梁《たかはし》川の上流、伯耆との国境に近い山間部にあった東寺領の大荘園新見荘との連関が、すぐに思い浮かぶであろう。「東寺百合文書」中に伝わってきた新見荘の関係古文書だけでもほぼ千二百点あり、中世荘園史料としてトップクラスに属するが、とくに鎌倉中期の文永八年（一二七一）と末期の正中二年（一三二五）に行われた検注帳など、多くの詳細な土地台帳類が残っているのは、まことに珍しい。中世の荘園や村の実態を知るため、現代のわれわれに、このうえない手がかりを与えてくれるものである。

だが新見荘が東寺領となったのは、実は鎌倉末期の元徳二年（一三三〇）からのことで、それ以前には最勝光院の所領であった。最勝光院とは、後白河上皇の女御《にょうご》建春門院（平滋子、清盛の妻の妹）によって、平安末期の承安三年（一一七三）、京都東山の新熊野社付近に建立された寺院である。現存史料によるかぎり、最勝光院領新見荘の確実な初見は、承久の乱直後の承久三年（一二二一）十月十九日官宣旨[*1]をさかのぼらない。しかし後年の建武四年（一三三七）六月廿五日法印信尊契約状[*2]によると、新見荘は開発《かいほつ》領主大中臣《おおなかとみ》孝正が、太政官の官長者小槻隆職《おづきたかもと》に譲ったものだと記されている。小槻隆職は、平安末期から鎌倉初期にかけて、朝廷の太政官事務局を切りまわした有能な役人として知られ、各地に荘園をたてたことでも著名である。当時、譲与や売買の形式をとって荘園の寄進が行われるのは一般的である。だから新見荘は、開発領主から中央の事務官僚小槻隆職に寄進され、隆職はさらに最勝光院に寄進することによって、はじめて荘園として公認されたのであろう。平氏と関係深い最勝光院の荘園とされたことからも、その時期はたぶん、平安末期の平氏全盛期と想定される。

では新見荘の成立と、一ノ谷にたてこもった新見郷司との関係はどうであろうか。これまでの数多い新見荘の研究論文のなかでも、『平家物語』の新見郷司に着目したものはないようであるが、私はこの新見郷司こそ新見荘の現地を支配していた有力者で、その支配下にあった新見郷を寄進して新見荘とした中心人物だと考える。そのころ公領の支配単位であった郷の管理を任されていた郷司が、種々の「コネ」をたよりに有力者に寄進して荘園とし、みずからは下司となって、その支配権を強固にしてゆく例はいくつもあり、当時一般的であった。新見郷から新見荘の成立も、またその一例と考えられる。ただ元暦元年（一一八四）当時、彼が新見荘司ではなく、郷司を名のっていることは、荘園としての寄進後間もなくで、まだ郷司の通称がひろくみとめられていたからであろう。

新見郷司の名は、『平家物語』のこの部分に一度あらわれるだけで、一ノ谷合戦の敗北後、彼がどのような運命をたどったか、なんの手がかりもない。あるいは平氏とともに滅亡したか、それとも途中から故郷に逃げ帰って結局鎌倉幕府のもとに降伏したのか、おそらく、後者であろう。

しかし約四十年後の承久の乱に幕府が勝利を収めると、新見荘をふくむ最勝光院領の荘園は京方の所領として幕府に没収され、新たに幕府方の武士が地頭に任命された。これによって開発領主以来の勢威を誇っていた新見荘下司の地位は否定されたらしく、承久三年（一二二一）閏十月、幕府は前下司康仲、その子頼仲の身柄の逮捕を備中国の守護に命じている。郷司以来の由緒をもつ下司一族は、源平争乱につぐ再度の東西対決ともいうべき承久の乱で京都方として行動し、そのため幕府から名ざしで追及されてついに没落してしまったものであろう。

鎌倉中期の文永八年（一二七一）には、新見荘は領家方《りようけかた》と地頭方とに下地中分《したじちゆうぶん》がされていた。その折の領家方の土地台帳を整理すると、百五町弱の田地は全部で十九の名《みよう》に分割されており、そのうち約四十町弱は成松名、十一町余は得永名、七町余は成沢名、五町余は延房名というように上位四名だけで全体のほぼ六十パーセントの田地を占めていた。残り約四十パーセントの田地がそれ以外の十五の名（百姓名といわれる）によって分割されていたわけである。

一般の百姓名とくらべて断然大規模な上位四名のうち三つまでは、鎌倉時代以来の新見荘で「三職《さんしき》」と通称される荘官のもつ名であった。すなわち得永名―惣追捕使の名、成沢名―公文《くもん》（大中臣氏）の名、延房名―田所《たどころ》（はじめ菅野氏、のちに三善氏）の名というように。では最大の成松名とは、いったい誰の名であろうか。承久の乱後、その地位を否定された下司、かつては新見郷司の名と考えるのが、もっとも合理的であろう。これら上位四名のような大規模な名は各地にあり、これを一般の百姓名と区別して荘官名、あるいは領主名とよぶことがふつうである。

先に述べたように、新見荘には中世の荘園には珍しい大量の土地台帳類が残っている。これをさらに江戸時代や明治時代の土地台帳と対比しつつ、現地を歩いて景観を観察したり、土地の古老の教えを乞い、古来の小地名や伝承を聞きとって、現代↓明治時代↓江戸時代↓中世と過去の村や耕地の実態を復原してゆくことのできる条件の揃った、全国でも稀にみる土地である。新見荘の故地である岡山県新見市に生まれ育った竹本豊重氏は、年来、精力的にこうした復原研究にとりくんですぐれた成果を発表し、学界の注目を集めておられる。

竹本氏によって、中世の新見荘の荘官名や百姓名それぞれの耕地や屋敷の分布、あるいは荘内をつらぬくさまざまな道路などのあり方は、今着々と明らかにされているが、その成果によると、百姓名は高梁川に流れこむ多くの谷ごとに一つずつ分散し、荘官名は荘内各地の、谷の出口から高梁川までの緩傾斜地一帯にひろく分布するという、対照的な特色を示す。そして荘園支配の中心となる政所《まんどころ》は、下地中分後は領家方と地頭方に一つずつおかれたが、その立地もまた対照的であった。

すなわち領家方政所は、今の新見市西方《にしかた》で、為谷川《ためたに》という谷が高梁川に流れこむあたりの丘の尖端部付近である。今は住宅が多くなっているが、少し前までは水田のひろがる平地を一望のもとに見わたすとともに、谷の奥にひらける百姓名の水田地帯の出口をおさえるよい場所であった。しかも哲多郡の郡家と新見とを結ぶ主な交通路の通過する地点でもあった。付近の田畠も、文永八年の検注当時は、ほぼ成松名に属していたが、やがてその内部に生まれた清元名などの新しい名に分割され、やがて元弘三年(一三三三)には清元名がさらに郷司と安清の二つの部分に分けられている。ここに郷司の名があらわれることは注目すべきで、新見荘の寄進の主体となった開発領主の新見郷司の遺称と考えられる。成松名主でもあった郷司の屋敷など、その支配の中心地がこの付近にあったため、彼が新見荘の下司に転身すると荘政所がここにおかれ、すぐ近くにはのちまで郷司の名が残ったのであろう。下地中分の際、領家方は全荘のほぼ三分の二の面積を占めており、政所も以前の荘政所がそのまま領家方政所に転化したものと考えられる。したがって領家方政所の所在地が、谷の出口から高梁川までの緩傾斜地という、荘官名(領主名)の分布地域の中心にあたっているのも偶然ではない。平安中期以来、現地で成長してきた領主たちの中心人物として、新見荘の寄進者となった郷司、のちの下司の支配の拠点が、まさにこの地点だったと推定されるのである。

それに対し、中分後の地頭方政所の所在地の立地はまったく異なる。領家方政所のあとから約三キロメートルほど北の新見市上市、高梁川の流れにごく近接した低湿地で、今は付近一帯、みな水田となっている。低湿地を見わたす小高い場所にあった領家方政所とくらべて、その差の大きいことに驚かされるが、承久の乱後、新見荘に入ってきた地頭の支配の拠点、その屋敷地がやがて地頭方政所に転化したものにちがいない。

領家方政所が、平安中期以来の現地に成長した領主（荘官）たちの支配の中心地域を示すとすれば、地頭方政所の立地は、鎌倉中期以来、荘内に入部してきて旧来の荘官たちに代わり、現地の支配者となった地頭の支配の中心地域を表現しているに相違ない。それにしても両者の差異はあまりにも象徴的である。それはいったいなにを意味するのか。

二

『入来《いりき》文書《もんじょ》（ドキュメンツ・オブ・イリキ）』といえば、アメリカのエール大学教授として多くの業績をあげた朝河貫一氏が、一九二五年（大正十四）、米国で翻訳出版した代表的な日本中世の武家文書としてひろく欧米の学界に知られている。鹿児島県薩摩郡入来町・樋脇町一帯は、中世の薩摩国島津荘入来院の地で、入来院家はもと東国相模の豪族渋谷氏の一族、鎌倉中期に入来院の地頭に任命されて以来、明治維新まで六百余年もこの地の領主として継続してきた家である。『入来文書』とは、実にこの家に相伝されてきた中世文書で、鎌倉・南北朝・室町・戦国各時代の実相を物語る豊富な内容によって名高い。この文書の価値を発見した朝河氏は、その主要部分を英訳し、詳細な解説を付するとともに、日本とヨーロッパの封建制の比較研究を試みたのであった。

入来は鹿児島市の西北約十里、重畳たる山岳を越えて到る山間の名邑である。[*3]……天に吼える鷹の子岳、地に潺湲として流れる入来川、粗石と花茎を積んで垣とした旧武家屋敷の家並み。はろばろとした入来峠の眺望をほしいまゝにしてきたばかりの人々は、この入来町の古叢なたたずまいに、いちだんと感慨を深めることであろう。ここが八百年の伝来を誇る「入来院文書」のふるさとである。[*4]

いささか古風な文体であるが、福島県安積中学における朝河博士の後輩として、戦後『入来文書』の校訂復刊や、朝河博士伝『最後の日本人』（岩波書店）の著述など、博士の人と学問の顕彰や研究につとめた阿部善雄氏の文で、昨年急逝された氏への憶いをこめて敢て引用させていただいた。

実は今から二十数年の昔、私は永原慶二氏らのおともをして、はじめてこの入来院を訪れた。かつての荘園のあとの現地調査によって、中世の村落や耕地の実態を復原しようとする動きが、学界ではじまったばかりのころで、永原氏はその最尖端に立って活躍しておられた。『入来文書』を素材として、その辺を解明しようとのねらいに立つ調査で、入来出身の古川常深《つねみ》氏が案内役に立たれ、ほかに関口恒雄氏も同行された。私には最初の荘園村落調査で、今でもなつかしく思い出すことが多い。

阿部氏が活写されたような入来院氏の領主館や城のもとに家臣団の集住した古風な麓《ふもと》集落の

たたずまい、鎌倉・室町時代の土地台帳に記された地名や人名が、現在もそのまま小地名や家名などに多く残され、照会してゆくと中世の村や耕地の所在が次々と復原されてゆく、その目のさめるような思いなど、ありありとよみがえってくる。われわれは調査を進めながらも『入来文書』の解釈などでしばしば議論をたたかわせたが、今は亡き古川氏が独自の見解を持して譲られず、なかなか決着がつかなかったことも思い出される。

多様な事実を知り、大きな刺激をうけて帰京したあと、研究会などで報告や討論をしたこともあったが、未熟な私は、それらをどのように全体的にとらえたらよいのか、方向を見出しかねていた。しかし間もなく永原慶二氏が「中世村落の構造と領主制」[*5]と題する論文を公表されるにおよんで、そのあまりにも見事な整理に私はアッとおどろき、深く教えられた。その後の学界における中世村落論に決定的ともいうべき影響を与えたこの論文のもっとも主要な論旨は、大体以下のようであった。

入来院地方の水田は、シラスとよばれる火山灰におおわれた台地を川内川の支流が開削してつくり上げた小平野(A)と、さらにこの支流に流れこむ数多くの小さな谷々が台地面にきりこんでいったせまい平地(B)のなかにひろがっている。(A)はいかにも見事な美田の様相を呈しているが、調査してみるといずれも江戸初期にひらかれた、上流からの長距離用水によって灌漑されているので、中世の耕地としては除外しなければならない性格のものである。それに対して(B)

は「迫田《さこだ》」（他の地方では「谷田《やとだ》」とも）といわれ、それぞれの谷からの湧水などで灌漑される小規模な水田であるが、中世の家々は、こうした迫ごとに孤立して散在するか、せいぜい二、三戸が集合する小村であって、それはこの「迫田」こそ中世の主要な耕地であったことを示すのである。

まことにあざやかな類型化であり、多くの点で説得的である。しかし当時から私は、「迫田」一元論ともいうべき永原氏のこの整理になんとなく不安を感じ、疑問をいだいてきた点があった。たしかに調査の結果、迫田の部分には多くの中世以来の小地名・家名が遺存していたから、中世への復原はやりやすかった。しかし現在、麓集落となったり、近代の市街地化が進んだ地域では、中世以来の変化がはげしいから、古い小地名などが残りにくく、そのために中世へとさかのぼることは困難だ。だからといって「迫田」以外の小平野部分をすべて江戸初期以降の「美田」だといって消去してしまってよいだろうか。小平野部分はどこも中世耕地としてはゼロなのだろうか。単純化していえば、こういう疑問である。

中世入来院のうち清色《きよしき》郷は、入来院氏嫡流家の支配した中核的部分であるが、それに隣る塔之原郷は、もっとも有力な支族寺尾氏の支配した、これまた重要な地域であり、鎌倉末期の嘉暦四年（一三二九）の地頭寺尾氏の所領注文が残っている。ところがこの注文に、地頭の直営地である「正作分《しょうさくぶん》」六ヵ所、合計二町九反の面積と所在地が記されているが、うち三ヵ所

（ロノ町一町、樺目三反、桜木三反）合計一町六反については、残存地名からみてどうしても「迫田」とは考えられない。入来川・市比野川の合流点付近、川沿いの北タマダ・西タマダとよばれる平坦な低湿地帯が、地頭の直営地や屋敷の所在地なのであった。

百姓の家々は、塔之原郷でもたしかに、「迫田」付近に分布しているものが多いが、鎌倉中期以来、この地に入部してきた地頭の屋敷と直営田は、川沿いの小平野の低湿地域におかれたのではないか。これが私の印象であり、永原氏の論文には、こうした事実への評価がなかったのが、もっとも気になった点であった。

ところで入来院氏（渋谷氏）が地頭として入部する以前、領主としてこの地を支配していたのは誰だったか。永原氏も記されたように入来院塔之原郷には、おそくとも平安末期以来、塔原名主と称する伴氏が、事実上の領主（この場合、塔原名は領主名と解される）として君臨していた。鎌倉初期にはじめて地頭に任命された千葉氏、さらにこれに代わった渋谷氏と、従来からの領主伴氏は相論をくりかえすが、名主は地頭の支配に服すべきだとの再三の幕府の判決によって、伴氏の勢力はようやく地頭におさえこまれてゆく。しかし先の嘉暦四年の所領注文でも、楡木田《にれきた》の二町は名主が押領しているので相論の最中だと記されているように、当時もなお抵抗をやめていない。

平安末期以来の領主伴氏は、文書ではまた寄田氏とも名のっている。調査のとき、市比野川の中流に、今、樋脇町の仁礼北《にれきた》（また爾礼北）の地名のあることがわかった。嘉暦四年当時なお伴氏が支配していた楡木田とは、ここであろう。その一部にヨッタ（寄田）という小字のあることを教えられたが、そこはちょうど西に向けて舌のような形で浅い迫がはいりこみ、奥には湧水をためておく池があった。迫は一面の水田となっており、面積は二町はあろうと思われた。ここここそ寄田氏の名字の地となった寄田であり、その屋敷に接した直営田にあたる、最後のとりでともいうべき場所であろう。

入来院塔之原郷でも、平安末期以来の在地の領主（名主）の屋敷と直営地は、河川の中流の浅い迫付近にあったのに、鎌倉中期以後地頭として入部してこれを圧倒した入来院氏の屋敷や直営地は、さらに下流の低湿地に位置していた。新見荘の場合とあまりにもよく似ているではないか。

三

入来院との関連で思い出されるのは、熊本県人吉盆地の相良氏の場合である。もとの薩摩国と肥後国で、隣りあった地域であるだけでなく、相良氏も鎌倉時代に地頭としてこの地に入部して以来、中世の領主として生きぬき、江戸時代末まで大名としての支配をつづけた。入来院氏とそっくりであり、さらに大型の領主としてみられる点が面白い。

さて相良氏一族のうち、鎌倉時代にその中心となり、嫡流の地位を占めていたのは、盆地の中央部から東よりの、今の多良木町一帯を本拠とした、ふつう上相良氏とよばれる家であった。その初代にあたり、遠江国相良荘から地頭としてこの盆地に入ってきたという相良頼景の館址、通称「東ノ前」は、ちょうど球磨《くま》川の北岸、川沿いの場所である。やがて上相良氏の本拠は、その北方二キロメートル余の台地上にある「内城」、さらにその西北方三キロメートル余で谷々の入りくんだ舌状台地の尖端の「鍋城」にと移動してゆき、南北朝以後には「鍋城」がその本城となったという。室町時代になって、今の人吉市付近を根拠地として対立していたいわゆる下相良氏と抗争をつづけたあげく、下相良氏の一族永富《ながとみ》氏（戦国大名相良氏から江戸時代の大名となった家）によって滅ぼされてしまったため、家伝の古文書などの伝わっていない上相良氏ではあるが、その本拠地の移動についての上記の伝承は、ほぼ信ずることができよう。

頼景館址「東ノ前」のすぐ西側には、上相良氏二代頼氏の草創と伝えられる蓮花寺のあとをとどめる一つの堂が立ち、周囲には多くの中世の五輪塔類が乱立している。なかには文永六年（一二六九）七月十四日に、比企尼妙阿弥陀仏や孝子藤原某らが、頼氏の供養のために造立した旨の銘文の残る、阿弥陀三尊の種子《しゅじ》をきざんだ方柱の石塔婆があり、この付近が上相良氏の初期の居館址であったことを裏づけているからである。

さて私がはじめてこの地を訪れたのはたしか今から十何年か前のことだった。「東ノ前」の頼景館址近くにお住いの、もと町長で郷土史研究家の宮元尚氏に御案内をいただき、蓮花寺址に立って、すぐ真下を流れ去ってゆく球磨川の水をながめながら、いろいろの説明をうかがった。そして球磨川の河川改修工事によって、間もなくこの蓮花寺址も、「東ノ前」の頼景館址も、ともに水没の運命にあることを教えられた。そのときにうけた一種の衝撃を、今もありありと記憶している。

その翌々年の十二月、私はまた人吉盆地に数日を送る機会を得て、再び宮元氏から「鍋城」や、近くの青蓮寺をはじめ、いくつかの中世以来の古寺を案内していただいた。これまた印象に残る旅であったが、まずびっくりしたのは球磨川の改修工事がほとんど終わり、蓮花寺址の五輪塔などもすっかり積み直され、「東ノ前」の様子も一変してしまったことであった。ただ不幸中の幸いというべきは、改修工事に先立って熊本県教育委員会による発掘調査が行われ、中世考古学にとって貴重な知見がもたらされたことであろう。

その後、発刊された報告書[*6]によると、「東ノ前」の居館址は、東西約五十メートル、南北約六十メートルの長方形で、東・北・西の三方を土塁で囲み、さらに外側に堀をめぐらしていた(北側は発掘されておらず、未確認)が、球磨川に面する南側には土塁はなく、深さ一〜二メートルの切落しがつくられているのみであった。はじめ切落しの下はすぐ球磨川の川床であったらしいが、のちに流れはやや南側に移ったらしく、切落しの下には報告書で「広場」とよぶ川原石を人工的に配石した集石状、もしくは石敷状遺構がつくられ、さらにその南側に川原石を積んだ堤防がきずかれるようになったという。これらは中世武士の居館に関する貴重な発見であろう。三方は土塁で囲まれながら、球磨川沿いの南面のみは土塁をきずかず、川に向かってひらかれているという形態は、この館の機能が河川と深く結びついていることを示唆するからである。切落しの下、堤防の上の面から発見された「広場」も、球磨川を利用した水運による荷揚げ場などの機能を果した部分なのではなかろうか。大いに興味のもたれる場と考えられる。

出土品の土師器、輸入中国陶磁器等々の多くは、十三世紀前半代に比定されており、当館址を相良氏初代頼景のものとする所伝をほぼ裏づけるものといってよい。私は、宮元氏からかつてこの館址から耕作中に出土したという陶磁器や、その破片を見せていただいたが、その一つ、魚草文の青磁皿は素人眼ながらまず南宋の龍泉窯系の品、白磁碗のほうもほぼ同様の時期の中国江南の製品にまちがいないものとおもわれた（報告書では両方とも「一二世紀末～一三世紀前半代の浙江省龍泉窯系の所産」としている）。こうした出土品の内容からみると、ここは単に初代頼景だけでなく、鎌倉時代を通じての上相良氏の本拠であったのではないか。頼景が「東ノ前」から「内城」に移ったとの所伝は疑問だとされた宮元氏の所説（『多良木町史』）は重んずべきであろう。

さて「東ノ前」の周囲には、それ以外にもなお鎌倉時代の上相良氏に関する遺跡がいくつも残っている。「東ノ前」の北方約五百メートルの、「内城」の南の台地のつけ根には、青蓮寺という古寺がある。裏山が上相良氏歴代の墓地と伝えられており、数多くの五輪塔が立ちならぶ有様は壮観である。この青蓮寺は、永仁三年（一二九五）、三代目の頼宗が初代頼景の菩提をとむらうために建立したといい、本尊阿弥陀如来と永仁三年作の銘をもつ両脇侍、および本堂の阿弥陀堂はいずれも鎌倉時代の優作として、国指定の重要文化財となっている。宮元氏の御案内で青蓮寺の寺宝を拝観した際、両脇侍の左右の足のほぞの内側と外側、それぞれ四ヵ所ずつに書かれた銘文をどう読んだらよいか、それまでふつうに読まれていたのとはちがって、左足の外側から内側、ついで右足の外側から内側につづいて「永仁三」「院玄作」「求阿弥陀仏」「奉行□□《（田）》」と読む方がよいのではないかと二人で話しあったことをおぼえている。

さらに「東ノ前」と青蓮寺の中間を川下に流れてゆく用水路の「鮎ノ瀬井手」の球磨川からの取り入れ口には、「永仁三年五月／鮎之瀬井手碑／領主相良頼宗建」との銘文をもつ碑が立っている。この碑は後世の作らしいが、少なくともその当時、この用水路をひらいたのが上相良氏三代の頼宗だという伝承のあったことを物語っており、その位置は「東ノ前」から東北方、約五百メートルにあたる。これは球磨川沿いの頼景以来の上相良氏の館の立地の意義を考えるうえにも見すごせない重要な事実であり、付近一帯が鎌倉時代の上相良氏にとって主要な本拠地であったことはまちがいないであろう。

相良氏以前のこの地域の領主たちの根拠地の立地については、まだ明らかにされていない。しかし入来院氏と同様、鎌倉時代に東国からこの地の地頭に任命されて入部してきた相良氏の最初の根拠地が球磨川沿いであったことは、入来院の場合と共通しているのではないか。

四

新見荘にはじまり、南の入来院や人吉盆地など、かつて私の訪れた地域での類似の例を拾い上げてみた。今一つだけ新見荘と同じく中国筋で、しかも瀬戸内海沿いの荘園である安芸国沼《ぬ》田《た》荘の場合をとりあげてみよう。沼田荘は今の広島県三原市で海にそそぐ沼田川の流域にひろがる大荘園で、本荘と新荘とに分かれる。本荘は三原市の西部から、その西隣りの本郷町一帯で、新荘は沼田川の中流・上流部の山間の地域である。ここでは本来の荘園であった本荘を中心にみてゆく。

沼田荘は平安時代末期、在地の豪族であった沼田氏の寄進によって、京都東山の蓮華王院(今の三十三間堂がその本堂)領の荘園として成立したようである。蓮華王院は長寛二年(一一六四)、後白河上皇が平清盛に命じて建立させた寺院で、その荘園には平氏と関係深いものが多い。沼田氏は、結局壇ノ浦で平氏とともに滅亡しているから、ある時期以後は平氏と結びついて家人となり、所領は沼田荘として荘園化され、沼田氏は下司として現地の支配をつづけたものとおもわれる。はじめにみた新見荘が、後白河上皇の女御建春門院平滋子の建てた最勝光院領の荘園であり、寄進者とおもわれる新見郷司が平氏のもとに一ノ谷にたてこもっていたのと、事態はよく似ている。中国筋の荘園として、代表的なタイプといえよう。

すでに小著『中世武士団』で明らかにしておいたように、沼田荘中心部付近では、ゆるやかな小丘陵のひろがる間を沼田川の支流が、何本も枝分かれしてゆく樹木のような浅い谷をつくっており、まさに入来院で永原氏が重視された「迫田」がよく発達している。そして『小早川家文書』など、この地域に関する中世文書にみえる「名《みょう》」の名は、いずれもこうした「迫田」部分の小地名や家名として現在も伝わっていることが明らかである。

ところで下司沼田氏の根拠地と考えられるのは、こうした「迫田」地帯の中心をぬけてゆく山陽道の要点、梨羽駅の所在地と推定される付近である。源平合戦の最中、平氏に反旗をひるがえした伊予国の豪族河野通信とともに沼田五郎は、その本拠沼田城にたてこもって戦ったがついに落城し、沼田氏はふたたび平氏に従ったという。沼田城のあとは、今の本郷町下北方の高木山で、二つの大きな迫のおちあう口を扼する、小丘陵の突端ともいうべき場所である。まさに「迫田」地帯の中心部であり、はじめにみた新見荘の領家方政所、郷司＝下司の支配の拠点の立地と共通している。

それに対し、沼田氏没落後、東国から地頭として入ってきた小早川氏の拠点はどこであろうか。荘内をつらぬく沼田川が、海沿いの平野部に入ろうとするやや上手に、ちょうどそののどもとをおさえるような形で標高百九十メートルほどのけわしい山が二つ、川をはさんでそそり立っている。まさに荘内をおさえる扇の要ともいうべき場所であり、東を高山、西を新高山とよんでいる。南北朝時代以来、小早川氏嫡流家の本城は、もっぱら東の高山の上におかれていたが、のちに戦国時代末、小早川隆景はよりけわしい西の新高山城を本拠とするのである。この二つの高山城の歴史には興味深いものがあるのだが、それにしても鎌倉時代はじめ、新たにのりこんできた小早川氏の居館が最初からこの山上にあったとは考えられない。

一方、高山城の下流約二キロメートル、沼田川のすぐ北岸沿いには、今、三太刀《みたち》山とよばれる高さ三十五メートルほどの小さな岡がある。かつて小早川氏の祖土肥実平が夢に三本の太刀の降ってくるのをみて、こう名づけたという伝説があり、また実平の居館あととも伝えられている。三太刀とはいうまでもなくあて字で、本来は領主の館の敬称、また領主に対する敬称である「御館《みたち》」から来た名である。今の沼田川の河口からは約十キロメートルほど河上になっているが、中世にはこの付近まで海が深く湾入し、そこに沼田川がそそぎこんで「塩入荒野」と通称される広大な湿地帯が形成されていた。そこで私は『中世武士団』を書いたときには、三太刀山を小早川氏一族の居館あとの一つとは考えながらも、「しかしこの辺は小早川氏の本拠としていささか沼田川に近すぎる感もある。高山城の南麓、南むきのゆるやかな岡がつらなる部分のどこか、平地との接触面あたりに茂平以下の本館がおかれていたのではないだろうか」としていた。しかしその後、相良氏などの各地の例を知り、また「みたち」という地名の残存を重視すれば、この三太刀山こそ鎌倉時代の小早川氏の支配の根拠地とみるべきであろうと考え直すにいたった。沼田川に沿い、しかも高さ三十五メートルの岡を形成しているところから、相良氏の「東ノ前」の居館より、はるかに好適な立地にめぐまれているからである。

それでは、下司沼田氏の支配の拠点が「迫田」地帯の中心にあり、「迫田」支配を背景としていたとすれば、新たに入部して沼田川本流沿いの「塩入荒野」に面した地点に支配の拠点をきずいた小早川氏の支配の対象はなんであろうか。もちろん小早川氏は、沼田氏の直接支配していた直営田を没収、継承した「地頭門田」をはじめ「迫田」地帯に多くの田地を支配し、さらに旧来の領主名の支配者たちと争いながら、この地帯を勢力下に収めていった。しかしそれ以上に小早川氏の支配を特徴づけるのは、まさに「塩入荒野」一帯の開発である。この点も小著『中世武士団』で触れたので、以下簡単にまとめておく。

すでに鎌倉時代中期の嘉禎四年（一二三八）、地頭小早川茂平は、時の沼田荘の領主西園寺公経に対し、代々の将軍の菩提をとむらうための念仏堂の建立と、その維持・修理のために「塩入荒野」を開発したいと願い出て、これを承認された。新田には荘園領主の支配はおよばず、「地頭一円之計」に属したというから、小早川氏の完全な支配がみとめられたわけである。以後、小早川氏は「塩入荒野」の干拓と開発をすすめていった。その具体的な経過は明らかでないが、荘内の百姓を動員して堤防をきずき、海をしめきりながら少しずつ排水や塩ぬきを行って、干拓をすすめていったのであろう。今、沼田川下流には「沼田千町田」と通称される水田地帯が一面にひろがっているが、その開拓のはじまりは鎌倉時代、東国から入部してきた地頭小早川氏の主導のもとに行われたのであった。

沼田荘下司と新見郷司とが見事に対応するように、沼田荘地頭小早川氏と新見荘地頭、両者の支配根拠地の立地条件があまりにもよく合致していることはいうまでもあるまい。

五

はじめに述べたように、新見荘の領家方政所と地頭方政所の立地条件が見事に対照的であるところから、その背景にある事情をさぐり出そうと、入来院、人吉盆地、そして沼田荘と類例をたずね歩いてきた。そしてとくに沼田荘の事例によって、新見荘における対照的あり方の意味もおのずから見当がついてきたようにおもう。

新見荘現地における領主の中心として荘園寄進に動いた新見郷司に対応するのは、沼田荘の沼田氏である。荘園寄進の時期も平安末期、荘園領主も最勝光院と蓮華王院で、ともに後白河上皇か女御の建立にかかり、平氏が深く関与していた点で共通している。そして沼田氏も新見郷司も源平合戦では平氏方の武士として戦い、沼田氏は滅亡、新見郷司の場合は明らかでないが、結局、承久の乱で京方についたため追放されてしまった。この点でも両者はよく似ている。そして彼らの支配の拠点の立地条件は、ともに永原氏のいわれる「迫田」型耕地を地盤とするのにもっともふさわしいものである。

入来院における平安時代以来の領主伴（寄田）氏の最後の拠点が、まさに「迫田」そのものであったように、平安以来の（西国の）在地の領主たちの基盤となったのは、まさに「迫田」型耕地であった。沼田荘においても沼田氏の拠点沼田城（高木山）付近は、「迫田」のもっとも発達した地帯であったのである。

ただし新見荘の場合、郷司・下司などの荘官名成松名など四名（領主名）は谷の出口から高梁川までの緩傾斜地にひろく分布するが、谷の出口という点では、「迫田」にふくめて考えても大きな誤りではあるまい。

以上のような共通性をもつ平安以来の在地の領主たちの拠点や、その基盤とくらべると、新見荘の地頭方政所と沼田荘地頭小早川氏の「御館」とは、高梁川や沼田川の河流にごく接近した地点にある点で、まったく一致する。球磨川の北岸、川沿いにつくられた人吉盆地の上相良氏の初期の居館「東ノ前」もまた河川に接近している点はそっくりであり、東・北・西の三方に土塁と外堀をめぐらし、南側のみ川床に向けて切落しをつくっている構造は、居館と河川との深い関係を物語って象徴的である。

こうした河川に接近した地頭の居館のもつ意味はなにか。入来院の場合、河川の合流点付近の低湿地に集中する地頭の直営田「正作分」のあり方がそれを示唆しているが、すぐ前にみた沼田荘地頭小早川氏の場合には、「塩入荒野」の大干拓による新田開発との関連が明らかである。

「迫田」型耕地に対応する平安以来の在地の領主たちに対し、東国から入部してきた地頭の基盤は河川沿いの低湿地帯に開発された新田であったということができるのではないか。新見荘の場合には、果してどうであったのだろうか。

竹本豊重氏の詳細な復原的研究の成果を紹介した『中世の村を歩く』*7のなかで、私は次のようにまとめた、「鎌倉中期から下司に代わって入ってきた地頭は、湿地帯の広がる東国地方で開発を進めてきた経験と技術——特に谷の流れだけでなく、低湿地の用水、排水のための水路を開設する——を持っていたようで、従来ほとんど手のつけられなかった、新見荘の高梁川の河原を中心に水田開拓を進めていき、大きな成功を収めたと思われる」、と。

より詳しくは追って発表されるはずの竹本氏の研究に期待するとして、新見荘の場合も基本的にはほかの場合と変わりはなかったと考えられるのである。

注

＊1――『岡山県史　家わけ史料』東寺百合文書一二〇一号
＊2――同六二〇号
＊3――朝河貫一著書刊行委員会編『入来文書』（日本学術振興会、一九五五年）巻頭解説
＊4――阿部善雄・古川常深・本田親虎共編『近世入来文書』（東京大学出版会、一九八一年）序文
＊5――稲垣泰彦・永原慶二共編『中世の社会と経済』（東京大学出版会、一九六二年）所収
＊6――『熊本県文化財調査報告書　第二十二集　蓮花寺跡・相良頼景館跡』熊本県教育委員会
＊7――『週刊朝日百科日本の歴史』中世Ⅰ－２（朝日新聞社、一九八六年四月）

Ⅲ

『蒙古襲来絵詞』と竹崎季長

一

文永・弘安の役ともよばれる十三世紀後半の日本を襲った二度のモンゴル襲来は、日本史上の大事件であるが、『蒙古襲来絵詞』こそは、この戦争の実態を伝える資料の第一である。日本史教科書をはじめ、モンゴル襲来を扱う史書で、この絵巻の一部分を掲げないものはあるまい。それほど有名な作品なのである。

一名『竹崎季長絵詞』ともよばれるように、その内容は防衛戦に参加した肥後国の武士竹崎季長のたてた武功を中心にえがかれ、詞書もまた季長を主格とし、その立場からの文章となっている。写実的にえがかれた画面の所々に「馬・具足似せ絵」とか、「妻戸は有るべからざるの処、絵師書き違うなり」などの注記が加えられているところから、主人公季長の体験を忠実に再現しようとの意図は明らかで、絵巻製作の主体が季長その人であることも容易に推察される。詞書《ことばがき》もまた季長の心情や行動を語ってあますところなく、画面・詞書相まって鎌倉武士の生態を明らかに示す稀有の好史料といえよう。

しかしあまりにも著名な作品であり、人物であるにもかかわらずこの絵巻と主人公季長には、実はいくつもの秘められた謎がひそんでいる。以下、詞書を中心に、モンゴル襲来のなかでの季長の行動のあとを追跡しつつ、考えてみよう。

二

文永十一年（一二七四）十月二十日、すでに対馬・壱岐を攻略した二万五千余のモンゴル軍はついに博多湾内に侵入し、早朝から諸所に上陸をはじめた。これを迎えうつ日本軍は鎌倉幕府の九州出先機関である鎮西奉行武藤（少弐）・大友両氏の指揮下に編制された九州各地の地頭御家人、すなわち幕府支配下の武士たちである。当年とって二十九歳の、わが竹崎季長もその一人であった。

二十日朝、はじめ箱崎の陣にあった季長は、モンゴル軍が西方の百道原付近に上陸し、赤坂まで迫ったと聞き、博多の息の浜に馳せ向かった。一門の武士たちも多くあるなかで、季長は戦場で互いに「見継ぐ」ために、かねて深く約束しあっていた江田又太郎秀家と兜を交換した。「見継ぐ」とは、戦闘終了後、武功を申告して恩賞を請求する際、互いに証人に立ったり、また戦闘のとき助けあうことで、そのときの目じるしのため交換した相手の兜をかぶったのである。

息の浜では、その日の大将武藤景資（当時の鎮西奉行武藤経資の弟）が、さかんに「全軍この地に陣をかためて迎撃せよ」と命じていたが、戦場での一番のりにはやる季長は、一門と別れて主従わずかに五騎で、前線へと志した。途中、比恵《ひえ》川のほとりの大将景資の陣の前を乗馬で通過した一行は、大声で出撃の旨を告げ、住吉神社の鳥居をこえてさらに西進すると、赤坂でモンゴル軍を撃退した菊池武房が手勢百余騎をひきいて引き上げてくるのに出会った。武房と名のりをかわした季長一行は、勇躍、前進をつづける。

いったん、赤坂から後退して麁原《すそはら》付近に集結しつつあったモンゴル軍と、季長一行は鳥飼の汐干潟付近ではじめて接触した。従者の藤源太すけみつは、のちの証人となってくれる後続部隊を待ち、その前で合戦するよう進言するが、季長はきかず、「弓箭《きゅうせん》の道、先を以て賞とす、ただ駈けよ」と、おめいて突撃した。しかし多勢に無勢、季長以下三騎はたちまち痛手をおい、馬二頭も射殺されてしまう。ちょうどこのとき、肥前国の武士白石通泰が百余騎の軍でモンゴル陣に駈け入ったので、季長らはようやく危地を脱し、通泰と互いに証人に立ち、大将景資の前で、軍功を記録する引付《ひきつけ》（帳面）に一番駈けとして記入される栄誉にかがやいた。

以上が絵詞によって知られる文永の役に際しての季長の行動の大略である。

三

では竹崎季長とは、いったいどのような人物だったのか。その名字の地は、今の熊本県下益城郡松橋町大字竹崎、有明海にも近い平野部の一角とされているが、その出自や系統、一族関係となると不明な点が多い。ただ博多の息の浜で、兜を交換して「見継ぎ」あう約束をした江田秀家が、肥後北部、今の玉名郡菊水町江田を名字の地としていること、また季長自身、若くしてすでに兵衛尉の官を帯していることなどからすれば、ひろく肥後国の中・北部に大きな勢力をふるった豪族の出身と推察される。しかし南北朝時代に阿蘇大宮司惟澄の一門として竹崎惟貞の名がみえることから、季長もまたその一族とする従来の通説は疑問である。季長自身は「藤原季長」と署名しており、「宇治」を本姓とする阿蘇大宮司の同族とみるのは無理だからである。そこで私は、菊池武房との出会いの場で、季長みずから「同じきうち」と名のっている[*1]ことに注目して、藤原姓を称する菊池氏の同族とみてはどうかと主張したことがある。幸いにもその私見は工藤敬一氏らの支持を得、いくつかの傍証を追加していただいた[*2]ので、どうやら学界で市民権を獲得したようである。しかし季長の一門は菊池氏の同族としても、本宗からの分出は比較的早く、文永の役当時にはすでに菊池武房の支配下に軍事的に編制されるようなことはなく、独立の軍隊であったことは確かである。

また季長は、竹崎氏一門の中心に立つ存在でもなかった。よく知られているようにこの時代の武士団は分割相続の原則に立ちながら、しかもなお同じ一族・一門としての結合を忘れず、家督を相続して一族・一門を統率・指揮する惣領のもとに、惣領以外の子息たる庶子たちや、親類や郎党たちが結集する惣領制の体制をとっていた。それなのに文永の役に際して季長の手勢は、姉婿三井三郎資長、旗指（旗手）の三郎二郎資安、郎従藤源太すけみつ、それに中間《ちゆうげん》一人で、合計わずか五騎にすぎない。菊池武房や白石通泰らの軍勢おのおの百余騎というのにくらべれば、彼が一族の惣領でなかったことは明白で、庶子の一人とみるべきことは確実であろう。しかし庶子であれば、当然一族の惣領のもとに従うべきはずなのに、季長はそうしていない。「あまたある」一門をはなれ、わずか五騎をもって「弓箭の道、先を以て賞とす、ただ駈けよ」とおめいて突進するその姿は、惣領制下の庶子として、決してあるべき姿とはいえない。これはおかしいのではないか、との疑問が出されるであろう。

実はこの十三世紀後半ともなれば、各地で旧来の惣領制支配はようやくゆるみはじめ、庶子たちの独立性も強まってきている。惣領の命にそむき、独自行動をとろうとする庶子の動きも目立ってくる。とくに戦場で軍功をあげ、恩賞にあずかって独立の地歩をきずこうとする彼らの要求はまことに根強く、モンゴル襲来合戦においても顕著にあらわれていた。のちに徳治年間（一三〇六〜〇八）ごろ、九州での特別立法として、「軍役は惣領も庶子も相並んでつとめよ」、すなわち庶子が惣領から独立して軍事勤務をせよとの幕府の法令が出されたのも、まさにこうした状況の反映であった。このような背景のなかでみるとき、惣領から独立して単独の軍功をとはやる季長の行動を、本来の惣領制のくびきをのがれようとする当時の庶子たちの代表としてとらえることができよう。

　しかしそれだけでは十分でない。絵詞には、季長の言として「本訴に達し候はぬ間、若党相そひ候はず、僅かに五騎候」とか、「本訴に達し候はで、無足の身に候ほどに、在所いづくに候べしとも覚えず候」とみえている。「本訴」とは、「本領」を失った武士が、その回復を要求しておこす訴訟のことである。詳しい事情はわからないが、季長は何人《なんびと》かに本領を奪われて、当時「無足《むそく》」（所領なし）の身に転落しており、しかも本訴に「達し候はぬ」とあるから、本領回復の訴訟にも成功していなかったのである。

　また季長は、すぐつづけて次のようにも述べる。「「手につき候はゞ、かへりみ候はん」と申し候親しき者どもは候へども、なまじいにころはた（小旗の意味か）をさゝむとつかまつり候によて、扶持する者も候はぬほどに、いづくに候て後日の御大事をあひまつべしとも覚えず候」、と。「おれの従者になれば、恩給を与えて扶持してやろう」という親しい人物はいるが、敢てその申し出をうけず、なんとか自分一人で小旗をかかげ、独立した武士として行動しているので、住む場所もない有様である、というのである。ここまで追いつめられた立場にあったとすれば、単独の武功をもとめてひたすら突進する季長の行動の意味もおのずから理解できるであろう。

季長から本領を奪った、「本訴」の相手とは誰であろう。確証はないが、おそらく同じ一族内の有力者ではないか。のちに季長が文永の役の一番駈けの武功の確認をもとめて鎌倉に直訴して出ようとするや、一門・一族のはげしい反対にあうが、それは季長の直訴を「本訴」の再審要求と誤解したための反対ではなかったろうか。合戦の際、季長が、多くの一門をはなれて突進したのも当然といえよう。

四

さて文永の役で季長は幸いにも大将武藤景資から、一番駈けの功を認知された。当時の戦争では、武功の第一は奮戦しての討死《うちじに》、第二は敵軍の首の分捕《ぶんど》りであり、個人単位の戦法がとられていたから戦いの最初に敵陣への先頭に攻撃をかける一番駈けもまた大変重要な武功とみなされていた。たとえば『平家物語』にみえる宇治川合戦の佐々木・梶原の先陣争い、一ノ谷合戦での熊谷・平山の一番駈けの争いをみてもわかるであろう。こうして季長は首尾よく文永の役で一番駈けの殊勲をたてることができたわけである。

だが武藤景資の引付に記録されただけでは、一番駈けの戦功もまだなんの効果も生みはしない。最高指揮官にして景資の兄にあたる鎮西奉行武藤経資から幕府に上申されなければ、一番駈けの名誉も公認されず、恩賞をうけることもできないのである。ところがその後、経資から与えられた書下《かきくだし》の感状には、この一番駈けの戦功が記載されていなかった。あれだけの働きをしながらその戦功がまったく埋れてしまうのでは、季長として耐えられない。ついに彼ははるばる鎌倉まで行ってみずから直接この事情を訴えようと思い立った。

絵詞第二の部分である鎌倉での訴訟の物語は、こうしてはじめられる。文永の役の翌年、建治元年（一二七五）六月三日の早朝、一族・知人の反対をおし切った季長は、馬・鞍を売って旅費をつくり、中間の弥二郎・又二郎の二人を連れただけで故郷をあとにした。誰一人見送る者もない、さびしい旅立ちである。一族・一門へ「ふかく恨をなし」た季長は、「今度上聞に達せずんば、出家してながく立ち帰ることあるまじ」との思いつめた心境であった。

絵巻の「奥書《おくがき》」によれば、出発直前の五月廿三日、季長はこの地方の大社、肥後国の二宮である甲佐大明神に祈誓をこめたところ、社殿の四足門《よつあしもん》の上を神が飛び来って、東側の桜の枝にあらわれ、拝まれたという。これによって反対をおしての鎌倉出訴の決意が固められたことはまちがいないであろう。

出発後、旧知の熊野先達をかの法眼けうしむのもとに銭百文を送って成功の祈禱を依頼した季長は、やがて長門国赤間関につく。ここには季長元服の際、烏帽子《えぼし》親《おや》の役をつとめ、その名に「季」の一字を与えてくれた三井新左衛門季成が、長門守護二階堂行忠の守護《しゅご》代《だい》として在勤している。季長は、ここで関の遊女たちをよび集めての旅中最大の歓待をうけ、馬や旅費などもおくられた。文永の役で季長の姉婿としてともに戦った三井三郎資長も、おそらくこの季成の同族だったにちがいない。季成以前に同じ長門の守護代だったのが三井宮内左衛門資平で、資長と「資」の字を共通にしていることから、そう推測される。幕府政所執事の要職にあった二階堂行忠の守護代をつとめる有力被《ひ》官《かん》三井氏と深い関係にあったとすれば、わが季長も決してただの一地方武士ではなかった。三井季成からは馬や旅費だけでなく、鎌倉出訴に際しての心得や関係者への紹介など種々のノウ・ハウもまた与えられたとみるべきであろう。

東海道を東に下った季長は、伊豆の三島大明神、箱根権現に祈りをこめたのち、八月十二日にようやく目的地の鎌倉に到着した。二ヵ月有余を要しての大旅行であった。宿につく前に由比の浜で塩湯を浴びた季長は、すぐ鶴岡八幡に弓矢の祈りをこめたという。ただちに方々の奉行を歴訪したが、中間一人しか連れぬ、あまりに貧しげな様子のためか、誰一人としてとりあげてくれる奉行もいなかった。そこでふたたび八幡に参詣して祈りをこめた末、十月三日になってようやく御恩奉行安達泰盛の面前でみずからの主張を述べる機会をつかんだ。泰盛といえば時の執権北条時宗の舅、幕府創立以来の東国大武士団が次々と倒れ去ったなかにただ一人、北条氏と結んで勢威をのばしてきた安達家の当主、当時の幕府切っての実力者である。故郷出発以来四ヵ月をへて、季長はやっとこの大物の前での直訴が可能となった。

「肥後国の御家人竹崎五郎兵衛季長申し上げ候」と述べはじめ、去年の合戦に際して一番駈けの殊勲を立てながら幕府への注進に洩れ、まことに遺憾千万、季長「弓箭の面目を失ひ候」と結ぶその訴えにかなりの緊張がみとめられるのもまことにもっともである。果して泰盛はただちに「経資の注進に洩れたと言われるからには、注進の内容を御存知というわけだな」と切りこんでくる。季長「どうして私がその内容を知ることができましょう」、泰盛「では何故注進に洩れたとわかるのだ」、季長「経資殿からの感状は、幕府への注進分をのせられたと承ったが、そこには一番駈けの功がのせられておりませんでしたので」。そこで泰盛は「その書下をこれへ」と一見して、「貴殿には首の分捕り、討死の功はおありか」と問う。季長「分捕り・討死はございません」、泰盛「では合戦の忠をつくしたとは言えぬな。負傷のことは書下にも明記されていて、負傷はそれで一つの戦功にみとめられるから、よいではないか。それ以上、なにが不足なのか」。この辺の一問一答は、さすがに幕府の大立者の泰盛にふさわしい、急所をついた質問であり、季長は必死に抗弁していう。「私の申したいのは一番駈けの功のことです。もし不審がおありでしたら、武藤景資殿に御教書《みぎようしよ》でお確かめ下さい。その結果、偽りと判明すれば、私の首をお取り下さい」、と。そして「景資に御教書で重ねて確認するなど、先例のないこと」とする泰盛に対し、季長は重ねて「これは決して恩賞めあての訴訟ではありません。先駈けの戦功が偽りならば、季長の首をとっていただき、先駈けが事実であれば、鎌倉殿のお耳に入れて武勇のはげみといたしたい。ただこれだけのお願いです。これが聞きとどけられないとは、季長一生の嘆きでございます」と再三にわたってくりかえす。その情熱にほだされたのか、泰盛もついに「たしかに承知した。将軍のお耳に入れよう。恩賞もまちがいあるまい。早く国へ帰って忠勤をはげむことだ」と言い残し、「山内殿《やまのうち》(執権北条時宗)からの急ぎのお迎えだ」と席を立った。こうしてついに季長の直訴は、聞き入られたのである。

翌日、泰盛の屋敷に参向した季長は、泰盛に近侍する肥前国御家人中野藤二郎から、泰盛が有力者大勢の前で季長との一問一答の次第を物語り、後日の役に立ちそうな「奇異の強者《こわもの》」(めずらしい強情者)だと激賞した話を聞かされる。泰盛は季長との緊迫した問答のうちに、強引なうちに弓箭の名誉をかけた九州武士の長所を見ぬいたのであろう。

以後、吉報を待って泰盛の屋敷に出入りしていた季長は、十一月一日、泰盛の前に召され、勲功の賞として肥後国海東郷の地頭に任ずるという将軍家下文を直接手渡された。ここで泰盛は、前にかしこまった季長に向かって「すぐに御下国か」と問いかける。ここで「はい」と答えれば、直訴が恩賞めあてとうけとられてしまうと考えた季長は、強情にも「前回申し上げた一番駈けの戦功が鎌倉殿のお耳にとどき、その結果、恩賞を与えられたのでしたら、夜に日をついでも下国いたします。そうでなければ、やはり景資殿へ一番駈けの戦功確認をしていただくよう、あくまでも申し上げるつもりです」と述べ立てる。片意地なまでの自己主張といえよう。

ここで泰盛は「将軍のお耳に入れたればこその恩賞で、貴殿への分は特別に直接手渡せとの仰せだ。あと百二十余人の恩賞は、大宰府の鎮西奉行から渡されるはずだ」と答えたうえで、「貴殿に馬具をつけた馬を進じたいが如何か」と問う。まことに破格の待遇であり、一族の大反対をおし切って鎌倉に出訴した季長の労苦は、こうして見事にむくいられたわけである。五ヵ月前のあのさびしい旅立ちを思えば、季長の心中はさぞかし感慨無量であったろう。それがただちに彼の主張の正しさをみとめてくれた御恩奉行安達泰盛への感謝につながってゆくことも、またきわめて自然であった。

かくて翌建治二年（一二七六）正月四日、故郷竹崎に帰った季長は、翌々六日、ほど近い海東郷の新地頭として勇躍入部することになる。

五

やがて弘安四年（一二八一）五月から閏七月にかけて、わが国はふたたびモンゴルの大軍の来襲をうけるが、絵詞の第三の部分はこの弘安の役における季長の活躍を主題としてくりひろげられている。文永の攻撃に失敗したモンゴル軍は数年におよぶ準備ののち、今度は二手に分かれ、朝鮮半島を南下するモンゴル・高麗連合の東路軍二万五千、中国本土から直接渡海する江南軍十万の大兵によって日本を侵そうとした。まず対馬・壱岐を攻略した東路軍は六月六日博多湾に侵入し、志賀島から上陸を企てる。前回の経験によって博多湾岸には急遽築造された石塁、いわゆる石築地が蜿蜒とつづき、九州各国の武士はそれぞれ分担の部署について防禦態勢を整えていたが、モンゴル軍が志賀島に迫ったとみるや六日夜半から早速攻撃をかけ、以後数日にわたって海陸にはげしい戦闘が行われた。わが季長もまたこの志賀島攻撃の一員に加わっていた。

くりかえすまでもないことだが、この絵詞はかつて相当の部分を失い、修補の際にかなりの錯簡を生じたものである。文永の役の部分のようにのちの鎌倉での訴えの際、そのときの行動の大体が物語られている場合はよいのだが、この弘安の合戦については第一に絵詞の錯簡の整序、正統な排列の決定からはじめられなければならない。しかしこの問題をめぐっては諸説が入りみだれ、その整理だけでも容易でないので、ここでは錯簡問題に立ち入ることなく、おそらくさして異論を生じまいと判断される範囲内での叙述にとどめておこう。

六月の八日ごろ、すでにモンゴル軍攻撃に武勲をたてた伊予国の豪族河野通有（彼の本拠は伊予であるが九州にも所領があったのでこの合戦に参加したのである）を訪ねて仔細に戦いの情況を聞き知った季長は、菊池武房に別れを告げて肥後国の武士たちの分担地域生《いき》の松原を進発し、モンゴルの軍船を襲撃する。不幸にもモンゴル船に乗り移ることまではできなかったが相当の戦果をおさめ、翌日帰陣して生の松原で肥後国の軍勢の指揮にあたる同国守護代安達盛宗の見参に入り、同国一番の引付に記録されることができた。この盛宗こそ季長にとって大恩ある泰盛の次男で、正守護泰盛に代わって在国していた人物である。今度の合戦にもまた一番の引付につくことのできた季長の得意はいかばかりであったろう。

志賀島をめぐる数日の激闘によってモンゴル東路軍はついに占領をあきらめ、やがて到着すべき本隊の江南軍と合するため壱岐まで退いた。ついで日本軍はこれを追撃し、六月二十九日から七月二日にかけて壱岐の海上で戦闘が行われた。季長はまたこの戦いにも参加し、絵詞にはその情景がえがかれているとみる説[3]もあるが、少なくとも現存の絵詞にはこの合戦の部分はない、とみるほうが正しいであろう。[4]

この間、次々と中国本土を出発した本隊の江南軍は平戸島から五島列島に到着し、東路軍もまたここに合流した。七月の下旬、陣容を新たにしたモンゴル軍はふたたび博多湾を目ざして行動を開始し、東進して肥前の鷹島に集結しはじめたが、閏七月一日、暴風雨に遭遇して多大の損害をこうむり、ほとんど潰滅した。同月五日、風波のようやく静まるのを待って日本軍は次々に出陣し、残敵の掃討に向かったが、季長もまたその一人であった。みずからの兵船が間にあわなかった彼は守護の名を利用するなど種々の手段をつくして他人の船に乗りこみ、ついに鷹島付近の海上でモンゴル軍船におどりこんで首二つを分捕るという勲功をたてたのである。現存する絵詞によるかぎり、季長の行動は以上の程度までしか追跡することはできないが、今度の合戦にもまた彼が、分捕りと一番駈けという殊勲をたてたことは明らかであろう。

以上の文永の役に関する絵詞のなかでも、海上の合戦に際し、他人の船に乗りこもうとあせる季長が、守護安達氏の名を利用していることは注目される。先年の鎌倉出訴以来の季長の安達泰盛に対する接近の表現と考えられるからである。

六

文永の役、鎌倉下向、弘安の役という三つの主題をもつ絵詞は、いや正確にいえば絵詞現存の部分は、ここで終わりとなる。主として絵巻の詞書に即しつつ季長の位置と行動を観察してきたわれわれの叙述もここで終わってよいであろうか。だがそこにはまだ絵巻自体の成立という難問が残されている。

最初に触れたように、この絵巻製作の主体が季長その人であることは容易に推察されるが、さらにその作成目的を語るかのような「奥書」二ヵ条も絵巻には付属している。「奥書」の第一条は、「泰盛の御事」と書き出して、文永の役の武功をみとめてもらうため、鎌倉に出訴した際、これをとりあげてくれた安達泰盛の特別の恩顧に感謝し、今後も鎌倉殿の御大事のときは、真っ先に先駆けの忠をつくすよう子孫に訓戒を与えている。また第二条には、同じく鎌倉出訴の直前に参詣した甲佐大明神で、神が影向《ようごう》された次第を物語り、海東郷の地頭に任命されたのも、その神徳であると感謝の念をあらわしている。第二条末尾に「神のめでたき御事を申さんために、これを記しまいらす」とあるが、絵巻作成の目的の一つを語ったものとみて少しも不自然ではない。しかもこの二ヵ条にはいずれも「永仁元年（一二九三）二月九日」の日付が記されている。これだけはっきりした材料が揃っている以上、絵巻作成の主体も、目的も、時期も、すべて明らかなようにおもわれるであろう。

だが一見、明らかと思われる「常識」には、意外にもしばしばおとし穴がかくされている。この場合、それは「永仁元年二月九日」という日付自体にひそんでいた。実は正応六年が永仁元年と改元されたのは、その年の八月五日である。だからそれ以前の二月九日に、季長がこの日付を記入できるはずはなく、これはどうみても後日の追記でなければならない。

今から五十余年前の昭和七年（一九三二）、一種の「コロンブスの卵」にも似たこの発見をひっさげて起たれた荻野三七彦氏は、今日なお価値を失わない記念碑的論文「蒙古襲来絵詞に就いての疑と其解釈」[*5]において、この絵巻の成立に鋭いメスをふるわれ、ついには絵巻の製作を南北朝時代、作成の主体は季長以外の第三者とする新鋭を提唱されるにいたったのである。

荻野氏の説はまことに大胆な、しかも切れ味するどいものであった。だが私はかつて別稿「『竹崎季長絵詞』の成立」[*6]でも述べたように、荻野氏が奥書の日付が後年の追書であると発見された功績に多大の敬意を表しつつ、しかも製作年次を引き下げ、第三者を製作の主体とする新説にはついに賛同することができない。また私は「永仁元年二月九日」の日付は、改元の月日を忘れ去ったはるか後年の追書になるための誤りではなく、むしろ改元の年は新年号で一貫させるという原則にもとづく表現であって、場合によってはその年内などごく近い時期の追書でもさしつかえはないと考えるものである。

ところでこの「永仁元年二月九日」をさかのぼることわずか十余日の正応六年正月二十三日付で、季長は彼が地頭として支配した海東郷にある海東社に関する長文の置文を置き記している。すでに荻野氏は『肥後国誌』所収の写によって、この文書の存在に注目されたが、郷社ともいうべき海東社の祭事や修理のための費用、神官らに与える給与などの規定をもりこんでおり、鎌倉武士の地頭としての支配のすがたをうかがう重要な史料といえる。

今の熊本県下益城郡小川町海東こそ、かつての海東郷にあたり、八代平野東側の丘陵部の谷間に位置する。その西の入口付近に鎮座する、もと村社の海東阿蘇神社こそ、海東社にあたるであろう。まさに海東郷の谷の入口を扼する重要な地点を占めている。それより東北に約一・五キロメートル谷をさかのぼったところに、正応六年正月二十三日季長置文を所蔵する塔福寺がある。この寺は、季長の菩提寺として、ちょうど同じ正応六年に建立されたと伝えられている。

さてこれまたすでに荻野氏が慧眼にも指摘されていることだが、正応六年＝永仁元年の正月・二月ごろは、季長にとってなにか一身上の転機となる重要なときだったらしい。文永の役当時二十九歳だった季長もすでに年四十八歳、ようやく老境に近づいている。過去をふりかえって海東郷地頭となる契機となったモンゴル襲来合戦の戦いをおもい、甲佐大明神の神徳や、安達泰盛の殊恩に報謝の念をあらわす心境になっておかしくない年齢である。海東郷の郷社ともいうべき海東社についての長文の置文、菩提寺としての塔福寺の造立、そして絵巻の作成の所伝、いずれもこの時期に集中しているのは、決して単なる偶然ではあるまい。荻野氏のように、季長にとって重要な時期であったことを知る第三者が、はるかのちになってこの時期に仮託したとみるよりは、季長その人が同時に行ったとみるほうが、より素直な見方ではなかろうか。

また絵巻の内容、そして季長をとりまく幕府政治の動向を考えても、この年は重要な年なのである。絵巻の三つの主題——文永の役・鎌倉出訴・弘安の役のそれぞれにおいて、季長の指揮者、あるいはよき理解者としてあらわれた人物は、文永の役のその日の大将武藤景資であり、鎌倉出訴に応じた御恩奉行安達泰盛であり、弘安の役における肥後国の守護代安達盛宗（泰盛の子）なのであった。画面においてもこの三人にはとくに敬意が払われ、その描写も「似せ絵」のように細密である。なかでも泰盛こそ、「奥書」にわざわざあげられるほど、季長にとってながく感謝の対象に仰がれる人物なのであった。

だが実は泰盛も、景資も、盛宗も、三人が三人ともにすでに永仁元年にはこの世の人ではなかった。三人はいずれも弘安八年（一二八五）十一月、幕府内部の政争が爆発した霜月騒動《しもつきそうどう》や一連の事件の犠牲者として戦場の露と消えていたからである。執権北条時宗の舅、貞時の祖父としてこの時期の幕府政治に大きな指導力を発揮した泰盛は、ある意味で北条氏執権政治の伝統の最後のにない手として、地方の御家人武士たちを支持基盤とする政治路線を追求した人物であった。当時多く発生していた「無足の御家人」救済はまた泰盛の念頭をはなれない重要な課題であり、彼の目標の一つであった。まさに「無足の御家人」の代表ともいうべき季長に対し、泰盛が好意を寄せ、恩賞を与えるべく尽力してやったところには、単なる偶然以上の深い縁を感ぜざるをえない。

しかし弘安七年(一二八四)の執権時宗の死後、この泰盛と北条氏嫡流家(得宗《とくそう》)に仕える被官(御内人《みうちびと》)勢力の代表者たる平頼綱との対立・抗争は深まり、ついに翌八年十一月、幼少の執権北条貞時を擁した頼綱は急に兵を集めて鎌倉で泰盛らを滅した。いわゆる霜月騒動である。この抗争はただちに全国に波及し、九州では泰盛の子で肥後守護代の盛宗が、武藤景資らとともに筑前の岩門《いわと》城によって戦ったがついに敗北したほか、泰盛派として滅された者も多く、上野・武蔵両国の御家人だけでも五百余人にのぼったといわれる。

霜月騒動の結果、幕府政治は御家人武士たちの代表者をふくめた合議制、集団指導制を理念とする執権政治の伝統を完全にはなれ、北条氏嫡流家(得宗)とこれに仕える御内人によって行われる得宗専制政治が体制化する。そして泰盛を倒した御内人のリーダー平頼綱による専制がしばらくつづくのである。

しかしちょうどこの永仁元年四月、権力をもっぱらにしていた平頼綱ら一族が、今度は、すでに成人した得宗の貞時によって討伐される(平禅門《へいぜんもん》の乱とよばれる)。それはただ語の真の意義における得宗専制政治の開始を示すにすぎないといえようけれど、このときにあたって旧泰盛派には一種の政治的復権が与えられ、それまで失脚していた要人たちが揃って幕政の中枢部に返り咲いた。金沢文庫《かねさわぶんこ》を建立・維持した好学の武士として知られる北条氏一族の金沢氏の当主で、泰盛の女婿だった金沢顕時もまたその一人であった。

こうした幕府内の政治的気流の変化と対応させてみるとき、絵巻の作成の日付が、永仁元年とされていることには、まことに深い意味がありそうである。泰盛・盛宗・景資ら泰盛派の重要人物たち三人への報謝の念をうたいあげているこの絵巻は、見方によっては、まさに去り行きし良き日々としての執権政治の伝統への、一地方武士のかなでる挽歌でもあった。その背景には、執権政治の完成者北条時頼の政治的基盤を形象化した、あの「鉢の木」伝説の実説版ともいえそうな、没落御家人竹崎季長と、「霜月騒動」で打倒された悲運の政治家安達泰盛との深い結びつきが秘められていたのである。

このようにみるとき、かつて荻野氏のするどい批判の前に、いったんくずれ去ったかにみえた「永仁元年二月九日」という「奥書」の日付にも、一種の復権が与えられねばならないのではないか。たとえばそれは季長の絵巻作成の発意の日付であり、完成後さかのぼって追書されたものとみることも一つの考え方であろう。

注

＊1——石井進「歴史的背景」『日本絵巻物全集IX　平治物語絵巻・蒙古襲来絵詞』角川書店、一九六四年

＊2——工藤敬一「竹崎季長おぼえがき」『日本歴史』三一七、熊本県教育委員会『竹崎城』一九七五年

＊3——池内宏『元寇の新研究』東洋文庫、一九三一年

＊4——鴇田忠正「池内博士の壱岐海戦関係図の誤謬について」『日本歴史』一一七

＊5——『歴史地理』五九—二

＊6——『日本歴史』二七三

霜月騒動おぼえがき

鎌倉時代の後半は社会史上の大きな転換期のはじまりであり、モンゴル襲来から幕府の滅亡にいたるまでの多くの問題をふくむ時期であるが、この時代の前半を対象とした『吾妻鏡』のような著名な史書がなく、基本的史料の公刊がおくれているせいもあって、まだ十分な解明がすすめられていないのは残念なことである。

鎌倉後期の幕府政治史もまた数次にわたる紛争と内乱によっていろどられているが、なかでももっとも重要な事件が、弘安八年（一二八五）十一月の霜月《しもつき》騒動であることは、おそらく誰もが異論のないところであろう。二度のモンゴル襲来をしりぞけた幕府の前執権北条時宗の舅、そして当時の執権貞時の外祖父にあたり、幕府政界の最有力者として時めいていた安達泰盛以下の有力御家人五百余人が、幼主貞時の命によってにわかに討伐されたのがこの事件であり、十一月におこったところから霜月騒動とよばれている。泰盛らを滅した勢力は、当時、得宗《とくそう》といわれた北条氏嫡流家に仕え、本来は御家人より一段低い身分と目されてきた御内人のグループであり、その代表者が時宗・貞時二代にわたって得宗家の家宰をつとめた平頼綱であった。そしてこの合戦以後、幕府政治はかつての御家人武士の代表者多数を加えての合議制を特色とする執権政治の段階に終止符をうち、北条氏嫡流たる得宗が御内人を任用しつつ行う得宗専制政治の段階に移行したと考えられる。

　このような霜月騒動の意義づけは、将軍専制政治―執権政治―得宗専制政治という、いわば三段階論によって、現在の幕府政治史把握の定説をうちたてた佐藤進一氏の『鎌倉幕府訴訟制度の研究』[*1]によって与えられたものであり、ほとんど不動のものといってよい。そしてこの事件自体の解明については、つとに多賀宗隼氏に「北条執権政治の意義」「秋田城介安達泰盛」[*2]の好論文があって、もともと関係史料の乏しいこの事件に関するきわめて零細な史料までが一々ほりおこされ、網羅されている。以後三十年近く、霜月騒動を主題とした論文が一篇もあらわれていない一事をもってしても、両先学の業績の高さを知ることができよう。以下、私の記そうとするのも諸先学の論考にみちびかれて成った、つたないおぼえがきにすぎず、決してなんらかの独自な見解を主張しようとするものではない。

一――安達泰盛の政治的立場について

泰盛の政治的立場を御家人派の代表、執権政治の護持派とみることは誤りないとおもうが、その点をより明確にするためには、前執権時頼の死から霜月騒動にいたるまでのほぼ一年半、彼が幕府政治に大きな発言権をもっていたと考えられる時期の幕府の政策を細かく検討する必要があろう。すでに佐藤氏は『鎌倉幕府訴訟制度の研究』において、ちょうどこの時期の弘安七年八月ごろになされた土地財産権をめぐる訴訟機関としての引付に関する制度改革をもって、権利保護精神の昂揚と特色づけ、引付制の完成と評価しておられる（六九～七六頁）。また最近、網野善彦氏は、これに先立って制定された「新御式目」三十八条のなかに、将軍家への節度正しいあり方の要求と御家人の保護政策、さらに公正な態度の表現をみとめられ、それこそ泰盛その人の政策の反映であると断ぜられた。[*3] これらはいずれも正しい指摘だとおもわれ、こうした見当がさらに積み重ねられることによって、泰盛の政治的立場がさらに明らかに規定されるようになることを期待したい。

二――霜月騒動の原因と経過について

事件の直接の原因については、『保暦間記《ほうりやくかんき》』に、泰盛の子宗景が曾祖父安達景盛は実は頼朝の子であるからと称して源氏に改姓したところ、平頼綱によって安達氏が謀叛《むほん》をたくらんでいると讒言《ざんげん》されたためだと記されている。この所伝の真偽を確かめるすべはないが、多賀氏が指摘されたように、①頼朝が第二回の上洛のとき、京に留めておいた源家の重宝、名剣の鬚切丸《ひげきりまる》を、その後泰盛が尋ね出して手もとにおいていた事実、[*4] ②実朝未亡人の八条禅尼が泰盛を保護者として深くたよっていた事実、などからみると、安達氏が源氏将軍家と深い関係をもち、親しみを感じていたことは明らかであり、伝えられるような事実も十分にありうることとおもわれる。

だが直接の原因はなんであってもよい。すでに泰盛ら御家人派と頼綱ら御内人派の両派の対立はぬきさしならぬところまで立ちいたっていたのであり、なんらかのきっかけをとらえた頼綱は貞時をいただいてにわかに泰盛らを総攻撃するクーデターを敢行したのであろう。

事件の経過は、ほとんど明らかではない。わずかに多賀氏の紹介された東大寺の学僧凝然《ぎょうねん》自筆の「梵網疏日珠鈔《ぼんもうしょにっしゅしょう》」巻第卅の紙背文書中の一節に「奥州入道十七日巳尅マテハ松か上ニ住、其後依世中動、塔ノ辻ノ屋方へ午時ニ被出けるニ」云々とみえるのが、ほとんど唯一の手がかりを与えてくれる。[*5] 安達氏の本邸は代々鎌倉の甘縄の地におかれていたが、それ以外にも松谷に別宅のあったことが、『建治三年記』の六月十三日条に「松谷別庄」としてみえている。霜月騒動の当日の巳の刻まで泰盛がいたという「松か上」とは、この別宅ではないだろうか（松谷の内には「松カ枝」という小字もあるようである。「松か上」はあるいは「松カ枝」かもしれない）。泰盛は当時すでに家を嫡子宗景に譲っていたから、甘縄の本邸も宗景に与え、自分は松谷に隠居していたとも考えられる。ともあれ、その日の午前まで別宅にいた泰盛は、情勢が不穏なのをみて、午時に塔ノ辻の安達氏の館に出かけたという。塔ノ辻とは小町大路と横大路との交わるあたり、将軍の御所や貞時の館の間近である。おそらく情勢に対処して、まだ十四歳の幼主貞時の身柄をおさえようとしてあらわれたのであろうが、ここで頼綱側の攻撃をうける破目におちいってしまった。上の史料ではつづけて、「被参守殿者、死者卅人、手ヲイハ十人許《ばかり》」と記している。意味は必ずしも明らかでないが、守殿、すなわち貞時の館に参入した安達氏側が攻撃をうけ、大きな損害をうけたことを示しているようだ。以後、戦いは主として塔ノ辻の館を中心にくりひろげられ、ついに将軍の御所まで火がかかって焼失する（『鎌倉年代記裏書』）事態となったが、申刻までに勝敗は決し、泰盛側の武士の大半は討たれ、あるいは自害して滅び去ったのである。

三――泰盛派の構成について

『保暦間記』では、「兄弟一族、其外刑部卿相範・三浦対馬守・隠岐入道・伴野出羽守等」を「方人《かたうど》」としてあげ、『鎌倉年代記裏書』では「合戦之時非分被誅輩」として「刑部卿相範・三浦対馬前司・懐島隠岐入道・伴野出羽入道・大宰少弐・大曾禰上総前司・足利上総三郎・南部孫次郎等」の名を記しているが、多賀氏の紹介された「梵網疏日珠鈔」巻第卅の紙背文書中には約五十名をこえる自殺者の名簿が残されており、泰盛派として滅亡し去った武士たちの構成を知ることができる。*6

まず安達氏の一門についていえば、前陸奥入道(城入道《じょう》)泰盛をはじめとして、その嫡子秋田城介宗景、泰盛の弟前美濃入道長景、城大夫判官入道(十郎判官入道)時景、城五郎左衛門入道重景ら。泰盛の甥城太郎左衛門尉宗顕・三郎二郎義宗、ほかに一族の城左衛門太郎、左衛門次郎、城七郎兵衛尉らの名がみえる。また安達氏の分流にあたる大曾禰氏一族には前上総守(上総介)大曾禰宗長、大曾禰左衛門入道義泰の二人がいる。

次に泰盛の母の実家にあたる甲斐源氏小笠原氏の一族では、当時の小笠原氏の惣領にあたる伴野出羽守長泰や一家の伴野三郎や同彦二郎がおり、小笠原十郎・小笠原四郎や、武田小河原四郎、それに秋山の人々も同じ甲斐武田氏の出身である。
三浦対馬守は相模の豪族三浦氏の一族で、宝治合戦後も三浦氏の家名を伝えた三浦葦名氏の頼連であり、葦名四郎左衛門尉・同六郎はともにその一族である。なお三浦頼連か弟の行連は、建治前後ごろに北条時輔のあとをうけて伯耆国の守護人に任命された、当時の有力者である。[*7]また『蒙古襲来絵詞』にえがかれた甘縄の泰盛の館で、泰盛の侍に出仕している人物の一人に「あしなのはんくわん」と注記されていることからも、三浦葦名氏と泰盛の関係の深さをうかがうことができよう。

こうした守護クラスの武将としては、ほかにも建治前後に石見国の守護だった伊東三郎左衛門がおり、伊藤太郎左衛門尉もその一族らしい。伊東・伊藤ともに同じで、本来伊豆の伊東を本拠とした豪族である。また上総三郎左衛門尉と記されている人も足利上総三郎と同一人らしく、足利氏の一族で建治前後に越前国の守護人に任命された吉良満氏であろう。

その他、守護ではないが、懐島《ふところじま》隠岐入道は政所執事二階堂氏の一族で引付《ひきつけ》衆の二階堂行景、大宰少弐は引付衆の武藤景泰、武藤少卿左衛門尉もその一族という有力者であり、田中筑後五郎左衛門尉・田中筑後四郎は常陸国守護八田（小田）氏の一族で、同国田中荘の地頭職を相伝した家の出身、殖田又太郎入道は大江広元の子孫の泰広、小早河三郎左衛門尉は土肥氏の直系小早川氏の一族、和泉六郎左衛門尉は天野景村、筑後伊賀四郎左衛門尉は伊賀景家、足立太郎左衛門尉は足立直元というように、いずれも御家人武士として名のある一族が網羅されていることに注目しなければなるまい。

しかも「此外武蔵・上野御家人等自害者、不及注進」とあり、自害したり、討たれたりした者は「五百人」にのぼるという。もって泰盛派の勢力の大きさをうかがい知ることができよう。曾祖父盛長以来安達氏が守護の地位を世襲してきた上野国において、多数の泰盛方の武士があらわれたことは、あるいは怪しむにたらないことかもしれない。しかし、関東平野の中心部に位置する武蔵国は、かつて安達氏が守護だったことのない国であり、この国の御家人多数が泰盛派に与《くみ》したことは、彼の政治的基盤がどこにあったかをよく明示するものではないだろうか。

さらに、これ以外に、泰盛派として事件に連坐し、あるいは失脚し、あるいは流罪にされたりした人物が何人もある。北条氏一門で金沢文庫の主人だった北条（金沢）顕時は、泰盛の娘婿にあたるため、拘禁されて下総国に流されたし、大江広元の子孫で当時、評定衆・引付衆の要職にあった長井時秀・宗秀父子も、下野国の豪族で評定衆だった宇都宮景綱も、ともに泰盛の縁者として失脚してしまった。

また『保暦間記』『鎌倉年代記裏書』の双方ともに泰盛側の死者の第一に数えている刑部卿相範とは、京都から下ってきた藤原氏一族中の儒者で将軍に仕えていた貴族らしい。こうした人物が泰盛派として討たれているところに、その基盤の広さをみとめることができよう。

さらに事件は鎌倉だけでなく、たちまち諸国に拡大し、各地で泰盛派が討たれ、あるいは自害した。その事実についてはすでに多賀氏が詳しく触れておられ、とくに九州で泰盛の子盛宗、武藤景資らが討滅されたいわゆる岩門合戦については相田二郎氏の『蒙古襲来の研究』[*8]や、川添昭二氏の論文「岩門合戦再論」[*9]などに詳しいので、これ以上触れないこととする。

以上、くだくだしいおぼえがきを書き連ねてきたが、霜月騒動そのものに関する史料の乏しさはついにいかんともしがたいものがあった。だが、にもかかわらず私は今でもなおこの事件自体や、さらに泰盛派の人々に対する追求の念、とどめがたいもののあることを感じている。ごくかいつまんで述べれば、それはこの事件の敗者となった泰盛派の人々のえがき出した鎌倉幕府史こそが、実は現在のわれわれの前にある史書『吾妻鏡』そのものではないか、と考えるからであり、また『吾妻鏡』なきあとの幕府政治史の一端をかいまみせてくれる一等史料『金沢文庫古文書』もまた、ひろくいえばその系統に連なる文書群だとみとめるからである。金沢文庫の主人北条顕時が泰盛の娘婿として流罪にされたあと、数年を経て平禅門の乱がおこり、御内人のリーダー平頼綱以下は成長した貞時によって討伐された。かくして顕時はじめ長井宗秀・宇都宮景綱らはいずれも政界の中枢に復帰することとなった。もとよりそれはかつて泰盛の志向した政治とはまったく異なる、語の真の意味での得宗貞時の専制政治下への復帰にすぎなかったが、しかも今に残り伝わる関係文書群が多く旧泰盛派の彼らの系列に属している事実自体、鎌倉後期の幕府政治史を研究する際にまず留意しておかなければならぬ点だと考えられるのである。

注

＊1――畝傍書房、一九四三年／目黒書店、一九四六年
＊2――ともに『鎌倉時代の思想と文化』目黒書店、一九四六年所収
＊3――「『関東公方御教書』について」『信濃』二四巻一号
＊4――『鎌倉遺文』一六〇六六
＊5――同一五七三五
＊6――同一五七三四～三八
＊7――佐藤進一『増訂鎌倉幕府守護制度の研究』東京大学出版会、一九七一年。なお以下の守護に関する記述はすべてこの著書によっている。
＊8――吉川弘文館、増補版、一九八二年
＊9――『九州中世史の研究』吉川弘文館、一九八三年所収

金沢文庫と『吾妻鏡』をめぐって

鎌倉時代史を明らかにするための基本的史料として、まずあげられるのは、鎌倉幕府創立以来の歴史を日記体で記した史書の『吾妻鏡』である。永井路子さんも述べておられたように、この史書は色々の意味でまことに興味深い本なのであるが、残念なことには文永三年（一二六六）で筆を絶っている。だからこと幕府に関しては以後、史料上の暗黒時代だといってもいいすぎではない。

この暗黒のなかに一条の光をなげかけ、幕府政局の動きや北条氏の経済的基盤の一面を明らかにしてくれる貴重な史料群がある。それこそ今の横浜市金沢区にある金沢文庫《かねさわぶんこ》に伝わってきた『金沢文庫古文書』にほかならない。

金沢文庫といえば足利学校とならぶわが国中世の教育施設として、あるいは図書館として有名である。その創立は足利学校より相当に古く、鎌倉時代中期、ほぼ七百年ほど以前にさかのぼる。北条氏執権政治の盛期をつくり上げた執権北条泰時の弟にあたる実泰は、鎌倉からほぼ真東に山をこえた東京湾岸にある武蔵国六浦《むつら》荘（ほぼ今の横浜市金沢区にあたる）を与えられ、実泰の子の実時が六浦荘内の金沢村に別邸を建てて、蔵書をおさめる文庫を邸内につくったのがその起源とされている。実時は幕府の要職を歴任しただけでなく、学芸を好み、京都下りの学者について学問にはげんだが、一方、金沢村の邸内に称名寺という寺院を建立した。以後、金沢文庫と称名寺は同じ邸内にあって、実時の子顕時、孫の貞顕らの庇護をうけつつ相互に深い関係をもって発展していった。

六浦荘は東京湾の深く湾入した入江にのぞむ良港であり、鎌倉と房総半島とを結ぶ最短距離に位置を占め、港としては必ずしも条件のよくない鎌倉の外港として繁栄した。今も残る「三艘」の地名は、唐船三艘が来泊したことからおこったというが、遠い中国との貿易船も入港したのである。この地の猫はそのころの中国からの舶来の猫の子孫だとされ、とくに「金沢猫」とよばれて江戸時代にも珍重されたという話もある。それはともかく、今日にも伝えられている称名寺の青磁の壺や文庫の中国刊行の書籍などは、まさしく中国との活発な文化交流のあとを物語るものである。

ところで『金沢文庫古文書』とは、現にこの文庫に伝えられた総計四千余通にのぼる文書の総称である。その多くは紙が貴重品であった当時、一度手紙などに使用されたのち、裏をかえしてまた別の書物などを書写したために残された、歴史家のいう「紙背文書《しはいもんじょ》」である。そのためにいくつもの断片に切られており、差出人が誰か不明のものが多いが、実時の子孫の金沢氏の一族や称名寺の寺僧たちの往復書簡が多くの部分を占めている。金沢氏が北条氏の一族として幕府内に重きをなしており、とくに貞顕は執権に就任するほどの活躍ぶりを示したので、自然、文書の内容も幕府内部の政局の機微に触れたものが多い。当時の鎌倉の状況を「田楽之外他事無く候」と述べて『太平記』などに伝えられている北条高時の田楽への熱中ぶりを物語っている貞顕のわが子への手紙も有名であり、高時の病気辞任後、そのあとを追って執権の座についた貞顕が、幕府内部の複雑な政争のあおりをくらって就任後わずか一ヵ月余りで辞職・出家するまでの事情の一端をもらした書状なども代表的なものといえるだろう。『吾妻鏡』のような編纂された史書ではないだけに、断片的ではあってもまさに事態の真実の側面があらわれているわけで、鎌倉末期の、とくに幕府内部の政情はこの『金沢文庫古文書』なしには語れないのである。

さて『吾妻鏡』といえば、不思議にも金沢文庫との間にはいくつもの縁がある。現存する『吾妻鏡』諸本の多くは、応永十一年（一四〇四）に「金沢文庫御本」を写した古写本の系統をひくものであり、今は残っていないけれど、当時はたしかに「金沢文庫御本」があったのである。また『吾妻鏡』編纂の原拠の一つとなったことが、佐藤進一氏などによってほとんど確実だと推定されている鎌倉滞在中の二条教定という貴族の日記の一節も、『吾妻鏡残簡』と称せられて現に金沢文庫に所蔵されている。あるいはまた龍粛氏によって『吾妻鏡』編纂の材料として提出されたのではないかと推定されている幕府問注所執事の三善康有の日記『建治三年記』も、もともとはこの文庫に伝わっていたものである。

すでに明治の末年、「吾妻鏡古写本考」(『史学雑誌』二三―一〇)という論文で、『吾妻鏡』が全部のちに編纂された史書であることを論証された和田英松氏は、本書中、実時に対して敬語が用いられていることに注目され、「実時夙に文学を好み、和漢の典籍を集め、金沢文庫を創建したるによれば、此書の編纂に関係ありしものならんか」とするどい指摘をされている。上に述べたような『吾妻鏡』と金沢文庫の不思議な縁をあわせ考えるなら、この史書の編纂と金沢氏一族、金沢文庫との間にはまさに切っても切れない関係があるといってもよいだろう。

『吾妻鏡』叙述の基調があくまでも北条氏執権政治擁護の立場のうえにおかれていることは、金沢氏の性格上、当然のことである。また本書では一般御家人武士のうち、とくに安達氏の行動に大きくスポットライトがあてられている感が深いが、当時の幕府政界にあって、御家人派を代表する有力者安達泰盛と金沢氏とは婚姻関係においても深く結ばれている間柄であったから、これもまた金沢氏を主体とする『吾妻鏡』の編纂説によって容易に解釈できる。そしてまた、『吾妻鏡』の前半はほぼ文永年間(一二六四〜七五)までにつくられ、後半は正応三年(一二九〇)から嘉元二年(一三〇四)までに書かれたという、八代国治氏の『吾妻鏡の研究』(一九一三年）以来ほとんど定説化している編纂年代観についても同様である。というのは、前半部と後半部の編纂年代の間には、かつての実力者安達泰盛らの一派が討滅された弘安八年（一二八五）の霜月騒動があり、金沢顕時もこれに連坐して下総国に配流されたからである。のちに十年たらずで顕時はゆるされ、政界に復帰するのであるが、この事件こそ『吾妻鏡』前半部と後半部の編纂年代の差を説明してくれるのではあるまいか。

このように考えてくると、どうも金沢氏一門による『吾妻鏡』編纂説にはなかなかに捨てがたい魅力があるようにおもわれてならないが、いかがなものであろうか。ともかくも金沢文庫と称名寺の歴史的意義はまことに大きく、それをめぐる問題にはなお未解決のものが少なくないのである。

『吾妻鏡』の欠巻と弘長二年の政治的陰謀（?）

鎌倉幕府創生期以来の歴史を知るためのもっとも根本的な史料＝『吾妻鏡』に関する研究の歴史はすでにながいが、その内面的批判研究はようやくはじめられたばかりといってもよい状況にあり、未解決の問題はなおいたるところに残されている。通計して前後十年間におよぶ本書の欠巻部分をいかに理解するか、という問題もまさしくその一つであろう。たしかに、今日手にしうる『吾妻鏡』が、かつて一度は散佚して多くの欠巻を生じたものであろうことにはなんの疑いもない。たとえば、北条本系統の巻首にある目録に載せられている「四十五巻　建長七年」を、われわれが現在すでに見ることができない事実が端的に示しているように。しかし、だからといって、ほかの欠巻のすべてもこれと同様であったと断定してしまってよいのであろうか。

幕府の創立者にしてその偉大な指導者源頼朝の死と、そこにいたるまでの建久七・八・九年（一一九六〜九八）、三ヵ年間の空白。外には木曾義仲や京都の院政政権との外交交渉、その成果としての十月宣旨、内には挙兵以来の有力者上総介広常の誅殺にみられるように幕府成立期のもっとも波瀾に富んだ画期として重要な寿永二年(一一八三)の脱落。そして北条氏執権政治の盛時を招来した指導的政治家北条泰時の死の年である仁治三年(一二四二)の欠巻。これらすべては果して単なる偶然的散佚の結果にすぎないのであろうか。どうもそうはおもえない。ここにはなんらかの隠された理由がある。むしろ私はここにある種の作為の存在をこそ嗅ぎあてるべきではないかと考えるのである。

大胆に言い切ってしまうならば、北条氏執権政治護持の立場からする真実の歪曲、美化、あるいは隠蔽という『吾妻鏡』の編者にとっての至上の要請の前に、これらの年々の叙述は困難をきわめ、ついに未完成のままほうり出される仕儀に立ちいたったのではあるまいか。これが私のごく大ざっぱな見込みなのであるが、勿論それはまだ一つの仮想にしかすぎない。それがある程度の仮説たりうるか否かを検討するためには、まずそれ以外の欠巻部分、建長元年(一二四九)・正元元年(一二五九)・弘長二年(一二六二)・文永元年(一二六四)という四ヵ年についても同様の事態を推定できるかどうかをとりあげねばならない。ただその場合、私は偶然的散佚の事実自体を決して否定するわけではなく、『吾妻鏡』欠巻の理由のすべてを上記の仮想で割り切ろうというのではないから、問題の四ヵ年の全部について政治的にシリアスな事件の勃発を論証する必要はないであろう。しかし『吾妻鏡』以外のかなり乏少な史料のみによっても、これらの年々に若干の政治的事件の痕跡を発見することは比較的容易である。

すなわち建長元年には北条時頼による引付制の創設があり、文永元年には執権北条長時の死と政村・時宗の襲職がある。とくに『吾妻鏡』の編纂とかなり密接な関係があったかと推定されている政村・時宗の執権・連署就任に際して、翌々文永三年の将軍宗尊親王の廃立事件へと結びつくなんらかの政治的事件の存在を想定してもさほど大きな誤りとはいえまい。

そして長時の死の前々年、弘長二年（一二六二）、まさに『吾妻鏡』の欠落しているこの年にもまた相当の政治的陰謀事件が欠けてはいなかった。「かまくらにひそめく事あてめさるゝあひた、いのちそんめいしかたきによりて」という理由で出発前に嫡子弥二郎季高に肥前国朽井村地頭職田畠山野等を譲った同年九月廿九日付の同国国分寺地頭藤原忠俊・母堂松浦鬼丸藤原二子連署譲状（多久文書）によって、それは明らかである。では「ひそめくこと」とはいったいなんであったのか。肥前国の地頭御家人までが召集令をうけているところからすれば事態は相当深刻であり、陰謀はかなり危険なものであったにちがいないが、他の関係史料は口を閉じてなに一つ語ってはくれず、これまでの研究者も誰一人この事件に注目してはいないので詳細はこれ以上不明だというほかはない。この六月、五方引付が三方引付に改変されたこと、あるいは前年六月に摘発された三浦氏余党の陰謀などが、この事件とどのように関係しているか、それらはまったくの謎である。私としてはただ従来見のがされてきたこの事件の存在を指摘し、今後の研究を期待するだけである。ただ偶然かもしれないが、『吾妻鏡』編纂の材料として注進されたものかと推測されている『建治三年記』の筆者、二十余年にわたって問注所執事の職にあった三善康有がはじめて執事となったのも同じ年の三月であったことは、若干の興味をひく事実といえよう。もし康有の登場とこの陰謀との間になんらかの連関をたどりうるならば、『吾妻鏡』の欠巻の理由づけにもならないことはないのであるが……。

もう止めよう。はじめ「仮想」だとことわった私の見込みは「仮想」たりうるどころか、ついに「妄想」にまで転落してしまったらしいから。

鎌倉に入る道・鎌倉のなかの道

『一遍聖絵』にみる鎌倉入り——小袋坂の情景

鎌倉と道といえば、関東地方の各所に今もそのあとをとどめている鎌倉街道のことが、まず思い出されるであろう。あるいは雑木林のなかのかすかな踏みあととして、あるいは古いたたずまいを残す村のなかの道として、ときには現代的な住宅街、工場地帯のなかに消えていきながら、鎌倉街道の道あとは、今日もなお点々としてつづいている。かつての鎌倉街道は、「いざ鎌倉」のときに、将軍＝鎌倉殿の御恩にこたえるべく武士たちが馬を走らせた道であった。それはまた同時に武士だけでなく、東国の中心都市として新たに勃興した鎌倉をめざして行く商人や遍歴の民、あるいは流亡の人々の通過する道でもあった。そして鎌倉から東国の各地へと新しい情報や物資、文化などが伝えられてゆく道筋でもあった。

弘安五年（一二八二）、モンゴル軍の二度目の日本来襲をからくも撃退しえた翌年の春のことである。念仏をすすめる一遍の一行は、「なかさこ」の宿をたってから、鎌倉街道を南下していよいよ鎌倉の町に入ろうとしていた。出発前、一遍は一行に対して述べている、「鎌倉入りの作法にて化益の有無をさだむべし。利益たゆべきならば、是を最後と思ふべし」と。まさに一遍は鎌倉での布教にその運動の成否をかけていたのである。

その鎌倉入りの情景は、『一遍聖絵』の著名な一齣のなかに見事に再現されている。鎌倉の北の入口にあたる小袋坂《こぶくろ》をこえて町に入ろうとする一遍の一行は、ちょうど入口を固める「木戸」のところで、今しも山の内（今の北鎌倉一帯）の別邸に向かおうとする幕府の執権北条時宗らと行きあい、正面から対決をこころみている。鎌倉での布教を阻止された一遍は、なお武士たちをふり切ってなかに入ろうとし、問答を重ねている。そのときすでに一遍一行の後尾に従っていた覆面や蓬髪、コモや傘をかついだ数人の乞食たちは、ムチをふり上げる小舎人らに追い立てられ、「木戸」の前から先を争って逃げ去っていく。

こうして「徒衆」をひきいての鎌倉入りを禁止された一遍は、その夜は道のほとりで念仏を供養したところ、これを伝え聞いた鎌倉中の人々が大勢集まった。そして翌日からは鎌倉郊外の片瀬（江の島の対岸）に移り、以後半年ほどこの地にとどまって、鎌倉はじめ各地から群れ集まってきた人々を教化したという。その有様も『聖絵』には詳しくえがかれている。

それにしても「木戸」の内側には、大路に沿って両側に家が立ちならび、道の中央には溝が走る。そして道行く男女や、家のかげからほえ立てる犬の姿など、鎌倉時代の鎌倉をえがいた唯一の同時代の絵画の一齣が、同時に鎌倉での布教に運動の成否をかけようとする一遍と、鎌倉の内部での布教を禁止しようとする幕府という、中世都市鎌倉をめぐる基本的対立の一面を見事に切り取っていることには驚かざるをえない。そして道路と「木戸」が、まさに両者対決の場所としてあらわれることに注目しておきたい。

境界のもつ属性の表現——北の主要通路、化粧坂

だが、鎌倉街道がまさに鎌倉の町に入ろうとする、その入口付近の情景は果してこの『一遍聖絵』にえがきつくされているのであろうか。私がおもうには決してそうではない。これほどの鮮明な画像はほかに残されていないけれど、いくつかの文献上の記載、今なおあとをとどめている若干の遺跡、そして歴史考古学の成果、それらを重ね合わせてみることで、都市鎌倉の境界、周縁部に展開していたかつての景観を今少し復原してみることは十分に可能である。

まず一遍の入ろうとした小袋坂はさておいて、同じく北方からの主要な通路である化粧坂《けはいざか》から考えよう。建長三年（一二五一）、幕府が鎌倉のなかでとくに大町・小町など七ヵ所の場所を

えらんで公認の商業地域として指定した。その一つは実にこの「化粧坂上」であった。現在も中世以来の雰囲気を残す化粧坂を鎌倉の内側から上り切ると、そこは葛原岡の丘の上で、今は公園化されてしまい、かつての景観を想像することは困難である。しかし武蔵大路とよばれる中世の主要な鎌倉街道沿いの境の地であるし、地形的にも平坦で、この坂の上一帯が商業地域としてにぎわったことは十分納得がゆく。伝説によれば、昔、この地には遊女がいて化粧に熱心だったので、「化粧坂」という名がついたという。また流布本の『曾我物語』以後は、曾我五郎時致の愛人として化粧坂の少将なる佳人の活躍が物語られる。鎌倉の入口の繁華街であれば、そこには当然、多くの遊女がたむろしていたであろう。

ところで化粧坂は決してこうした華やかな面ばかりもっていたわけではない。「落花の雪に踏みまよう……」ではじまる『太平記』の著名な道行の一段、俊基東下りの主人公である後醍醐天皇の謀臣日野俊基が、正中・元弘の変の倒幕計画破れて捕えられ、鎌倉まで護送されたあげく、ついに斬られる、その処刑の場は、実にこの化粧坂であった。今も俊基の墓といわれる石塔が葛原岡に立っているが、その真偽はともあれ、付近には古塚も見られる。鎌倉の境であるこの地は、南の由比ケ浜などの海岸、あるいは西の郊外の片瀬などとならんで、中世の刑場でもあったのである。商業地域であり、多くの人々の集まる場でもあったこの地が、同時に処刑の場でもあったことは容易に理解できる。またこの付近は中世の鎌倉地方に特有の横穴式墓地ともいうべき「やぐら」の集中する葬送の地の一つであった。そして葛原岡の東北方にある東瓜ケ谷は、「やぐら」葬法のできなかった一般庶民の風葬の地かと推定されている。

こうして化粧坂周辺には、商業地域・市場・遊女、そして刑場と葬送の地という性格がまつわりついている。山口昌男氏のいう「周縁的な部分」によくあらわれる、それ自体「人間が移行する状態を徴《しる》す[*1]」化粧坂の名を負う場所であるだけに、ここには境界のもつ属性が明らかに表現されている。内と外との接触する場所であるがゆえに、そこには交換・商業がさかえ、遊女たちが集まるのである。和泉・摂津両国の境に発展した堺の町も、同様な性格をより大規模に表出した場所であろう。そして同時に化粧坂が刑場であり、葬地でもあったとすれば、市場と墓地・葬地はともに「無縁」の場であるとする近年の網野善彦氏の主張[*2]がただちに思いおこされるのである。

墓地・葬地としての遺構——名越坂の「やぐら」

ところで鎌倉の西北部の化粧坂に対して、東南方の三浦半島からの入口は名越《なごえ》坂である。この周辺地域には、近年大規模な宅地造成が計画され、これに対する保存運動の高まりのなかで詳しい調査が行われた[*3]。この結果、名越坂は交通の便のために山を「切通《きりどお》」した道であるとともに、いったん戦時状態となるや、鎌倉を防衛する施設ともなるように、空堀や切岸《きりぎし》などを組み合わせた強固な要塞ともいうべきものだったことが明らかとなった。とくに名越坂の北方の山の尾根には、断崖のように山腹を削りおとした大切岸が長さ八百メートルも連なって、切通以外の場所からの鎌倉への侵入を防いでいることが印象的である。

中世の鎌倉は、ある意味で中世ヨーロッパをはじめとする世界各地の都市のような囲郭都市とみることができるが、まさに名越坂一帯にはこうした防衛線のあとが、今日もなお残されているのである。このように重要な遺構が、たまたま現在は逗子市内であるために古都保存法の適用外とされ、うっかりすれば破壊されそうになっていることはまことに残念でならない。化粧坂一帯にも以前は空堀などのあとがあったというが、もはや姿を失い、その他の鎌倉の入口にもこれだけの遺構はみとめられない現在、名越坂付近は他にかけがえのない史跡というべきであり、なんらかの保存の手段のとられることを切望したい。

名越坂の付近一帯はまた、多数の「やぐら」の密集地であり、墓地・葬地としての性格のきわめて濃厚な地域である。その点でも化粧坂とは共通性があり、さらにいえば、一遍の入ろうとした小袋坂の北側の建長寺一帯は、それまで地獄谷とよばれ、墓地・葬地、あるいは刑場であったことがおもいおこされる。そして鎌倉と西の正面、極楽寺坂一帯も、寺の建てられるまでは地獄谷とよばれていたという。ここも同じく葬地だったのであろう。

このようにみてくれば、『一遍聖絵』のえがかなかった鎌倉の入口の情景として、あの木戸以外にも防備厳重な切通、空堀、大切岸など、そして市場など繁華な商業地域や遊女の存在、さらに凄惨な刑場、葬地・墓地の光景を見おとすことはできないのである。絵巻物でいえば、あの『六道絵』の「餓鬼草子」中の著名な一段、古塚や石塔の群の間にあらわれて死屍をむさぼり食っている餓鬼たちの姿や周辺の葬地の荒涼たる景観を重ねあわすことが必要なのである。

神聖な神の道と軍事道路——中心を走る若宮大路

さて、こうした境をこえて鎌倉の町に入ろう。鎌倉のなかの道路といえば、その宗教的中心にあたる鶴岡八幡宮からまっすぐに南の海岸へとのびる若宮大路をはじめとして、ほぼそれと平行する小町大路、両者と交わってほぼ東西に走る大町大路など、いくつかの道路が有名である。なかでも若宮大路は、その中央を走る置石の道（段葛《だんかつら》ともいう）や、今も鎌倉の中心をなす主軸道路の役割を果している点で、多くの人々に親しまれている。しかしバスや自動車の渋滞する今日の若宮大路の姿はもちろん、その幅や構造についても決して中世のものではない。この事実をはっきりさせてくれたのは、最近になってようやく発展してきた歴史考古学のたまものである。若宮大路沿いのいくつかの場所で、建物のたてかえ、ビルの新築の際に行われた発掘の成果をまとめられた大三輪龍彦氏は、ほぼ以下のように述べておられる。

鎌倉時代の若宮大路は、両側を土手に囲まれた窪地状の一直線の道路で、その幅は現在より広く、五十〜六十メートルぐらいはあったろう。ただし人々の通行できたのはその中央の、今の段葛の部分で、ここに河原石の玉石を敷きつめて参道としていたのではないか。幕府をはじめ有力な武士の屋敷は若宮大路の東側に多く、土手も西側よりは東側のほうが高かったらしい。発掘してみると大路に近い側には家の台所、あるいは鍛冶のあとなど裏側にあたる部分が出てくるので、若宮大路に沿った屋敷は、実は大路には背を向けて建てられていたと推定される。したがって大路の両側に武士の屋敷の門がならび、すぐに大路に飛び出すなどということはできなかった。両側には土手がつづき、軍事上も重要な、一種の防衛線の役割を果していたのであろう、と。[*4]

ここにえがかれた若宮大路の情景は、今日のそれと大きく異なっている。宗教的中核である鶴岡八幡宮の参道、神聖な神の道であると同時に、重要な軍事道路であるという側面が見事に明らかにされており、『鎌倉市史』を頂点とする、従来の文献中心の研究がどうしても破ることのできなかった壁が突破されて新たな展望がひらかれたことは疑いをいれない。今後さらに広範囲の発掘によって中世鎌倉の町や道路の実態が明らかにされることを期待したい。

内の道路の「無縁」的性格——長勝寺遺跡の意味

ところで文献史学の立場から当時の鎌倉の実態をうかがうには、幕府が鎌倉の町に対して出した法令をみるのが、まずもっとも有力な手がかりとなる。そのいくつかを紹介してみよう。「鎌倉の中では、殿上人《てんじょうびと》以上・僧侶・六十歳以上の御家人をのぞいて、輿に乗ってはならぬ」「雑色《ぞうしき》・舎人《とねり》・牛飼はじめ道々の工・商人らの凡下《ぼんげ》（平民）が、鎌倉の中で馬に乗ることは一切禁止」「僧侶が僧兵のように頭をつつんで鎌倉中を横行してはならぬ」「編笠をかぶって鎌倉を歩くこともならぬ」、という具合で身分に応じての交通上の規制もなかなかにきびしい。

鎌倉内部の行政単位ともいうべき保《ほう》には、保奉行人とよぶ役人がおかれていた。彼らの取りしまるべき対象としては、盗人、放火、悪党をはじめ、道路で女性を捕える「女捕《めとり》」、誘拐、人身売買、博奕などが数えあげられているが、「旅人」もまたその一つとされているところは、さすがに警戒厳重な幕府のおひざ元というべきか。辻々で琵琶をひきながら平家物語を聞かせるような「盲法師」も、さらには辻々での相撲も禁断の対象とされている。「女人を招き寄せ、濫行をこととし、魚・鳥を食い、酒宴を好む」ような「念仏者」たちの家はたたきこわし、身柄を鎌倉から追放せよ、と宗教的な禁令もきびしい。一遍の一行の鎌倉入りが阻止されたこともおもいあわされる。それにしても鎌倉からの追放とは、人身売買専門の「人商《ひとあきない》」に対する処分と同じく、相当に苛酷である。

道についても「牛を道路につなぐな」「つねに掃除せよ」「橋も修理しておけ」からはじまって、「家のひさしを道路にさし出すな」「道ばたの溝の上に小家をつくりかけるな」「新たに家をつくって道路をせばめるな」と、清掃、保持についての規定が多く、保奉行人の重要な職務であった。鎌倉の急激な人口増加にともなって、家が次々と道路にせり出してゆく状況をみてとることができる。そのなかで「家の前の道路を掘り上げて家をつくるな」と命令しているのはなぜか。大三輪氏のお話によると、若宮大路の周辺からは中世のたて穴式住居が何ヵ所か発掘され、これが鎌倉の町屋ではないかと推定されているそうである。掘り上げて家をつくる、とはまさにこのたて穴式住居にぴったりではないか。歴史考古学の成果と法令との一致は実に面白い。

そういえば名越坂の入口にも近い、車大路沿いの長勝寺遺跡からは、鎌倉時代後期の、掘立て柱、吹きぬけの小屋がけの市場のあとと思われる遺構が発見されている。中世の地方の市場として有名な『一遍聖絵』の備前の福岡市《ふくおかのいち》の情景さながらであったかと想像されるが、さらに注目すべきは、室町時代の中期になると以前の市場のあとが、今度は庶民の共同墓地となっていることである。*5 同時期に併存していたとは断定できないが、大路沿いの市場と共同墓地が、同じ場所から重なって出土してきたとは、まことに興味深い。鎌倉の境、入口だけではなく、鎌倉のなかにおいても道路沿いの地域には同様な性格がみとめられるのであろうか。

弘長元年（一二六一）、幕府の出した新制六十一ケ条には、鎌倉に対する幕府の禁令が多数まとめられているが、その最後では次のように命じている。「病人・孤児や死屍を路傍に棄てるな。病人・孤児らを棄てている現場を見つけたら、すぐに禁止せよ。ひそかに棄てておいた場合には、保々奉行人の責任で「無常堂」（一種の社会施設）に送れ。死屍や牛馬の骨肉は取り棄てよ」。

この禁令をみるとき、鎌倉の内の道路にもまた、網野氏の「無縁」にも似た性格をみとめないわけにはいかない。もちろん幕府はそれを禁止しようとしている。すでに古代の律令の規定以来、都の市内と道路の側には墓をつくり、埋葬することを禁じていた。鎌倉時代にも、豊後の守護大友氏の出した法令の新御成敗状のなかには、守護所のおかれていた豊後の府中（今の大分市内）に対して、「府中に墓所をつくることは一切みとめない」という一ケ条がある。この新御成敗状は、ほとんどが御成敗式目はじめ幕府法によって立法されたものであるので、府中の墓地禁止令に先行して「鎌倉のなかには墓地をつくるな」という禁令が出されていたことは十分に考えられる。すでにみたような人口の増加、都市としての急成長のなかで、たださえせまい鎌倉の町内での墓地は禁止されたのであろう。

それにしても鎌倉の内の道路の性格を考えることはむつかしい。上の大友氏の法令では、府中の道路をハレの大路といい、それゆえに産屋を建てるな、といっている。これもまた鎌倉に共通する属性であろうが、若宮大路に顕著な、聖なる道、そしてこのハレの大路が、「無縁」的性格をもつと同時に、葬送の場でもあったということを、全体的にどうとらえたらよいのか、これからの大きな課題であろう。

注

＊1――山口昌男「文化における中心と周縁」『知の祝祭』青土社、一九七七年

＊2――『無縁・公界・楽』平凡社、一九七八年、増補版一九八七年

＊3――『逗子市名越遺跡』逗子市教育委員会

＊4――大三輪龍彦「鎌倉の町」『地方文化の日本史三　鎌倉武士西へ』文一総合出版、一九七八年、および座談会「発掘遺跡が証言する中世鎌倉の新事実」『有隣』一三二号、のち大三輪龍彦編『中世鎌倉の発掘』有隣堂、一九八三年所収

＊5――大三輪龍彦編『長勝寺遺跡』かまくら春秋社、一九七八年

Ⅳ

中世武士とはなにか

はじめに

本章の目的は、明治以来、日本の歴史学界でもっぱら「中世」とよびならわされている時代のうち、主に十、十一世紀から十四世紀ぐらいまでの「中世」前半期を中心に、「武士（侍）」の実体を解明し、彼らのつくった集団組織としての「武士団」の形成を考察することである。

今、「武士（侍）」と書いたが、実は当時の用語例として、「武士」と「侍」とは必ずしも一致した意味をもつものではない。慶長八年（一六〇三）、日本イエズス会によって編修刊行された『日葡辞書』は、日本「中世」語の辞典としても高い価値をもっているが、そのなかでは、

ブシ＝軍人

サブライ（サムライ）＝貴族、または尊敬すべき人

とされていて、両者は一致していない。なお関連の語として、

ツワモノ＝武士、または軍勢

モノノフ＝武人（なおモノノグ＝武具）

ムシャ＝武《たけ》い者、武装した武士

などがあり、「武士」「侍」以外にも類似した「兵」「武人」「武者」などの用語が用いられていたことがわかる。

だがそれらのなかで「侍」には、一見、軍事的、武的な意味が与えられていないだけに、なぜ「武士（侍）」とされるのか、若干の説明が必要とされる。[*1] 主に平安時代の後半ごろの状態を中心に、日本の官職制度の概観を記述した土田直鎮氏の解説によれば、そもそも「侍」とは、公卿《くぎょう》、諸大夫《たいふ》につぐ家柄であり、諸大夫とは大体四位・五位あたりを中心とする家柄で、院や摂関家に仕える者も多かったが、侍とはその下の格で、多くは有力な諸家に仕え、官は大体判官級止りが多いようである、とされている。

古語辞典類（ここでは小型ながら評価の高い佐伯梅友ら編『例解古語辞典』、三省堂、一九八〇年、を用いる）をひもとけば、「さぶらひ（さむらひ）」とは、「貴人にお仕えする、伺候する」の意の「さぶらふ（さもらふ）」から出た語で、

①貴人のそばに仕えて雑用をする者。従者

②貴人のそばに仕えて警固をする武士。宮中の「滝口《たきぐち》」、院の御所の「北面《ほくめん》」、東宮の御所の「帯刀《たちはき》」など

③武家に仕える者。武士。「家の子」

などの意味をもつようになった。このような発生史をもつ語であるがゆえに、『日葡辞書』のような解説が生じたとみられるのである。

さて本章では、「中世」史料には「武士」「武人」「侍」「兵」などの表現で指示されているうちで、とくに武技や戦闘を特技とする軍事専門家を総称して武士、彼らの集団組織を武士団とよぶ。

一——鎌倉幕府下の武士と武士団

(1)諸身分

まずはじめに十二世紀末から十四世紀前半まで、東国地方を根拠地として成立、存続した最初の武士政権である鎌倉幕府のもとでの武士や武士団の実体から考察する。

幕府法などにみえるところを整理すれば、当時の社会には以下の諸身分があった。

(1)「侍」とよばれた武士

(2)武士の従者である「郎従」「郎党」
(3)一般庶民である「凡下《ぼんげ》」「平民」
(4)主人に隷属する「下人」「奴婢」

たとえば幕府の基本法として有名な「御成敗式目」では、
「人をなぐった犯人は、侍は所領没収、所領がなければ流罪、郎従以下は身柄を禁錮する」(十三条)
「文書偽造の犯人は、侍は所領没収、所領がなければ遠流。凡下の者は顔に火印をおす」(十五条)
「道路の辻で女性を捕えた犯人は、御家人は百ヵ日の出仕停止。郎従以下は頭の毛の片方をそりのぞけ。ただし法師の場合は、適宜、考慮を加える」(三十四条)
など、侍、郎従、凡下によって異なった刑罰を指定している。
そのほかに京都の公家《くげ》貴族、寺社の僧侶・神官を加えれば、鎌倉時代の主要な身分の目録ができあがる。すなわち、
(a)公家(公卿、諸大夫、侍など)
(b)寺家・社家(僧侶・神官)

(c)武家　(c1)武士（侍）　御家人・非御家人
　　　　(c2)郎従・郎党
(d)凡下・平民
(e)下人・奴婢

ただこれらの諸身分の属性がいかなるものであり、どのようにして諸身分が決定されるのか、幕府法や当時の公家法は、ほとんど語るところがない。それは、御家人・非御家人の別をのぞいて、これら諸身分の大枠がすでに幕府の成立以前に基本的に決定されており、社会的にひろくみとめられていたことを意味するであろう。または、これら諸身分の区分が流動的であり、とくにその境界部分が明確でなかったことをも意味するであろう（たとえば武士と郎従・郎党との関係について）。

なかでも武士と平民、「侍」と「凡下」との区分は重要な問題である。天正十六年（一五八八）の豊臣秀吉の刀狩令にはじまる、いわゆる兵農分離以前には、平民の武器所持を禁止する法令はみられない。しかし鎌倉幕府は、その首都ともいうべき鎌倉の市域内では、「凡下」の人々に対して騎馬による通行と太刀、弓矢の携帯を禁止していた。*2 鎌倉以外の地域では、日常的に、「凡下」の騎乗と弓矢・太刀の携行が禁止されていたことを示す史料はない。だがたとえ鎌倉の市域内だけであっても、幕府がこの禁令を出したことは象徴的である。馬に乗り、弓矢、太刀を用いての戦闘、武技こそはまさに当時の武士のもっとも主要な技芸だったからであり、ここにはそれを武士身分のみに限定しようとする意図がうかがわれるからである。

⑵御家人と武士の属性

幕府の支柱となったのは、将軍（鎌倉殿）の従者としてみとめられた武士である御家人であった。十四世紀はじめにつくられた幕府の法制・訴訟制度入門書たる『沙汰未練書《さたみれんしょ》』には、

「御家人とは、昔からの開発領主で、将軍から御下文を賜わり、所領の支配をみとめられた人のことである。開発領《かいほつりょうしゅ》主とは、根本私領《こんぽんしりょう》、又は本領《ほんりょう》をもつ人のことである」

「非《ひ》御家人とは、身分は侍であっても、将軍に仕えず、御家人役をつとめる土地を知行していない人のことである」

「本秩《ほんちつ》とは、地頭・御家人の先祖の俗姓のことである（たとえ近年になって将軍から所領の支配を安堵され、関東・六波羅御公事をつとめていても、将軍家からの本御下文をもたない者は、本秩を糺明すれば、みな非御家人である）」

と説明されている。すなわち、

「侍」身分｛「御家人」
　　　　　　「非御家人」

であり、彼らは根本私領・本領とよばれる所領を支配する「開発領主」であり、「本秩」とよばれる俗姓をもつ者とされていた。†

† 「本秩」については、多少はっきりしない点があるが、「その名字《みょうじ》は、かくれもない侍である」とか、「名字のある御家人」という中世の古文書の表現や、十六世紀の近江国で、百姓が新たに名字を名のっては「侍」と称していたとの史料によって考えれば、名字を名のることは武士身分と凡下・平民とを分かつ指標と考えられていたことがわかる。[*3]

北条氏・足利氏・三浦氏・千葉氏・小山氏などの有名な武士は、いずれも彼らの本領の地名をみずからの名字としていた。そこは「名字の地」といわれ、武士の先祖によって開発された根本私領であった。その中心には先祖以来の居館・屋敷（「堀ノ内」などという）があり、付近にはその家を守護する氏神や氏寺が鎮座し、先祖代々の霊魂のやどる墓地があった。

古文書や軍記物語には、よく「重代相伝の名字の地を失うことは武士の不名誉である」とか、「先祖以来の本領の「堀ノ内」を敵軍の馬のひづめにかけちらされてたまるものか」という類の表現が見出される。[*4] 根本私領、「名字の地」をもつことは、武士たるためのもっとも根本的な条件であり、武士としての栄誉の生ずる源だった。

『吾妻鏡』をみると、武士たる者はみずからの所領によって自活すべきであり、所領をもたずに他の武士の援助によって生活している者は、独立の武士とはいえない。すなわち援助をうけた武士に隷属する身分となってしまうから、「馬・牛」と同類であって、「人倫」とはいえなくなる、との観念が表明されている。[*5]

また有力な鎌倉武士大友能直《おおともよしなお》の未亡人は、子供たちに対して、「祖先なき下郎ども」にまどわされて仲たがいをするな、との訓戒を遺している。[*6] 彼女にとって、武士以下の身分の人々は、まさに「祖先」をもたぬ「下郎」なのであったが、それは逆に武士身分にとって「祖先」がいかに重要なものであったかを物語っている。

軍記物語には、合戦の場で武士が大声を名のりをあげ、みずからの住国・姓名、先祖以来の系譜や武勲の数々を説きたてる「氏文《うじぶみ》よみ」の一節がふくまれている。

所領の支配の根拠と歴史を示す古文書とともに、その家系を語る系図を所有することは、武士にとってほとんど必須の要件であった。数多くの武士の家の系図がそのことを示している。子孫に対するいましめ、教訓を書き記す置文《おきぶみ》のなかには、全文がすべてその家の祖先の系譜とその功績の叙述のみから成り立っている例さえみとめられるのである。

二――武士と武士団の実体

⑴地頭の収益と職権

それでは武士たるための主要な要件であった所領《しょりょう》とは、いかに支配されていたのか。当時のもっとも代表的な武士と目される御家人の多くは、将軍から地頭に任命されて、彼らの所領を支配していた。まず地頭となった御家人の場合を検討しよう。

地頭が所領からうけとる収益、得分の標準は、承久の乱後、各地に任命された新地頭のうち、よるべき前例のない場合や先任者の得分があまりにも少ない場合に適用された新補《しんぽ》率法《りっぽう》である。

その内容は、

(1)田畠十一町ごとに一町ずつ、地頭に免田（免税地）を与える。
(2)その他の田畠に対しては、地頭が一反あたり五升ずつの加徴米をかける。
(3)山野や河・海の産物については、領家・国司と地頭とで半分ずつうけとる。
(4)犯罪者の財産を没収した場合は、領家・国司は三分の二、地頭は三分の一をうけとる。

図解すれば、二重の同心円で説明できる。外円Bは地頭が任命された荘・郷・保、また村などの地域単位で、その内部の田畠には加徴米がかけられ、山野河海の産物は半分、没収した犯罪者の財産は三分の一の取得がみとめられる。Bの田畠の十一分の一の面積をもつ内円Aは、免税地として地頭が支配する地域である。

そもそも地頭の職権とはなんであったのか。当時の幕府法で一般的にその内容を明示したものはなく、そのため種々の議論があって、まだ定説は生まれていない。しかし大体のところ(A)年貢・公事の徴収と、これにともなう領内の管理権、(B)領内の刑事警察権と、これにともなう裁判権を地頭が有していたことだけは、ほぼ共通の認識であろう。

この地頭の職権と、上記の新補率法の(2)〜(4)とは、まさに対応する。(2)の反別五升の加徴米とは、地頭が徴収する年貢米に加えて徴するがゆえの名である。(4)の犯罪者の財産の没収と分配も、地頭の刑事警察権と裁判権に対応する得分にほかならない。

(2)武士の所領支配の図式化

以上は地頭の所領支配の、いわば形式面であった。次にその実態を図式化して説明しよう。新補率法は直接、あらわれていないが、円Aの中核には「開発領主」の館が存在した。通常は四角形で、一辺がほぼ百メートルから二百メートル程度、周囲には堀や土塁をめぐらしていたので、「土居」(土塁のこと)、「堀ノ内」などとよばれる。

その内部には領主や家族・従者の住む家屋、下人の小屋、馬を飼う厩、鍛冶など手工業の作

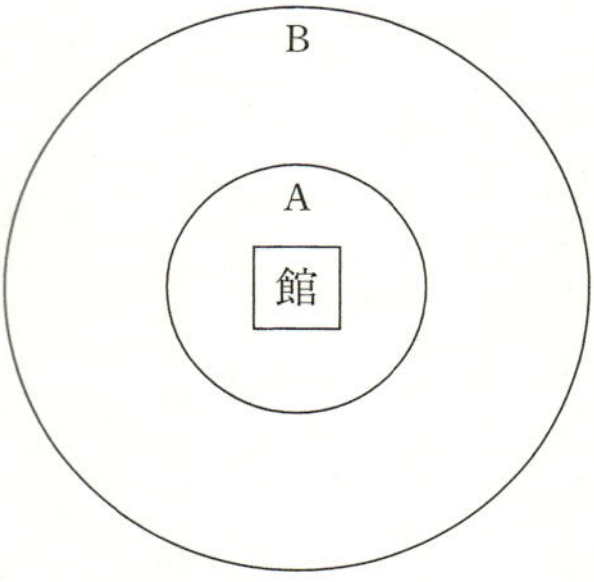

業場、収穫物を貯蔵する倉庫などがあり厳重に警備された要塞のようになっていた。館は、軍事的な拠点、城墎、農業経営の基地、また手工業のセンター、場合によっては交通・交易の中心、そしてとくに所領の開発の中核であった。

円Aは、館の周辺部の領主の直営の田畠を意味する。当時は佃《つくだ》（作る田）・正作《しょうさく》・御手作《みてづくり》などとよび館の門のすぐ前にあるところから門田《もんでん》《かどた》・門畠《もんばた》《かどはた》などともよばれた。下人や従者あるいは領内の農民を夫役にかり出して耕作され、国司や荘園領主に対しては租税が免除されるのがふつうだった。それは領主の館に付属する地域と考えられており、しばしば館の敷地と同じく「堀ノ内」とよばれていた。ある古文書では、開発領主が「堀ノ内については、先祖以来、検注に際して未だかつて馬の鼻を向けられたことがない」[*7]、すなわち国司や荘園領主の派遣した検注使の立ち入ることのない地域だと主張している。

武士を武士たらしめる基本的な条件であった根本私領、「名字の地」の中心に位置していたのが、円Aであった。だからこそ鎌倉時代の地方社会では、門田の大小が、その所有者の身分の高低を反映し、円Aの面積の大きい領主が、高位の身分とみられていたのである。

外円Bは、開発領主が地頭として支配している地域単位である。内部には、しばしばいくつもの村落、多くの住人、さらにまた別の武士団、小規模ながら別個の開発領主さえ住みついていることがある。

地頭としての職権が、彼のこの領域に対する支配を保証しているだけではない。領域内の要所要所には、地頭の一族子弟たちが、あたかも蜂の分封のごとく館を建てて分散して居住しており、地頭は一族の長である惣領として彼らを支配している。また村落内の有力農民や、別個の武士団の構成員たちを新たに従者にとりこみ、主人として彼らを支配しようとする。こうした努力を通じて地頭は実質的にも外円Bの全体の支配を貫徹してゆくのである。

図式的にまとめれば、武士の在地支配の中核には館があり、内円Aはその付属地と考えられていた。そして館から流れ出す領主の支配権は、Aをこえてさらに外部におよび、外円Bの全体を吸収しようとする。本来、館のみを意味した「堀ノ内」の呼称が、A全体をさすにいたった例は多く、さらに外円Bすべてを先祖相伝の屋敷地と称している場合さえ、決して珍しくはない。百以上の郷をふくむ、名字の地の小山荘全体をさして、「重代相伝の屋敷、居城なり」と譲状[*8]に書き残した関東の豪族武士小山氏の例はもっとも顕著な場合である。

三——武士と武士団の形成

以上にえがいたような鎌倉時代の武士の代表的な型としての地頭＝御家人たちは、いつ、いかにして成長してきたのか。こうした「開発領主」たちがさかんな活動をみせはじめるのは、十一世紀半ば、院政の開始の少し前ぐらいからである。

当時の農村は、水田も必ずしも多くないうえに、耕地の荒廃と復興がくりかえされ、良田は少なく、悪田が多かった。このような状況のなかで、主に水田の開発を中心にすすめてゆく「開発領主」が、所々に発生したのである。彼らは各地域の要所に館を建て、開発を進めていった。その成長した姿こそが上述した鎌倉時代の地頭＝御家人なのであった。

平安時代の公家法では、「田地を開発すれば、開発した人の財産として、その継承者が以後も支配してよい」（『法曹至要抄《ほっそうしようしょう》』など）との原則が行われていた。そこで彼らは、みずからが開発を行ったことを強調して、「開発領主」と名のり、館を中心とした内円Aから、さらに外円Bにおよぶ地域を支配しようとした。しかしそれはしばしば国司の支配してきた部分と重複しており、国司や国衙の官人あるいは他の開発領主と衝突する結果となった。こうして各所で紛争がおこり、実力闘争がはじまる。「開発領主」の武装はすすみ、彼らの武技はみがかれた。

武士団の社会的な成長は、このような理由で説明することができる。

十一世紀半ばには、「武者」「武士」「兵」などと称された軍事専門家層の動きが活発化し、それを「家業」とする「武勇の家」「兵の家」などの家系が成立してきた。十二世紀初めには成立していた『今昔物語集』には、平将門《まさかど》・良文《よしふみ》・維茂《これもち》、源頼信・頼義・義家らをはじめとする武士たちの合戦譚とともに、「家をつぎたる兵」「兵の家」などの用例が多くみられ、当時すでに武士が家系として社会的にみとめられていたことを示している。したがって十一世紀後半にはじまる院政時代には、武士身分の成立をみとめることができよう。

十一世紀前半に活躍した文人藤原明衡《あきひら》の『新猿楽記《しんさるごうき》』にあらわれる「天下第一の武者」は、甲冑をつけ、弓矢・太刀で武装し、兵士を指揮する、合戦・夜討・流鏑馬《やぶさめ》等々の名人である。まさに当時の武士は馬に乗っての弓射と、接近しては太刀いくさを特技とする軍事専門家だったのであり、これは多くの記述史料の証言と一致する。「弓馬《きゆうば》の士《し》」という表現は、まさに武士の特質をいいあてている。

では「弓馬の術」にすぐれていれば、誰でも、いつでも、すぐに武士とみとめられたのであろうか。おそらく決してそうではあるまい。なんらかの社会的承認の手つづきがとられていたに相違ない。私は、それが各地方で国司、あるいは国衙の手によって行われていたものと推定している。

鎌倉幕府成立の当初、とくに西国の地方で、幕府は一国内の武士や御家人の名簿を国衙に作成させている。このように一国内の武士の名簿を作成して報告する例は、すでに十一世紀末ごろからみられる。一国内武士の名簿の作成が国衙によって行われていることは、そもそも武士身分であることの承認が国衙によって行われていたのではないかと示唆するに十分である。ほぼ十・十一世紀ごろから、「国ノ兵」「国ノ侍」などと称される地方武士たちが、各国の国司に従って活動している姿が、種々の史料上に見出される。すなわち、

(1)国司の館、あるいは国衙の官庁そのものの警備・護衛として、昼夜、結番、奉仕した。

(2)国司の主宰する「大狩」（国内のすぐれた射手たちを動員する大規模な狩猟）に参加した。

(3)国の一宮の頭役や神事、とくに軍事的な儀式（流鏑馬など）を奉仕した。

(4)京都への年貢米の運送の護衛にあたる押領使《おうりようし》をはじめ、軍事的な地方官職に任命され、その任務を果した。

(5)そして当時の国衙に保存されていた重要書類の一つに「譜第図《ふだいず》」とよばれるものがあり、名称からみて国内の有力豪族の家系を登録したものとおもわれるが、これがまた武士身分としての承認に大きな役割を果したのではないかと推定されるのである（上述した武士の「氏文よみ」や祖先の重視の慣習を参照）。

I【十・十一世紀頃の地方軍制のあり方】

中央朝廷……A国司軍
- a「館《たち》ノ者共」
- a′「国ノ兵《つわもの》共」

中央有力貴族……B地方豪族軍
- B_1同盟軍
- B_2直属軍

II【地方軍制の変動の方向】

中央朝廷……A国司——目代——B地方豪族
- B_2直属軍
- A_1旧国司直属軍
- A_2「国ノ兵共」

「武家の棟梁」——B地方豪族

私は第一章で『今昔物語集』の一説話や、当時の記述史料にもとづいて、十・十一世紀ごろの地方軍制のあり方を、Iのように図式化してみた。当時の地方豪族、とくに有力な者は平将門らのように、まだ直接、国司のもとに従属せず、その支配下に組み込まれてはいなかった。彼ら有力地方豪族は、しばしば中央貴族を主君と仰いでこれに臣従し、五位の位や官職を獲得し、そのもとに直属軍や同盟軍を組織していた。

これに対して国司は、みずからに直属する私的従者や在庁官人からなるa「館《たち》ノ者共」だけでなく、国内の地方豪族をみずからのもとに吸引、組織してa′「国ノ兵共」としてゆき、その勢力を拡大してゆく。

以上は一般の国司の場合であるが、「武家の棟梁《とうりょう》」と通称された清和源氏の、とくに頼信・頼義・義家三代の場合はどうであろうか。彼らはまず東国の国司に任ぜられてA系列の武士の積極的な組織につとめ、ついで東国、奥羽地方の大規模な叛乱の鎮定を命ぜられて東国諸国の軍事指揮権を獲得し、これによってA・B両系列の武士を動員しつつ、A・B系の武士との関係を私的主従制にかえてゆく。こうした成果を代々積み重ね、更新しつつ、「武家の棟梁」に成り上がっていったのである。

ではなぜ、東国という地域が問題となるのか。それはこの地域が都から遠く離れた辺境であり、平安初期以来の奥羽両国の蝦夷の勢力の征服運動、それに対する反抗と戦闘という軍事的緊張と深く結びついた地域だったからである。またその地域は、なお未開の原野がひろがっており、良い馬の産地であった。そして武器や開発の農具の原料となる鉄も、各地でつくられていたらしい。軍事的緊張にみちた辺境地帯、しかも馬と鉄とにめぐまれていたとなれば、東国が武士団の成長の基盤となった理由は明らかである。

上記の図式Iにもどって、その後の地方軍制の変動の方向（図式II）を見通しておこう。一般の国司によるA系列の拡大、BをA内にとりこもうとする努力は、しばしばBを国の押領使《おうりようし》や検非違使《けびいし》、追捕使《ついぶくし》に任命することで実現した。国内の軍事警察権を握る、これらの地位は、国の「将軍」ともよばれ、一種の小「武家の棟梁」でもあった。国司の選任により、朝廷からの任命をうけた小「将軍」は、国内B系列の武力を動員、指揮する権利を与えられたわけであり、国司は有力なBを体制内に「組み込む」ことに成功する。鎌倉時代のはじめ、源頼朝から下野国の守護に任命された豪族武士小山氏は、「わが家は先祖以来十三代数百年にわたって国の守護を行い、押領使などの地位を世襲してきた」[*9]と主張しているが、このような豪族武士は、体制内に「組み込まれ」ながら、しかも実際はかつて国司がもっていた権限をみずからの手に奪いとり、国内のB系列のみでなく、もと国司のもとにあったA系列をも支配しようとする。かくして国司や、その現地代理人である目代との間に対立が深まってゆく。

Bの有力豪族は、大「武家の棟梁」との結びつきを深め、そのもとに結集してゆく。十二世紀半ばの保元・平治の乱、そしてその末葉の治承・寿永の内乱（源平の争乱）を経て、ついに東国の地に鎌倉幕府が成立する。この内乱への決起によって、東国の豪族武士による、国衙の「乗っ取り」が成功するのである。

おわりに

ふりかえって考えれば、現在の日本中世史学界では武士・武士団のとらえ方について二つの有力な観点がある。一つは、武士の社会的実体が「開発領主」であることを重視し、さらにすすんで武士＝「在地領主」と規定するもの（安田元久氏）で、太平洋戦争後は、ほとんど通説的な位置を占めているかにみえる。今一つは、その成立事情からみて「武士は武芸をもって支配階級に仕える職能人もしくは職能団体である」*10（佐藤進一氏）とするもので、いわば武士＝職能人論である。

ここで序論にかえると、中世語の辞書としても有用な『日葡辞書』では、(1)ブシ＝軍人、(2)サブライ＝貴族、すなわちブシ≠サブライとなる。それはサムライの原義が、貴族に仕える人だったことと深く関係するであろう。それはちょうど、今述べた学界における武士＝職能人説と見事に対応する側面をもつ。そして史料によれば、中世武士の間にもたしかに同様の意識を表現する者があった。だが成立期の武士は「支配階級に仕える」存在だったとしても、江戸時代の武士はもちろん「支配階級」それ自身であり、中世でも武士の多くは「支配階級」とみるべきだろう。とすれば、なぜ「支配階級に仕える職能人」が「支配階級」それ自身に転化しえたのか、本章で述べたような武士の社会的実体を究明しなければ、その理由を明らかにすることはできまい。

まさに戦後学界の有力説であった、武士＝在地領主説がこのような意味で、武士の実体の究明に大きな功績を残したことは明らかである。だが在地領主概念そのものが不明確であるうえに、この規定だけでは「鉢植えの武士」と評された江戸時代の武士をとらえることができない。また「在地領主」成立前に武士の存在をみとめることができない、などの難点がある。

これらの問題点の存在を自覚しつつ、なおみずから確たる解決策を見出しえぬままに、二つの観点を併用しつつ、以上に形成期の武士と武士団を概観してみた。

注

＊1——大野晋・佐竹昭広・前田金五郎編『岩波古語辞典』岩波書店、一九七四年、一四五頁

＊2——田中稔「侍・凡下考」『史林』五九巻四号、一九七六年

＊3——田中前掲論文一九―二〇頁、石井進『中世武士団』（小学館『日本の歴史』12）一九七四年、一五二頁

＊4——『源平闘諍録』など

＊5――『吾妻鏡』建久元年八月十六日条、弘長元年五月十三日条
＊6――『鎌倉遺文』七八七七
＊7――同六一八七
＊8――同三九六〇
＊9――『吾妻鏡』承元三年十二月十五日条
＊10――佐藤進一『南北朝の動乱』（中央公論社『日本の歴史』9）一九六五年、一九三頁

あとがき

とにかく一冊に仕上げるまでがなかなか大変だった。あれこれと言いつのってばかりいた私を巧みに誘導し、さっさと手順を運んでくださった加藤昇氏に、まず心から御礼申したい。そしてまた、なにくれとなく配慮して下さった笠松宏至氏にも深く感謝したい。お二人のお力ぞえがなければ、きっと今でも「ああでもない、こうでもない」をくりかえしていたことだろう。

さて校正をしているうちに、それぞれを執筆していた時期のことなど、なにかと思い出すことが多かった。はかない自己弁護にしかすぎないが、少々記しとどめておくことにしよう。

Ⅰには成立期から鎌倉時代前半くらいまでの武士の姿を明らかにしようとした作を集めてみた。

「中世成立期の軍制」は、「中世成立期軍制研究の一視点――国衙を中心とする軍事力組織について」(『史学雑誌』七八―一二、一九六九年十二月)と、「院政期の国衙軍制」(『法制史研究』二〇、法制史学会、一九七一年三月)とを合わせて一編とし、若干修正したもの。法制史学会二十周年記念シンポジウムとして、たしか「封建制」をテーマとし、北海道の大雪山中あたりに泊り込んでつっこんだ討論をしようとの企画があり、上横手雅敬・戸田芳実氏とともにそれに参加した際の分担報告がもととなっている。シンポジウムの企画は折からの大学紛争でお流れとなり、結局、一九六九年十二月二十一日、慶応大学で行われた法制史学会総会で

共通課題　日本中世初期権力構造の諸問題

経過報告（石井紫郎氏）

国衙軍制の形成過程——武士発生史再検討の一視点（戸田芳実氏）

院政期の国衙軍制（石井）

主従結合と鎌倉幕府（上横手雅敬氏）

総括（戸田氏）

討論（議長安田元久・牧英正・世良晃志郎三氏）

という形で一部分が実施された。Iの「一　国衙軍制の実体」は主に、同年九月末、法制史学会での発表の準備過程で、当時の構想をまとめた『史学雑誌』掲載分から採り、「二　院政期の歴史的位置」は法制史学会総会での報告者三人の報告と討論の記録である『法制史研究』掲載分から採って再構成したものである。報告当日の討論の内容や、他の報告者の報告内容などは、『法制史研究』二〇号を参照していただきたい。

この論文の内容を構想していたのは、ちょうど大学紛争たけなわのころで、大学構内では

日々「ゲバ」や武闘訓練がくりかえされていた。本文に述べた戸田氏の業績に学びながら軍制をとりあげた理由の一つに、そうした環境からの影響がなかったといえばうそになろう。「乗っ取り」や「組み込み」という用語自体にも、今からみると当時の雰囲気が感じられる。

もう一つ思い出したのは、国司による軍事力の組織というとらえ方に、井上光貞氏から学んだ点のあることである。少し前の一九六五年春、テオドール・マイヤー、カール・ボーズル、ヘルベルト・ヘルビック三氏が西ドイツから来日された際、日本史研究者との総合研究が企画された。そのための予備的研究会が国際文化会館で開かれたとき、井上氏は日本古代史の問題点を短時間で三氏に説明するにあたって国司による郡司の統制強化を軸に解説されたが、末席にいた私には実に示唆的だった。この論文のとらえ方には、そのときの影響もまたみとめられるかもしれない。

それまでとりあげられなかった主題を扱ったせいか、本論文についてはその後も言及してくださる方があり、関連した研究もかなり発表されている。それらのリストなども載せるべきかとはおもうが、最近、下向井龍彦氏が充実した研究動向「国衙軍制」(『古代史研究の最前線』第二巻、政治・経済編下、雄山閣出版、一九八六年十一月)を公表されたばかりでもあり、興味をおもちの向きはぜひそちらを御覧いただきたい。そこで下向井氏が「この分野を精力的に開拓した戸田芳実・石井進両氏の鮮烈な問題提起だけが聳立し、それを正面から受け止め深化発展させる研究があとに続いていない」とされた点、私に関しては過褒としかおもわれず、面映ゆいかぎりであるが、一方で「問題提起」の域を出ていないとされた点は率直にみとめなければなるまい。あらためてこうした形で公刊することで、今後の新たな研究に備えたいと考えている次第である。

なお「二　院政期の歴史的位置」で触れた点については、別稿「院政時代」(歴史学研究会・日本史研究会編『講座日本史』2封建社会の成立、東京大学出版会、一九七〇年五月)のなかにやや詳しく展開した部分もあるので参照していただければ有難い。

「相武の武士団」は、『神奈川県史通史編』1原始・古代・中世(神奈川県、一九八一年三月)の第二編第三章第三節「武士団の発展」からとり、若干の加筆修正を行ったもので、本書中の最長編である。一九七八年春、一年間の西ドイツ滞在から帰国した直後に、県史執筆委員の貫達人氏から『神奈川県史』の一部を分担執筆するようにとのお話があった。

貫氏には先輩として学生時代からお世話になっているし、また湘南の鵠沼には親類の家があって子供のころからよく行っていたので親しみがあり、県民ではないが、お引き受けする気になった。新しい研究成果をとり入れた、なるたけ読みやすい県史を、と努力したつもりだったが、出来ばえの程は自分ではわからない。ただ『県史』のこの巻は刊行直後にすぐ品切れになってしまい、あまり多くの方々に見てはいただけなかったようだ。

だから実は、加藤氏の誘いに乗って本書を刊行する気になった理由の一つは、本章がふたたび日の目を見るというところにあった。もとの原稿にあって『県史』では省略された最初の部分を復活させたほか、若干の修正を行っている。また相武の荘園ごとの略史の部分は削除した。旧稿執筆後、鈴木棠三・鈴木良一監修『神奈川県の地名』(『日本歴史地名大系』14 平凡社、一九八四年二月)で、中世荘園のそれぞれについては、より詳しく述べているし、全体があまりにも長くなりすぎるためである。

執筆の過程では、県史編集室の河野久仁子さんに現地調査の手配や関係文献の蒐集など、いろいろお世話になり、御迷惑をかけた。またとくに相模国府や国府祭については、大磯町の中村二郎氏に御案内をいただき、氏の永年の研究成果を聞かせていただいたことが、どれほど役に立ったかわからない。ともにあつく御礼申し上げたい。

また『県史』にのせた「相武の荘園・公領の分布図」は、ぜひ載せたかったのだが、種々の理由で断念した。その代わりに明治初期の輯製二十万分の一の地図で、相武地方の関係主要部分を表紙見返しに入れたので参照していただきたい(本書では、一二―一三頁に収載)。

「武家政権の成立」も、前章につづく『神奈川県史通史編』1原始・古代・中世の第三編第一章第一節「鎌倉幕府の成立」からとったもの。相武地方からの観点で書いたつもりである。「志太義広の蜂起は果して養和元年の事実か」は、「はしがき」にも触れたわれわれの同人誌

『中世の窓』一一号、一九六二年一一月刊に「吾妻鏡レポート」として掲載したもの。末尾に「おことわり。『吾妻鏡』建久三年九月十二日条によって義広蜂起の日時を訂正しうることは、以前私たちの「吾妻鏡研究会」の席上、益田宗氏によって指摘されたところである。従ってこのレポートは本来益田氏によって執筆されるべきものであるが、種々の理由によってやむをえず私が拙劣な駄文を綴り、まったくの蛇足をつけ加えることになってしまった。こうした形での発表を許された益田氏の御厚意に感謝するとともに、その間の事情をおことわりしておく」と記してあるとおりのものである。

その後、網野善彦氏が「常陸国南郡惣地頭職の成立と展開」(『茨城県史研究』一一、一九六八年七月)や「常陸国における荘園・公領と諸勢力の消長」上・下(同上、二三・二四、一九七二年六・一一月)などで、義広の蜂起についてさらに研究を深めておられるが、その前提になるものとして今もかつての同人誌の閲覧をもとめられることがあるので、あらためて益田氏の御了解を得て本書に収めることにした。

「『古今著聞集』の鎌倉武士たち」は、『日本古典文学大系月報』第二期二四回、岩波書店、一九六六年三月、に掲載したもの。

「武士の置文と系図」は、国立民族学博物館の特別研究「日本民族文化の源流の比較研究」の第五回シンポジウム「社会組織」の成果報告書、竹村卓二編『日本民俗社会の形成と発展』

山川出版社、一九八六年五月、所収の「中世イエ社会の成立」の一部分である。一九八四年一月のシンポジウムでの報告を書き下ろしたうち、実例にあたる部分のみを抜き出して構成した。とにかく実に面白い材料だと考えているので、本書にも収めることにした。なお文中にみえる奥州後三年合戦絵巻については、近藤好和「小代宗妙伊重置文と静賢本後三年合戦絵巻の伝来」『国学院雑誌』八六－九をも参照されたい。

IIにはもっぱら鎌倉武士と農村との関連を扱ったものをまとめた。まず「相武の農村」は、上掲の『神奈川県史通史編』1原始・古代・中世の第三編第二章第一節五項「農村」を若干修訂したもの。この執筆のときも、神奈川県史編集室の河野久仁子さんにいろいろとお世話になった。

「地頭の開発」は本書のための書き下ろし。

IIIには主に鎌倉時代中・後期の政治や文化のなかでの武士の行動のあとを扱った文章を集めてみた。まず「『蒙古襲来絵詞』と竹崎季長」は、ほとんどが書き下ろし。はじめは本文にも引いた旧稿の「歴史的背景」（角川書店、一九六四年十二月）か「『竹崎季長絵詞』の成立」を収めようかと思ったが、本書には必ずしも適当でない点があるので、ごく一部、前者を利用した以外は新たに執筆した。

「霜月騒動おぼえがき」は『神奈川県史だより』四、神奈川県、一九七三年三月刊に掲載したもの。安達泰盛の評価については、最近の中世史学界の一種のパラダイム・シフトのなかで異なった見解が示されつつあり、考え直すべき点があるかもしれないが、とりあえずほとんど原形のまま収めた。

「金沢文庫と『吾妻鏡』をめぐって」は、『国民の歴史月報』八、文英堂、一九六八年七月刊に掲載したもの。当時、称名寺と金沢文庫の裏山一帯を宅地造成する西武鉄道の計画に対し、地元住民と学界による反対運動が盛り上がっており、私もそれに参加していた。その結果、旧境内地の史跡指定が実現し、ともかく裏山の全面的消滅はまぬがれた。この文章はそのなかで考えていたことを記してみた作である。

「『吾妻鏡』の欠巻と弘長二年の政治的陰謀（?）」は、『中世の窓』八、一九六一年四月刊に「吾妻鏡レポート」として掲載したもの。本書中、もっとも古い。

「鎌倉に入る道・鎌倉のなかの道」は、『ｉｓ』一四、ポーラ文化研究所、一九八一年九月刊に掲載したもの。私の最近の問題関心を反映した作品である。

Ⅳの「中世武士とはなにか」は一九八三年九月、東京で開かれた第三一回国際アジア・北アフリカ人文科学会議のセミナーＢ－２の「武士（サムライ）」で発表した際の原稿である。のちに東方学会発行の『アクタ・アジアティカ』四九号の特集号「武士の研究」（一九八五年）に「武士団の形成」と題して英文で発表したが、日本文では未発表。本書全体の一種の要約ともいえるので最後に収めた。

　発表の当日、ポーランドのワルシャワ大学のスワボミル・シュルツ氏から、私のいう鎌倉時代の社会的階層が法的視点からの分類で、当時の社会的現実とはズレがあるのではないか、またデンマークのコペンハーゲンのスカンディナビア・アジア研究協会のカール・ステーンストラップ氏からは、「沙汰未練書」における御家人の定義は、鎌倉末期の没落しつつある御家人武士の立場を反映したもので、それを鎌倉前期にそのまま適用することはいかがか、などの有益なコメントをいただいた。どちらも重要な論点の提示であり、今後考えてゆきたい。それにしてもこうした国際的な形での批判を得られたことは嬉しいかぎりだった。

　「あとがき」を閉じるにあたって、どうしても記しとどめておかなければならないのは、全国各地で、その地域の歴史について御教示を惜しまれなかった多くの方々への感謝の言葉である。本書中にお名前をあげた方々はもちろん、沢山の地元の方々の教えをいただかなければ、私にはとてもこの程度の内容もまとめることはできなかった。最後に心からの御礼を申し述べたい。またそれぞれの論考の掲載を許可して下さった各出版社や各学会にもあつく御礼申し上げたい。

一九八七年五月五日

著　者

解説——戦後世代による歴史学の構築

大隅和雄

一九五三年四月、私は、東京大学教養学部文科二類から、文学部国史学科に進学して、この本の著者石井進氏と、講義や演習の教室で席を並べるようになった。一緒に出席した講義・演習の中心は、佐藤進一先生の『吾妻鏡』だった。佐藤先生はその年の四月から、文学部の助教授になられた新任の先生で、教室には新鮮な空気が漲っていた。

何も知らない私は、『吾妻鏡』の文字の読み方や、異体字がめずらしく、唐名などの知識が増えていくのが嬉しかった。演習の前には、本文に一応目を通して、分からない文字や言葉は、『大字典』を引いたりしたが、ある日、隣の席に座った石井氏のノートを覗き見したら、その日に進みそうな所まで、本文が書き下し文に改められていて、一字一字丁寧に書かれたカタカナが並んでいるのが目に入り、本文の後には、細かな注も記入されているようだった。そのノートは、演習の初日から書き継がれていて、もうかなりの頁数に達しているように見えた。

その頃は、山川出版社の『日本史小辞典』も、『角川 日本史事典』もなく、下調べをしようと思えば、大学の研究室で、戦前に出版された辞典を参照し、『古事類苑』や和装本の『尊卑分脈』を見るより他に方法がなく、私の普段の予習が、特に怠け者の態度だったわけではないと思う。石井氏は、父君が、国語・国文学者だったから、『吾妻鏡』の予習をするための辞書や参考書は、自宅に揃っていて、詳細なノートを作ることができた。しかし、私がそういう環境にいたとしても、あんなに勤勉なノートを作ることはしなかったと思う。

五月になって、国史学研究室で、金沢文庫の見学に行こうということになった。私たちの学年は、新制大学の三期生で、ほとんどの学生が新制高校の卒業生だった。高校の生徒自治会的な雰囲気を引きずっていた私たちは、研究室の親睦のために、教授・助教授・助手をはじめ、研究室に出入りしている大学院生、学生に呼びかけて、金沢文庫と鎌倉国宝館の見学の計画を立てた。

日程と行動の予定、集合の場所と時間などをきめて、実行するためには、世話役が必要になり、石井氏がその役を引き受けることになった。当日、金沢文庫駅から歩きはじめて驚いたのは、石井氏が一週間前に、金沢文庫の下見をし、さらに金沢文庫から朝比奈坂を越えて鎌倉国宝館までの道を歩いて、所要時間などを確かめた上で案内役を務めているということだった。一週間前の当日は、一日中雨が降り続いて、傘をさして峠を歩いたという石井氏の実地検分のお蔭で、研究室の一同は、予定通りに見学することができたわけだが、私は石井氏の用意周到な準備と、何事も自分で確かめるという態度に感心してしまった。

私は、石井氏がいかに勤勉な学生だったかを、紹介しようとしているのではない。石井氏の驚く程綿密な演習の下調べ、研究室の人々の親睦のための、見学と遠足のために、前もって下見をするというようなことは、戦中世代の人々が集まり、軍隊から復員してきた先輩が少なくなかった頃の研究室では考えられないことで、戦後世代、新制大学の学生の、少々子供っぽい考えであったように思う。到底誰にも真似はできないけれども、石井氏は間違いなく私たちの代表であった。研究室というものが、少しずつ変わりはじめていたように思う。

一九五一年に大学に入学した私は、駒場歴研と呼ばれるサークルに入った。石井氏は、一九五〇年に入学して、駒場歴研の積極的な活動家になったが、二年生の時に交通事故に遭って休学したために、私は、サークルのメンバーの間で、一目置かれていた石井氏と一緒に活動する機会を持てなかった。駒場歴研は、その頃が最も活発な時期で、親組織であった歴史学研究会の活動も、同じ頃絶頂に達していた。そしてさらに先へ進むための道が複雑になって、停滞を隠しきれなくなっているのが、争って大会を聞きに行った私たち学生にも感じられた。

石井氏は、休学から復帰して以来、史料に沈潜して、歴史の実像を捉えようとすることに全力を傾けるようになった。意識の高い歴史学研究会の若手研究者の間で、石井氏の研究態度は、事故に遭ったことによって後退したといわれたりしたが、いわゆる戦中世代の人々が先頭に立って切り開き、達成した戦後歴史学の中で、戦後世代に属する私たちは、明確に自覚していたとはいえなかったが、新しい歴史学の模索を始めていた。

石井氏は、戦争に加わることのなかった戦後世代の一員として、「世界史の基本法則」に則って、中世のこと、武士のことを理解し、「国家権力の諸段階」の議論の中で武士の位置づけを考えるのではなく、勤勉な努力を積み重ねて、一つ一つの事例を復元し、再構成しながら、自分の歴史像を構築しようとしていた。日本史に関する幅広い関心と、該博な知識を持っていた石井氏は、民俗学の造詣も身につけていて、農村の歴史にも関心を寄せていたが、当時、先端に立っている先輩たちが、経済史、社会構成史を軸にして議論を続けている中で、政治史、法制史を柱に、新しい中世史像の構想を立てようとする佐藤先生の演習に出席して、新しい歴史学を模索するようになった。

中世史研究を進めようとした石井氏は、中世の社会と歴史を作ったのは武士であったから、『吾妻鏡』を読み直し、法制史料を精読する中で、〝中世武士とは何か〟という問題に迫り、新しい歴史学を築いていこうとしていた。この本に収められた論考の中で、発表の最も早いものは、一九六一年に、雑誌『中世の窓』に掲載されたもので、その後、二十五年間に書かれた文章が配列されて、一冊の本になっている。『中世の窓』は、新制大学の大学院で、中世史の研究を始めようとしていた学生たちの同人雑誌で、孔版印刷の薄い雑誌が十三号まで続いた。

〝中世武士とは何か〟という問いは、中世史の根本的な問題で、汗牛充棟もただならぬ先学の論考があるが、巻末の文章で石井氏が書いているように、錯綜する諸説を明快に整理し、批判的な説明をすることに成功した研究者はまだ現れていない。

この本の題は、『鎌倉武士の実像——合戦と暮しのおきて』となっているが、鎌倉時代の武士の実像を、一人一人の武士の生き方、一つ一つの武士団のあり方を解明して、それを積み重ねていけば、目的が達せられるかというと、問題はそう簡単ではない。武士、鎌倉武士ということばは、歴史を考える場合の重要な概念であって、そのことば自体の歴史を追跡することと、実像を追求することと、二つが並行して進められなければ、この問題を歴史学の問題として展開させることはできないといってよい。

この本には、収録された論考が書かれた事情、著者の意図、発表後の反響などを、懇切丁寧に書いた「あとがき」がついているので、ここで、屋上屋を架すような解説をする余地はないが、あとがきで述べられていることから読み取れるように、直截に実像を追求することと、一世紀をこえて研究者の間で使われてきたさまざまな概念とを、明晰に分けた上で、両者の交錯の中で問題が捉えられている。どの論考も、見事な論述の中で、抑制の効いた結論に行きつく形になっているが、それらは石井氏以外には真似のできないものといわねばならない。この本がまとめられてから、まだ十五年しかたっていないが、この本は、戦後世代の歴史学の達成を示す古典というに相応しい本だと思う。

鎌倉武士についての石井氏の議論は、まだまだ発展していくものと、誰もが期待し、頼りにしていたのに、昨年、二〇〇一年十月二十四日に、石井氏は突然世を去ってしまった。昨年の「旧駒場歴研の集まり」は、石井氏急逝の直後だったので、参会者一同、哀悼の意を表して、黙禱をささげて会を始め、五十年前の石井氏の思い出は、いくら語り合っても尽きることがないかのようであったと聞いた。

今年、一周忌にあたり、石井氏から受けた、量り知れない学恩に感謝し、冥福を祈って解説を終えたい。

（おおすみ　かずお／日本中世文化史）

平凡社ライブラリー　449

鎌倉武士《かまくらぶし》の実像《じつぞう》

合戦と暮しのおきて

発行日…………2002年11月10日　初版第1刷
2022年3月12日　初版第4刷

著　者…………石井進

発行者…………下中美都

発行所…………株式会社平凡社
〒101-0051　東京都千代田区神田神保町3-29
電話　東京(03)3230-6579[編集]
東京(03)3230-6573[営業]
振替　00180-0-29639
印刷・製本……藤原印刷株式会社

装幀……………中垣信夫

ISBN 978-4-582-76449-9
NDC 分類番号210.42
B 6 変型判(16.0cm)　総ページ398

平凡社ホームページ https://www.heibonsha.co.jp/

平凡社ライブラリー　既刊より

【日本史・文化史】

網野善彦……………………異形の王権
網野善彦……………………増補　無縁・公界・楽——日本中世の自由と平和
網野善彦……………………海の国の中世
網野善彦＋阿部謹也…………対談　中世の再発見——市・贈与・宴会
笠松宏至……………………法と言葉の中世史
佐藤進一＋網野善彦＋笠松宏至……日本中世史を見直す
佐藤進一……………………足利義満——中世王権への挑戦
佐藤進一……………………増補　花押を読む
塚本　学……………………生類をめぐる政治——元禄のフォークロア
西郷信綱……………………古代人と夢
西郷信綱……………………古典の影——学問の危機について
岩崎武夫……………………さんせう太夫考——中世の説経語り
廣末　保……………………芭蕉——俳諧の精神と方法
服部幸雄……………………大いなる小屋——江戸歌舞伎の祝祭空間
前田　愛……………………樋口一葉の世界

高取正男……神道の成立
高取正男……日本的思考の原型――民俗学の視角
堀　一郎……聖と俗の葛藤
倉塚曄子……巫女の文化
村山修一……日本陰陽道史話
秋月龍珉……現代を生きる仏教
飯倉照平 編……柳田国男・南方熊楠　往復書簡集　上・下
宮田　登……白のフォークロア――原初的思考
鶴見俊輔……柳宗悦
鶴見俊輔……アメノウズメ伝――神話からのびてくる道
鶴見俊輔……太夫才蔵伝――漫才をつらぬくもの
氏家幹人……江戸の少年
氏家幹人……悠悠自適　老侯・松浦静山の世界
横井　清……東山文化――その背景と基層
横井　清……的と胞衣――中世人の生と死
黒田日出男……増補　姿としぐさの中世史――絵図と絵巻の風景から
石井　進……鎌倉武士の実像――合戦と暮しのおきて

中沢新一……………………悪党的思考
林屋辰三郎……………………佐々木道誉――南北朝の内乱と〈ばさら〉の美
長谷川　昇……………………博徒と自由民権――名古屋事件始末記
村井康彦……………………利休とその一族
井出孫六……………………峠の廃道――秩父困民党紀行
宮本常一・山本周五郎ほか監修……日本残酷物語1　貧しき人々のむれ
宮本常一・山本周五郎ほか監修……日本残酷物語2　忘れられた土地
宮本常一・山本周五郎ほか監修……日本残酷物語3　鎖国の悲劇
宮本常一・山本周五郎ほか監修……日本残酷物語4　保障なき社会
宮本常一・山本周五郎ほか監修……日本残酷物語5　近代の暗黒
増川宏一……………………碁打ち・将棋指しの誕生
増川宏一……………………将棋の起源
吉本隆明・桶谷秀昭・石牟礼道子……親鸞――不知火よりのことづて
与謝野晶子 訳……………………蜻蛉日記
❖……………………風土記
林　淑美 編……………………中野重治評論集
松下　裕 編……………………中野重治は語る